Caroline Wenzel
Vom Traum zum Trauma

Caroline Wenzel

Vom Traum zum Trauma
Psychische Gewalt in Partnerschaften

HIRZEL

Bibliografische Information der Deutschen Nationalbibliothek
Die Deutsche Nationalbibliothek verzeichnet diese Publikation in der Deutschen National-bibliografie; detaillierte bibliografische Daten sind im Internet unter http://dnb.d-nb.de abrufbar.

Jede Verwertung des Werkes außerhalb der Grenzen des Urheberrechtsgesetzes ist unzulässig und strafbar. Das gilt insbesondere für Übersetzungen, Nachdrucke, Mikroverfilmungen oder vergleichbare Verfahren sowie für die Speicherung in Datenverarbeitungsanlagen.

1. Auflage 2022
ISBN 978-3-7776-3089-2 (Print)
ISBN 978-3-7776-3193-6 (E-Book, epub)

© 2022 S. Hirzel Verlag GmbH
Birkenwaldstraße 44, 70191 Stuttgart
Printed in Germany

Lektorat: Dr. Sabine Besenfelder, Tübingen
Umschlaggestaltung: semper smile, München
Umschlagmotiv: Grenar/shutterstock // Anna Timoschenko/shutterstock
Satz: Satzpunkt Ursula Ewert GmbH, Bayreuth
Druck und Bindung: Beltz Grafische Betriebe, Bad Langensalza

www.hirzel.de

Inhalt

Vorwort 7

Fallbeispiele 11
Eva: »Ich wurde in einen Strudel gezogen. Tiefer und tiefer.« 11
Muster psychischer Gewalt 62

Anis: »Sie hat mich innerlich getötet.« 67
Psychische Gewalt gegen Männer
und ihre gesellschaftlichen Hintergründe 121

Maria: »Er hat ein Gefängnis aus Scham um mich herum gebaut.« ... 127
Die Suche nach Unterstützung 170

Stückwerk in der Hilfelandschaft, in Forschung und Politik ... 173

Gespräche mit Expertinnen und Experten 187
Julia Schellong, Ärztin und Psychoanalytikerin 187
Philipp Schmuck und Dirk Geldermann, Berater für
gewaltbetroffene Männer 209
Birgitta Brunner, Rechtsanwältin und Fachanwältin
für Familienrecht 227
Reinhard Haller, Psychiater und Gerichtsgutachter 247

Nachwort 262

Endnoten 265
Literatur 268
Anlaufstellen für Betroffene 270
Die Autorin 272

»Psychische Gewalt in Partnerschaften ist ein gesellschaftlich ausgesprochen wichtiges Thema. Die Folgen dieser Form der häuslichen Gewalt werden häufig übersehen oder unterschätzt. Caroline Wenzels neues Buch behandelt diese Problematik fundiert, differenziert und lesenswert.«
Prof. Dr. Helmut Kury, Kriminologe

»Aus Studien wissen wir, dass emotionaler Missbrauch in der Kindheit mindestens ebenso massive, wenn nicht sogar stärkere Folgen für die langfristige Gesundheit hat als körperliche oder sexuelle Gewalt. Es ist daher eine Pionierleistung, sich des vernachlässigten Themas psychische Gewalt in Partnerschaften anzunehmen. Die Folgen solcher Beziehungen können auf psychischer und körperlicher Ebene ebenso verheerend sein.«
Prof. Dr. Iris-Tatjana Kolassa, Psychologin

Vorwort

Jedes Jahr im November wird Gewalt in Partnerschaften zum Thema in den Medien. Immer dann, wenn die neuesten Zahlen zu diesem Thema veröffentlicht werden. Das Bundeskriminalamt erstellt seit 2015 kriminalstatistische Auswertungen zur Partnerschaftsgewalt in Deutschland. Seither steigen die Zahlen kontinuierlich an. Die meisten Betroffenen sind Frauen, etwa ein Fünftel Männer.

Nachdem die neuesten Zahlen erschienen sind, sitzen regelmäßig von häuslicher Gewalt betroffene Menschen in Talkshows, gemeinsam mit Expertinnen und Experten. Sie erzählen ihre Geschichten, es sind überwiegend sehr erschreckende Geschichten von schwerer körperlicher Gewalt. Sehr oft fällt dabei früher oder später der Halbsatz: »Die psychische Gewalt war viel schlimmer als die Schläge.« Meist verhallt dieser Satz, selten wird an dieser Stelle genauer nachgefragt, sind die Folgen körperlicher Übergriffe doch sichtbarer und damit medial greifbarer. Psychische Gewalt wird häufig nur als Begleiterscheinung wahrgenommen, nicht als eigenständige Form häuslicher Gewalt neben körperlicher und sexualisierter Gewalt. Sie kann bei den Betroffenen sehr schwerwiegende und langanhaltende Folgen hervorrufen und sogar zu posttraumatischen Belastungsstörungen führen. Auch in vielen Behörden, bei der Polizei oder bei Richterinnen und Richtern fehlt es häufig am Bewusstsein für dieses Thema sowie am nötigen Fachwissen.

Ich habe während der Recherchen mit vielen Menschen gesprochen, die über Jahre hinweg psychischer Gewalt ausgesetzt waren. Es sind sehr oft nach außen hin starke, lebensfreudige, erfolgreiche Menschen, die keinesfalls als »Opfer« erscheinen. Es waren gestandene Geschäftsfrauen darunter, Abteilungsleiter sowie eine Beamtin, die Projekte zu häuslicher Gewalt begleitete und es dennoch selbst lange nicht schaffte, sich aus einer von psychischer Gewalt geprägten Beziehung zu befreien.

In diesem Buch kommen drei Betroffene ausführlich zu Wort, zwei Frauen und ein Mann. Ich habe große Achtung vor ihrem Mut, ihrem Vertrauen und ihrer Bereitschaft, mir in langen und intensiven Gesprächen sehr offen ihre Erfahrungen anzuvertrauen. Die Geschichten von Eva, Anis und Maria, die in Wirklichkeit anders heißen, sind exemplarisch für Ausprägungen psychischer Gewalt in Partnerschaften. Analysen am Ende der einzelnen Geschichten fassen die jeweils typischen Mechanismen zusammen, zeigen Defizite in der Hilfelandschaft und Handlungsmöglichkeiten auf und gehen auf die gesellschaftlichen, politischen und gesetzlichen Rahmenbedingungen ein.

Diese Aspekte werden im Anschluss in Gesprächen mit Expertinnen und Experten noch einmal vertieft. In den Interviews geht es um die Systematik psychischer Gewalt, um ihre Folgen, um Hilfsangebote für Frauen und Männer, um rechtliche und politische Hintergründe und Forderungen sowie um gesellschaftliche Ursachen und Zusammenhänge.

Dieses Buch konzentriert sich auf heterosexuelle Beziehungen. Der Forschungsstand verweist auf eine insgesamt vergleichbare bis erhöhte Gewaltbetroffenheit von homosexuellen Menschen, während Bisexuelle, insbesondere Frauen, und Transsexuelle offenbar stärker als Heterosexuelle von häuslicher Gewalt betroffen sind.

Der Begriff »häusliche Gewalt« bezieht sich ursprünglich nicht nur auf Paarbeziehungen, hat sich aber als Synonym für Partnerschaftsgewalt eingebürgert, weswegen er im Buch in diesem Sinne verwendet wird.

Die psychische Gewalt als eine Form der häuslichen Gewalt wird seltener auch als emotionale oder seelische Gewalt bezeichnet. Da sich im politischen und juristischen Kontext der Begriff »psychische Gewalt« etabliert hat, verzichte ich auf die beiden anderen Bezeichnungen. Psyche bedeutet im naturwissenschaftlichen und medizinischen Sinn Fühlen, Denken, Charakter und Persönlichkeitsmerkmale eines Menschen. Seele hingegen ist ursprünglich ein religiöser Begriff und beinhaltet transzendentale Aspekte, um die es in diesem Buch nicht geht.

Die Begriffe »Opfer« und »Täter« benutze ich nicht, um eine Stigmatisierung Betroffener zu vermeiden und um der Komplexität des Themas gerecht zu werden.

Auch den populärwissenschaftlichen »Narzissmus«-Begriff sowie den Ausdruck »toxische Beziehungen«, beide in Selbsthilfeforen und in der Coaching-Szene weit verbreitet, verwende ich nicht. Die Bezeichnung »toxische Beziehungen« ist eine sehr weit gefasste Definition für Partnerschaften, die mehr Kraft kosten als geben. Dies kann verschiedene Ursachen haben und muss nicht in Zusammenhang mit der Systematik psychischer Gewalt stehen.

Interviews mit Gewaltausübenden finden sich ebenfalls nicht im Buch. Häufig haben diese selbst in ihrer Kindheit Erfahrungen mit psychischer oder physischer Gewalt machen müssen, wie aus den Expertengesprächen hervorgeht. Umso wichtiger wäre eine größere gesamtgesellschaftliche Sensibilität und Aufmerksamkeit für die zerstörerische Dynamik psychischer Gewalt, wie sie Eva, Anis und Maria jahrelang erlebt haben. Sie schildern sie aus ihrer persönlichen Sicht.

Fallbeispiele

Eva: »Ich wurde in einen Strudel gezogen. Tiefer und tiefer.«

Eva erlebte in ihrer Ehe mehr als 15 Jahre lang psychische Gewalt

Voodoo
Mai 2021

Was für ein trübes, graues Wochenende. Es ist mir zu kalt und zu nass zum Laufen, obwohl ich sonst bei fast jedem Wetter weite Strecken jogge. Ich habe nichts anderes vor. Zwei lange, ungewohnt leere Tage liegen vor mir. Der richtige Zeitpunkt, um endlich die Kleiderschränke aufzuräumen.

Als ich den ersten Schrank im Schlafzimmer öffne, steigt mir ein frischer, würziger Geruch in die Nase. Im Bruchteil einer Sekunde überfallen mich Erinnerungen. Ohne Vorwarnung drängt sich sein Bild in meinen Kopf: Marco. Es ist sein Duft, sein Parfum. Es war sein Schrank. Vor mir stehen die italienischen Schuhe, die er bei unserer Hochzeit anhatte, daneben liegt die weiße Krawatte. Darunter ein Fotoalbum mit Bildern von unserer Hochzeitsfeier. Ich setze mich auf den Boden und fange an, darin zu blättern. Und spüre, wie sich ein beklemmendes Gefühl in der Magengegend breitmacht. Gedankenfetzen jagen durch meinen Kopf, Erinnerungssplitter haken sich fest. Ich kann sie nicht wegschieben. Da ist sie wieder, die vertraute Grübelschleife. Was soll ich jetzt tun? Soll ich anfangen zu heulen, soll ich das Ganze beweinen? So viele Tränen in den letzten Jahren. Immer wieder Tränen und Verzweiflung. Dieses Mal schaffe ich es gerade noch, sie herunterzuschlucken. Der Kopf behält die Oberhand. Warum sollte ich weinen? Wegen der Zeit, die ich durch diese zerstörerische Beziehung verloren habe? Wegen der unsichtbaren Wunden, die sie in mir hinterlassen hat?

Plötzlich steigt brennende Wut in mir auf. So, Alter. Du fliegst jetzt hier und heute endgültig raus aus meinem Leben, aus meiner Vergangenheit, aus allem. Ich springe auf, reiße seine Schuhe aus dem Schrank, schleudere das verpackte Plastron an die Wand. Was für ein Heuchler, was für ein Dreckstück. Ich mache dich jetzt fertig, so wie du mich 15 Jahre lang fertig gemacht hast. Jetzt bringe ich dich einfach um. Hier, an Ort und Stelle. Ich fange an, seine Sachen durch die Gegend zu werfen. Hemden, Pullover, Fotos, Aktenordner voller Unterlagen aus einem anderen Schrank. Briefe, Röntgenbilder, Jacken. Ich werfe, ich schreie, ich wüte immer schneller, immer lauter. Es fühlt sich an wie ein Rausch. Ich fotografiere die Sachen auf dem Boden, das Chaos, und mache weiter, kann nicht aufhören. Wenn Marco jetzt vor mir stehen würde, würde ich ohne zu zögern zustechen, abdrücken oder ihn erwürgen. So eine Wut, so einen Hass habe ich noch niemals zuvor verspürt. Sicherlich ist es auch eine ganze Menge Wut auf mich selbst.

Wie konnte ich mich nur 15 Jahre lang so behandeln lassen, ich, als selbstständige und früher so selbstbewusste Frau. Warum war ich nicht in der Lage, genauer hinzuschauen und rechtzeitig die Konsequenzen zu ziehen, mich selbst zu schützen? Warum habe ich es nicht geschafft, zu sagen: Verschwinde aus meinem Leben!

Ganz hinten im Schrank entdecke ich seinen langen, schwarzen Ledermantel. Er trug ihn in der Anfangszeit unserer Beziehung oft, und der Mantel war das Erste, was er auspackte, als er bei mir einzog. Ich fand ihn immer sehr cool, elegant, edel und ein bisschen verrucht. Aus diesem Ledermantel werde ich mir ein sexy Kleidungsstück machen lassen, beschließe ich. Und in dem Moment, in dem die Schneiderin die Schere ansetzt und seinen Mantel zerschneidet, wird es wie Voodoo sein. Ich steche dich ab. Die osmanische Rache mit dem Krummsäbel. Und die Betonschuhe dazu. Alles zusammen.

Ich renne aus der Wohnung, die Treppe zum Keller hinunter. Dort müssen auch noch jede Menge Sachen von ihm liegen. Ich reiße die Kellertür auf und spüre, wie die Wut und die Energie immer weiter anwachsen. Fast bis Mitternacht wüte ich ohne Pause in dem dunklen Raum, verspüre keinen Durst, keinen Hunger, keine Müdigkeit. Dann schleppe ich große, volle Kartons die Treppe hoch, wieder und wieder. Erst die Kellertreppe hoch und dann den Berg vor dem Haus hinunter zu den Müllcontainern. Alles hineinkippen, alles, nur weg damit, so schnell wie möglich. Es sind nagelneue Sachen dabei. Teure Schuhe, ungetragene Designerhemden, Klamotten von der Hochzeit, Jacken, Handys, es ist unglaublich viel.

Mit jedem Karton, den ich in dieser kalten, sternlosen Nacht in den Container entleere, geht es mir ein Stückchen besser. Der Druck auf der Brust, der mich seit vielen Jahren begleitet, lässt ein wenig nach. Es fühlt sich an wie ein Durchatmen, ein Aufatmen. Nach fünf Kartons halte ich auf dem Treppenabsatz inne. Es gibt den Spruch: »Gib dem Ganzen Licht und Liebe«, überlege ich. Die wütende Stimme in mir stößt ein höhnisches Lachen aus und sagt laut und ungehalten: Alter, was willst du? Licht und Liebe? Vergiss es. Ich schneide dir den Hals durch. Mein rechtes Handgelenk schmerzt und ist geschwollen, doch ich spüre es kaum. Wieder den Berg hoch, wieder in den Keller hinunter, den nächsten Karton holen. Ich entsorge Marco und vielleicht auch ein Stück von mir selbst. Endlich, nach einer langen Zeit der Erstarrung und Hilflosigkeit. Mit jeder Kiste fallen mir neue Szenen ein, abwertende Sprüche, Beleidigungen, Verrat, Betrug, Demütigungen. Was ich mir alles habe bieten lassen, macht mich immer noch fassungslos. Du bist wie ein Stück Scheiße gewesen, stellt die innere Stimme gnadenlos fest. Und ich laufe weiter atemlos Treppen hinunter und hinauf. Gegen drei Uhr morgens ist es schließlich geschafft. Der Keller und Marcos Schränke in der Wohnung sind leer, die Müllcontainer voll. Die unbändige Wut ist einer tiefen Erschöpfung und einer vorsichtigen Erleichterung gewichen.

Wenn ich jetzt über alles nachdenke, dann schäme ich mich gewaltig. Ich frage mich: Wie konnte dir das passieren? Wie konntest du eigentlich noch in den Spiegel schauen? Du hast dich unterworfen, du hast dich unglaublich klein gemacht, es war am Ende kaum noch etwas von dir übrig. Wer bist du eigentlich? Schau dich doch einmal an, was du schon alles auf die Beine gestellt hast, was du schon erreicht hast. Und dann machst du dich vor so einem Typen klein und heulst ihm auch noch hinterher? Er tritt dich mit Wonne, und du sammelst seine Tritte ein, kriegst es nicht hin zu sagen: Alter, verschwinde aus meinem Leben! Tauch hier nie wieder auf! Warum nur hat mir die Kraft gefehlt, stopp zu sagen? Ich habe sehr lange die Schuld bei mir gesucht. Erst allmählich wird mir klar, dass es ein Strudel war, in den ich während dieser Beziehung gezogen wurde. Tiefer und tiefer. Du kannst dich nicht aus dieser emotionalen Abhängigkeit lösen, es geht einfach nicht. Du hängst fest wie in einem Spinnennetz. Und je mehr du dich bewegst und versuchst, freizukommen, desto schlimmer wird es. Ich hatte oft das Gefühl, ich stecke im Morast fest. Und anstatt gezielte Bewegungen zu machen, um herauszukommen, strampelst du verzweifelt in alle Richtungen und merkst, du ersäufst darin. Als ich anfing zu erkennen, was ablief, war es schon zu spät. Da war ich schon längst nicht mehr in der Lage, mich aus eigener Kraft zu befreien.

Ich glaube, dieser nächtliche Wutanfall, und alle seine Sachen wegzuwerfen, ist ein wichtiger Schritt hin zur Befreiung. Ich hoffe es. Und ich weiß gleichzeitig auch, dass es damit noch lange nicht getan ist, sondern dass es ein sehr langer und mühevoller Weg ist. Es tun sich auf diesem Weg immer wieder tiefe Löcher auf, in die man hineinfällt. Ich bin stolz auf mich. Ich habe schon ein ganzes

Stück der Strecke geschafft. An guten Tagen fühlt es sich an wie 20 Prozent. Manchmal, an dunklen Tagen, nur wie fünf Prozent.

....

Eva, Jahrgang 1959: Ich bin in einer größeren Stadt in Süddeutschland geboren und habe die ersten Jahre im Schwarzwald bei meinen Großeltern gelebt. Mit fünf Jahren wurde ich eingeschult und wohnte wieder bei meinen Eltern. Eine Arztfamilie, eine behütete Kindheit. Ich habe eine drei Jahre jüngere, von Geburt an herzkranke Schwester. Als Kind war ich viel draußen. Ich hatte ständig Kumpels um mich herum, bin Motorrad gefahren ohne Führerschein. Es war eine unbeschwerte Zeit. Ich habe auch viel gelesen, denn ich war sehr wissbegierig. Alles fühlte sich leicht an, ich musste in der Schule nicht viel lernen, vieles flog wie von selbst auf mich zu. Ich war eher der fröhliche, leichte Typ, doch ich war nie leichtsinnig, sondern habe immer darauf geachtet, dass niemand zu Schaden kam. Ich war Klassensprecherin, ich war Schulsprecherin und habe immer meine Meinung gesagt. Was ich verabscheute, waren Ungerechtigkeit und Gewalt. Ich bin in solchen Fällen immer dazwischengegangen. Mein Abitur habe ich mit 17 Jahren gemacht. Eigentlich wollte ich danach zu Porsche als Mechanikerin, doch das wurde mir als Mädchen verboten. Also studierte ich Medizin. Währenddessen wurde ich schwanger und musste das Studium nach fünf Semestern abbrechen. Der Vater meiner Tochter, mein erster Ehemann, war eine Studienliebe. Wir waren viel zu jung, es hat nicht funktioniert. Kurz nach der Trennung verunglückte er tödlich, und ich zog unsere Tochter alleine groß. Währenddessen arbeitete ich 15 Jahre lang im technischen Dienst der Telekom, wurde dort Teamleiterin. Dann wechselte ich zurück in die Medizin. Fast zehn Jahre lang war ich Assistentin der Geschäftsleitung in einer Klinik. Nebenher machte ich eine Trainerlizenz und jobbte in einem Sportstudio. Wegen eines Übergriffs habe ich in der Klinik aufgehört. Ich schloss eine Ausbildung an der Kosmetikfachschule ab und machte mich mit medizinischer und staatlicher Anerkennung selbstständig. Nach fast 17 Jahren Selbstständigkeit kam die Corona-Pandemie, und seither arbeite ich wieder im medizinischen Bereich. Nach dem Tod meines ersten Ehemannes hatte ich zwei längere Beziehungen und ein paar kürzere. In all diesen Beziehungen gab es niemals ernsthafte Probleme. Bis ich 2003 Marco traf. Eine Begegnung, die mein ganzes Leben verändern sollte.

....

Zack!
2003

Ich hatte gerade eine Beziehung beendet, und mir war nach ein wenig Spaß und Ablenkung zumute. An einem Samstagabend sagten Freunde zu mir: Komm mit uns, wir wollen zusammen weggehen und feiern. Marco ist auch dabei. Er lebt in einer anderen Stadt, zwei Stunden entfernt, und ist nur an den Wochenenden hier. Komm mit, lass uns essen, trinken und Spaß haben. Wir waren acht oder neun Leute und hatten einen Treffpunkt in der Innenstadt ausgemacht. Ich habe alles noch genau vor Augen. Es war dunkel, es war Ende Januar und ziemlich kalt, wir witzelten herum, froren und warteten. Nach einer Weile hielt genau mir gegenüber ein Auto, und ein dunkelhaariger Typ stieg aus und lachte in unsere Richtung. In dieser Sekunde wusste ich: Zack! Der ist es. Es war eine plötzliche, tiefe Gewissheit. Ich hatte so etwas noch nie zuvor erlebt. Ich sah ihn dort stehen, ich sah ihn lachen, und es fühlte sich an wie ein Erdbeben. Ein Naturereignis. Da war sofort eine sehr intensive Schwingung, ich konnte es gar nicht greifen. Er hatte eine dunkle Jeans an und einen langen Cordmantel mit Fellbesatz. Ich sehe heute noch sein lachendes Gesicht vor mir. Wir gingen alle zusammen in eine Bar und dort stellten wir uns einander vor: Eva – Marco, alles klar. Er war anfangs sehr zurückhaltend. Nicht schüchtern, aber beobachtend und zurückgenommen. Und ich dachte mir: Ach. Wie nett. Was ist denn das für ein Typ? Sehr nett. Er sah gut aus, kurze schwarze Haare, gebräunt, tolle Augen und ein tolles Lachen. Dazu ein durchtrainierter Körper und ein sicheres Auftreten. Außerdem hatte Marco gute Manieren und war sehr aufmerksam zu mir. Darf ich dir etwas zu trinken bestellen, möchtest du etwas zu essen, darf ich deine Tasche tragen, ich nehme deine Jacke. Ich war sehr angenehm überrascht. An den darauffolgenden Wochenenden war er wieder in der Stadt, und wir waren jedes Mal mit derselben Gruppe von Leuten unterwegs.

Nach etwa vier Wochen legte er schließlich seine Zurückhaltung ab und fing an zu flirten und deutliches Interesse zu zeigen, auf eine nette Art und Weise. Das löste direkt ein intensives Bauchgefühl bei mir aus. Es fühlte sich sehr gut an, und ich ertappte mich dabei, dass ich ins Schwärmen geriet. Wie süß war er doch, wie gutaussehend, wie aufmerksam, eigentlich zu schön, um wahr zu sein. Ich war Anfang 40, er zehn Jahre jünger, und alles schien perfekt zu passen. Ich kam mir vor wie noch einmal 25, und dieses Gefühl vermittelte er mir auch. Es war die völlige Euphorie, ich schwebte auf einer rosaroten Wolke.

Das Einzige, was mich damals hätte stutzig machen können, waren einzelne Äußerungen von ihm. Er sagte etwa eines Abends in einer Bar zu mir: »Du erzählst wenig von dir. Aber ich habe bis jetzt jede geknackt und dich werde ich auch noch knacken.« Dabei saß er mir gegenüber, schaute mich von oben nach unten an und wirkte sehr siegessicher. Ich achtete nicht weiter darauf.

Zu dieser Zeit, im März 2003, übernachtete er zum ersten Mal bei mir und erklärte kurz nach der ersten gemeinsamen Nacht, er habe sich in mich verliebt. Er tat das auf eine sehr wohltuende Art und Weise. Ich fühlte mich sehr gut dabei, wertgeschätzt, auch ein wenig gebauchpinselt. Er wirkte in diesem Moment sehr offen und erzählte mir auch, dass er früher drogenabhängig gewesen war. Er sei bis an die Grenzen gegangen und dann noch einen kleinen Schritt weiter und noch einen. Er habe aber während dieser ganzen Zeit immer gearbeitet, habe nie irgendwo in der Gosse gelegen.

Da hätte ich hellhörig werden müssen. Stattdessen war ich beeindruckt. Ich dachte mir, gut, er war drogenabhängig, aber er war in Therapie und ist jetzt clean. Er hat es geschafft, und das spricht für seine Willensstärke. Ich idealisierte ihn und war stolz auf ihn, dass er den Absprung aus der Drogensucht geschafft hatte, dass er es wieder hingekriegt hatte, obwohl er zehn Jahre lang abhängig gewesen war. Er sagte selbst immer: »Ich habe es tatsächlich geschafft, mit den Drogen aufzuhören. Das schafft nicht jeder. Aber ich habe es geschafft.« Ich stellte ihn auf ein Podest, ich glorifizierte ihn. Und er ließ weiterhin seinen ganzen Charme spielen. Er hatte eine bestimmte Form von Charme, der ich einfach nicht widerstehen konnte. Er hielt mir die Autotür auf, er schob mir einen Stuhl hin, er fragte, möchtest du noch dies oder jenes haben, ich bringe es dir. Er war handwerklich sehr begabt und reparierte alles in meiner Wohnung. Und wenn ich Feierabend hatte, stand er mit riesigen Blumensträußen vor der Klinik, in der ich arbeitete. Ständig schenkte er mir Blumen, und jeden Tag sagte er mir, wie sehr er mich liebe, wie sehr ihm mein Aussehen gefalle, und wie stolz er auf mich sei. Marco konnte sehr charmant sein und sehr zugewandt. Ich fühlte mich abgeholt, ich fühlte mich beachtet und umsorgt. Er war unheimlich beschützend. Wenn ich mit ihm irgendwo hinging, hatte ich das Gefühl, mir kann nichts passieren. Es fühlte sich komplett anders an als in allen Beziehungen davor. Ich war bis dahin immer der Überzeugung gewesen, dass ich stark bin, alles selbst hinkriege und niemanden brauche. Und plötzlich kam er, der mir mit Nachdruck vermittelte: Du bist eine Frau. Wenn wir zusammen einkaufen gingen, kam er widerspruchslos mit, überallhin. Er achtete darauf, dass mir niemand zu nahe kam und sagte: Ich trage alle Taschen, du trägst nichts, du darfst dich nicht überanstrengen. Dieses Beschützende fühlte sich anfangs gut an.

Er kam jedes Wochenende zu mir und ließ jedes Mal Sachen in meiner Wohnung. Hier ein T-Shirt, dort ein Paar Socken, immer mehr. Es ging schnell, und ich ließ es geschehen. Wenn ich morgens aufstand, war der Kaffee schon vorbereitet und er hatte überall Zettel mit Nachrichten hinterlassen. An der Kaffeemaschine stand: Drück auf den Knopf, alles ist fertig für dich. Und im Bad am Spiegel klebte ein Herz: Ti amo, ich liebe dich. Das war für mich eine völlig neue Erfahrung, und ich genoss es, so umsorgt zu werden. Ich fühlte mich behütet, aufgehoben, wie in einem Kokon.

Die körperliche Anziehung zwischen uns war stärker als alles, was ich zuvor erlebt hatte. Es war äußerst intensiv, es war der beste Sex, den ich bis dahin in meinem Leben gehabt hatte. Ich konnte bei ihm direkt sagen, was ich wollte und was ich nicht wollte. Und er war zu allem bereit, erfüllte alle meine Wünsche sofort. Die Anziehung war riesig. Ein Feuerwerk. Das war auch für Außenstehende deutlich spürbar. Wenn wir irgendwo zusammen standen oder saßen, sagten viele, bei euch merkt man aber, dass es sprüht und funkelt. Das war wirklich so.

Es war auch wie die Erfüllung einer Prophezeiung. Ich hatte ein paar Jahre zuvor eine Reise nach Afrika gemacht und dort in einer Oase eine Österreicherin kennengelernt. Sie sagte zu mir: Ich schaue ab und zu in die Sterne, für meine Freunde oder für mich selbst. Als ich dich gesehen habe, dachte ich mir, das fühlt sich spannend an. Soll ich für dich in die Sterne schauen? Ich stimmte zu. Sie wusste überhaupt nichts von mir. Doch sie erzählte mir nach dem Blick in die Sterne mein ganzes Leben bis zu diesem Zeitpunkt. Sie erzählte von meinen Eltern, von meiner Schwester, dass ich ein Kind habe und viele andere Details. Dann sagte sie, du wirst jemanden kennenlernen, und den wirst du auch heiraten. Es wird noch eine Weile dauern, aber ich sehe es deutlich. Mir wird heute noch ganz anders, wenn ich daran denke. Ich hatte selbst in den Jahren vor meiner Begegnung mit Marco immer wieder einen Traum, in dem ich einen braungebrannten Mann vor mir sah. Einen Mann mit kurzen schwarzen Haaren, in einer roten Badehose, im Hintergrund Meer und Felsen. Er sah ihm sehr ähnlich. Als unsere Beziehung begann, schien es mir, als sei mein Traum in Erfüllung gegangen, als seien wir in jeder Hinsicht füreinander bestimmt.

Es wurde Sommer, und wir flogen zusammen ans Meer. Marco hat im Juni Geburtstag, und ich hatte ihm ein Flugticket nach Mallorca geschenkt. Ich wollte weg, Zeit zusammen mit ihm genießen, Sonne auf der Haut spüren, das Meer riechen. Erstaunt stellte ich fest, dass er bis dahin offenbar sehr wenig gereist war. Ich war immer viel unterwegs gewesen, oft spontan weggeflogen, er hatte dagegen die meiste Zeit zu Hause verbracht. Zunächst in der Stadt in Süddeutschland, in der ich lebe und in der er geboren wurde, aufwuchs und einen Großteil seines Lebens verbrachte. Dann in der Stadt, in der er wohnte, als wir uns kennenlernten. Und im Sommer, in den Ferien, war er in dem Dorf in Italien, aus dem seine Familie ursprünglich stammt. Ich nahm mir vor, ihm mehr von der Welt zu zeigen.

Wir waren eine Woche lang auf Mallorca, in einem Teil der Insel, in dem es keinen Massentourismus gibt, sondern nur ein paar kleine Hotels und sonst nichts außer Natur. Es war eine wunderschöne Zeit, eine sehr innige und einander zugewandte Zeit. Er war zugänglich, offen und klar. Und er war eifersüchtig, bewachte und begockelte mich. Ich schob es auf seine südländische Abstammung, amüsierte mich darüber und fühlte mich gleichzeitig geschmeichelt und begehrt. Es gab keine Hindernisse, es gab keine Hürden. Wir waren einfach zwei Menschen, die sich gut verstanden und sich nahe waren.

Die Landschaft war unglaublich schön. Ich sehe sie heute noch vor mir, die Farben, die Formen. Wir mieteten uns ein kleines Boot und fuhren durch das tiefblaue, glasklare Wasser. An der Küste stiegen riesige Klippen steil nach oben, sehr hoch, und das Meer unterhalb dieser Klippen hatte die Farbe von Saphiren. Wir fuhren an diesen Felsen entlang und konnten unendlich weit in die Tiefe schauen. Immer wieder hielten wir an und schwammen. Tauchten ein in das frische, klare Wasser. Und lagen danach auf dem Boot und ließen uns einfach treiben. Das war eine Zeit, die ich nie vergessen werde.

Risse
2003–2004
Kaum waren wir aus dem Urlaub zurück, zog Marco bei mir ein. Er fragte nicht, er zog einfach ein. Eines Samstags stand er mit einer großen Reisetasche in der Hand vor mir und sagte: Wir hatten eine Absprache. Wenn ich hier in dieser Stadt Arbeit finde, dann ziehen wir zusammen. Ich habe einen Job als Dachdecker angenommen. Also wohne ich ab jetzt bei dir.

Ich war irritiert über diesen unerwarteten Einzug. Es kam zu plötzlich, es ging zu schnell. Doch das störte ihn überhaupt nicht. Ich ziehe jetzt hier ein, sagte er, und fing an auszupacken. Wenn ich ihm widersprochen hätte, wäre es ihm wahrscheinlich völlig egal gewesen. Er hängte seinen Ledermantel, seine Hemden und Pullover in den Schrank im Schlafzimmer und breitete sich in meiner Wohnung aus. Bis dahin hatten wir uns nur an den Wochenenden gesehen. Ich hatte ihn jeden Freitag abends voller Vorfreude am Bahnhof abgeholt, wir kochten, redeten, gingen aus. Samstags besuchte er seine Mutter, die nicht weit weg von mir wohnte, und fuhr am Sonntag wieder zurück. Jetzt war er plötzlich immer da, jeden Tag. Und irgendetwas fing an, sich schleichend zu verändern. Ich fühlte mich nicht mehr so frei wie früher und fragte mich, ob es daran lag, dass ich zuvor alleine gewohnt hatte, oder ob es andere Gründe dafür gab.

Im Sommer erzählte Marco seinen Eltern von unserer Beziehung. Bis dahin hatte er sie ihnen gegenüber geheim gehalten. Seine Mutter reagierte äußerst ungehalten. Das gehe überhaupt nicht, sagte sie sehr bestimmt. Wegen des Altersunterschiedes. Weil ich schon einmal verheiratet gewesen sei und ein Kind habe. Weil ich alles alleine mache. Unmöglich. Was für eine Schande, sagte sie wutschnaubend zu ihm. Was für eine Schande! Als er mir davon erzählte, erklärte ich ihm, ich lasse mir nicht einfach einen Stempel aufdrücken, mich nicht in eine Schublade stecken, so könne es nicht funktionieren. Er führte ein Gespräch mit seiner Mutter und kam mit der Überzeugung zurück, alles sei geklärt und werde gut.

Wir fuhren zusammen zu ihr, und ihren Gesichtsausdruck werde ich mein Leben lang nicht vergessen. Wir gingen in das Haus hinein, liefen die Treppe hoch, und da stand sie mit zusammengebissenen Zähnen, mit einem kalten, erstarrten Lächeln, und sagte: Hallo. In diesem Moment wusste ich, es war nichts geklärt, im Gegenteil, es herrschte Krieg. Sie sagte eine Weile nichts, sie stand nur da. Schließlich bat sie uns herein, doch Marco verschwand, ich wusste nicht, wohin. Ich setzte mich mit seiner Mutter ins Wohnzimmer und versuchte, Smalltalk zu machen. Aber es war nicht möglich, sich unbefangen zu unterhalten. Von ihr ging eine Übergriffigkeit aus, die raumfüllend war, die ich körperlich spüren konnte. Sie hielt Abstand, trotzdem hatte ich hier, in ihrem Haus, zum ersten Mal das Gefühl, verschnürt zu werden wie ein Paket. Mir drückte jemand die Luft ab, und ich schaffte es nicht, mich dagegen zu wehren. Ich hatte im Job, auch in schwierigen Situationen, immer meine Frau gestanden, als Teamleiterin oder als rechte Hand des Chefs, doch in diesem Moment fühlte ich mich plötzlich klein und schwach. Das war völlig neu für mich. Eine starke Aggression hing deutlich spürbar in der Luft, obwohl ich nichts gesagt oder getan hatte. Ich war sprachlos. Auf eine ganz subtile Art wurde ich wortlos gemacht. Ich verlor die Fähigkeit, mich zu artikulieren. Es war beklemmend, und es war das erste deutliche Warnzeichen. Doch ich war überzeugt, wir könnten das gemeinsam regeln. Schließlich waren wir ja verliebt.

Nach wie vor war Marco sehr aufmerksam und tat alles für mich. Ich ertappte mich allerdings dabei, dass es mir manchmal zu viel wurde. Gleichzeitig fühlte es sich schlecht an, wenn er einmal nicht da war und ich auf seine Aufmerksamkeiten verzichten musste. Ich hatte mich längst daran gewöhnt, auf Händen getragen und behütet zu werden.

An Weihnachten nahm er mich mit zu seiner Familie. Seine Mutter hatte alle zu sich eingeladen, und er sagte zu mir: Ich möchte, dass du dabei bist. Die Wohnung seiner Mutter war festlich geschmückt, sie hatte ein mehrgängiges Essen vorbereitet und eine große Tafel gedeckt. Es gab eine feste Sitzordnung, und an jedem Platz lag ein kleines Weihnachtsgeschenk. Nur an meinem nicht. Eine Tante von Marco bemerkte es, daraufhin ging seine Mutter in die Küche und kam mit einem Becher in der Hand zurück. Sie stellte ihn vor mich auf den Tisch und sagte: Den habe ich heute in der Apotheke geschenkt bekommen. Du kannst ihn haben. Ich machte gute Miene zum bösen Spiel, auch wenn es mir schwerfiel. Das Essen zog sich über mehrere Stunden hin. Nach dem Nachtisch sagte ich: Ich verabschiede mich jetzt, ich bin müde, ich möchte nach Hause gehen. Doch Marco bestand darauf, dass ich bleibe. Setz dich zu mir, wir wollen jetzt Spaß haben, sagte er. Ich verließ dieses erste gemeinsame Weihnachtsfest zwei Stunden später mit sehr unguten Gefühlen. Wir waren mittlerweile seit neun Monaten zusammen. Und ich war immer noch die Schande. Dieses Wort hallte immer wieder in mir nach. Die Schande.

Im neuen Jahr begannen sich in Marcos Verhalten kleine, zunächst kaum wahrnehmbare Spitzen einzuschleichen. Hier und dort ein kleiner Nadelstich, eine kurze, abfällige Bemerkung über mein Aussehen oder das Essen, das ich gekocht hatte. Wenn ich ihn darauf ansprach und nachfragte, wich er aus. Wand sich wie ein Aal. Oder wiegelte ab. Wenn wir bei seiner Mutter waren, setzte er sich am Tisch weit von mir weg. Er hielt Abstand. Danach umschmeichelte er mich wieder. Mit diesem abrupten Wechsel aus Nähe und Distanz konnte ich schlecht umgehen, er verunsicherte mich.

Ein paarmal versuchte ich, aus unserer Beziehung auszusteigen, sagte zu ihm, wir lassen das jetzt bleiben, das geht so nicht. Doch er schaffte es jedes Mal, mir meine Zweifel auszureden, meine Bedenken zu zerstreuen, mich umzustimmen. Er ließ mich nicht los, es fühlte sich an wie ein Riesenkrake, der mich einsaugte. Ich konnte mich nicht befreien, ich war schon zu sehr gefangen, verfangen, verwoben.

Unsere Auseinandersetzungen wurden häufiger und heftiger. Immer wieder versprach er mir, er werde sich ändern und auch mit seiner Mutter alles klären und regeln. Und immer wieder ließ ich mich darauf ein. Eines Tages, nach einem erbitterten Streit, sagte er zu mir: Komm, lass uns heiraten. Ich möchte dich heiraten. Du bist meine Frau, wir beide gehören zusammen. Du bist ein Teil von mir. Ich heirate nur ein Mal im Leben und nie wieder. In diesem Moment glaubte ich ihm, wollte ihm glauben, und sagte spontan ja. Es fühlte sich gut an, und die Alarmglocken, die sich vorher ab und zu gemeldet hatten, schwiegen.

Kurz vor der Hochzeit begannen die Zweifel wieder an mir zu nagen, erst leise, dann lauter. Der Altersunterschied zwischen uns, der Stress mit seiner Mutter, wie sollte das klappen? Mein Bauchgefühl schrie: Tu das nicht! Es wird nicht funktionieren. Lass es einfach bleiben. Aber ich legte einen Deckel darüber, verschloss ihn fest und tötete die Zweifel ab. Es half nichts. Einen Tag vor der Hochzeit überfiel mich schlagartig Angst. Ein flaues Gefühl im Magen, ein Druck auf der Brust und die drängende Frage, ob ich die richtige Entscheidung getroffen hatte. Will ich das überhaupt? Ist es tatsächlich das, was ich möchte? Die Fragen und die Zweifel ließen sich nicht mehr unterdrücken und begleiteten mich die ganze Nacht. Am nächsten Tag, eine halbe Stunde vor dem Standesamtstermin, verspürte ich plötzlich das starke Bedürfnis, einfach wegzulaufen. Das Bauchgefühl war wieder da, ein ungutes Bauchgefühl.

Unsere Hochzeit fand mittags statt. High Noon. Zehn Minuten vorher sagte ich zu Marco: Ich bin mir nicht sicher, ob ich hier das Richtige tue. Mein Vater stand schon mit seinem funkelnagelneuen schwarzen BMW vor der Tür, mit einem riesigen Blumengebinde auf der Motorhaube. Er kam herein, schaute mich prüfend an und sagte nur einen Satz: Bist du dir sicher? Selbst während der Unterschrift im Standesamt quälten mich die Zweifel weiter. Marco heulte neben mir Rotz und Wasser, seine ganze Familie weinte. Und ich stand mittendrin und doch daneben wie eine Zuschauerin. Ich stand neben mir, ich schaute mir selbst beim Heiraten zu und dachte mir: Was macht die denn da eigentlich? Doch dann fiel die Starre allmählich von mir ab, und die Freude, der Idealismus und der Honeymoon gewannen noch einmal die Oberhand. Allerdings nur für kurze Zeit.

Spinnennetz
2004–2005

Was für eine Schande, sagte meine innere Stimme laut und deutlich. Was für eine Schande! Manchmal konnte ich sie zum Schweigen bringen, aber meistens nicht lange. Sie meldete sich immer wieder unüberhörbar zu Wort. Ich bekam diese Demütigung nicht mehr aus meinem Kopf. Sie hatte sich festgesetzt, tief eingebrannt. Doch ich hatte nicht viel Zeit zum Nachdenken.

Kaum waren wir verheiratet, schon wurde ich von Marco und seiner Sippe vereinnahmt. Anfangs mussten wir jedes Wochenende zu seiner Familie, dann jeden Tag. Marcos Vater war schwer erkrankt. Ich mochte ihn gern und hatte mich immer gut mit ihm verstanden, ich wollte ihn unterstützen. Ich half, so viel ich konnte, bei Arztterminen und Bürokratie. Ich kümmerte mich um ihn, suchte nach passenden Therapien und Medikamenten, nutzte meine Kontakte in der Klinik, in der ich arbeitete. Doch egal was ich tat, es reichte nicht, es war in Marcos Augen nie genug. Wenn ich mich einmal einen halben Tag lang von der Doppelbelastung durch meine Arbeit und die Betreuung seines Vaters erholen wollte, kurz durchatmen, die Wohnung putzen oder meine Eltern besuchen, reagierte er vorwurfsvoll. Das geht nicht, sagte er. Wir müssen zu meinen Eltern gehen, du musst mit mir mitkommen. Ich bin dein Mann. Dort, wo ich bin, hast du auch zu sein. Es ist meine Familie, und es ist deine Aufgabe, mit mir dorthin zu gehen. Es geht nicht, dass ich alleine gehe und du währenddessen woandershin. Das gehört sich nicht. Wenn ich dich anrufe und sage, du musst etwas für meinen Vater erledigen, dann hast du das zu tun. Denn du bist mit mir verheiratet.

So hatte zuvor noch nie ein Mann mit mir geredet. Ich verspürte das starke Bedürfnis, mich gegen seine Besitzansprüche zu wehren und ihm sehr deutlich meine Meinung über ein derartiges Macho-Gehabe zu sagen. Ich wollte ein für alle Mal klarstellen, dass ich mich so nicht behandeln lasse, doch ich schaffte es in dieser Situation nicht. Seinem Vater ging es nicht gut, ich bekam ein schlechtes Gewissen und schluckte meine Empörung und mein Unbehagen hinunter. Ich nahm mich zurück, nicht Marco, sondern seinem kranken Vater zuliebe. Ich sagte zu mir selbst: Halte einfach mal die Klappe, dein Job ist es jetzt, zu unterstützen. Es gab nichts mehr außer meiner Arbeit und seiner Familie, ich hatte keine Zeit mehr für meine Freunde, für meine Hobbys.

Manchmal rief Marcos Mutter an und sagte: Vater möchte mit euch reden. Sie gab ihm den Hörer, und er sagte ein paar Sätze, er konnte damals nur noch schlecht sprechen. Daraufhin entriss die Mutter ihm den Hörer wieder und bellte im Befehlston ins Telefon: Ihr müsst sofort herkommen. Ich gehorchte. Es ist nur vorübergehend, sagte ich mir, es kommen wieder andere Zeiten. Zeiten, in denen du deine Freunde treffen kannst, auf Konzerte gehen, reisen, Bücher lesen, durch den Wald rennen, Zeiten, in denen du alles tun kannst, was dir immer wichtig war. Doch es sollte sich schnell herausstellen, dass diese Hoffnung vergeblich war.

Marcos Vater starb ein Dreivierteljahr nach unserer Hochzeit. Und mein Mann erklärte mir, wir müssten jetzt verstärkt nach seiner Mutter schauen. Ich sagte ihm, das sei selbstverständlich, aber ich sei nicht gewillt, jeden Tag zu ihr zu gehen. Ich müsse mich auch um mein eigenes Leben kümmern. Marco explodierte, bevor ich weitersprechen konnte. Er fing an, mich zu beschimpfen, mir zu unterstellen, seine Familie sei das Allerletzte für mich, nur weil sie keine Akademiker seien, sie seien mir nicht gut genug. Ich sei die Studierte und eine arrogante, eingebildete Tussi. Ich versuchte, ihm zu erklären, dass es um etwas anderes ging, doch er ließ es nicht gelten. Es sei schon immer klar gewesen, dass ich seine Familie hasste. Er wiederholte es wieder und wieder, und mein schlechtes Gewissen meldete sich zurück, nistete sich dauerhaft ein und ließ sich nicht mehr abschütteln.

Ich versuchte, mich noch mehr zu kümmern, noch mehr zu leisten, um Frieden zu haben. Und er bat mich immer häufiger auch bei seinen eigenen Angelegenheiten um Unterstützung. Ich sollte Bürokratie für ihn erledigen, Schriftstücke aufsetzen und verschicken, den Führerschein, den er verloren hatte, neu beantragen. Fast jeden Tag kam ein neuer Wunsch. Wenn ich ihn fragte, warum er diese Dinge nicht selbst erledigte, sagte er zu mir, er könne solche Schriftstücke nicht so gut verfassen wie ich, er könne sich nicht so gut ausdrücken, ich könne das viel besser. Er schmeichelte mir und gab sich hilflos. Und irgendwann tat ich es für ihn. Ich war wegen meiner herzkranken Schwester von klein auf daran gewöhnt, Rücksicht zu nehmen und zu helfen. Es machte mir nichts aus, ihn zu unterstützen, ich hinterfragte es nicht. Er merkte das und forderte immer mehr. Und bald wurde mir klar, dass seine Bedürfnisse immer an erster Stelle standen und die vielen Aufmerksamkeiten und Liebesbekundungen zu Beginn unserer Beziehung mich lediglich eine Weile darüber hinweggetäuscht hatten.

Sein Verhalten mir gegenüber veränderte sich zusehends. Die abfälligen Bemerkungen über mein Aussehen oder über das Essen, das ich gekocht hatte, kamen häufiger und wurden deutlicher und verletzender. Ich konnte sie nicht mehr als gelegentliche Ausrutscher abtun, doch ich wurde wieder auf eine Art überrumpelt, die es mir schwer machte, mich angemessen zur Wehr zu setzen. Nach wie vor beschimpfte er mich als arrogant und eingebildet, störte sich daran, dass ich studiert hatte, unterstellte mir, mich für etwas Besseres zu halten. Wenn ich für uns gekocht hatte, setzte er sich manchmal an den Tisch und sagte plötzlich unvermittelt: Den Fraß, den du mir hier hinstellst, kann ja kein Mensch runterwürgen. Als ich mich einmal vehement dagegen wehrte, schaute er mich mit kaltem Blick an und sagte: Hoffentlich bleibt dir das Essen im Hals stecken.

An anderen Tagen warf er mir unvermittelt an den Kopf: Du siehst scheiße aus in diesen Klamotten. Wenn ich anfing, mich zu verteidigen, legte er nach. Also versuchte ich in solchen Momenten auf Durchzug zu schalten, aber es gelang mir nicht immer. Die gehässigen Bemerkungen kamen immer wieder, wurden immer unverschämter und begannen mich mit der Zeit zu verunsichern. Außerdem erwartete er, dass ich in seiner Gegenwart immer sexy angezogen und perfekt geschminkt herumlief, egal ob draußen oder zuhause. Ich musste unbedingt vorzeigbar aussehen, enganliegende Kleider, kurze Röcke und hohe Schuhe tragen, und er benahm sich in der Öffentlichkeit wie ein Pfau. Er sei eben sehr stilbewusst, sagte er, und es musste natürlich eine entsprechende Frau neben ihm stöckeln. Anfangs genoss ich das, weil ich mich gerne ab und zu chic anziehe. Aber dieser Stil entsprach mir nicht, es fehlte das Lässige. Wenn ich zuhause flache Schuhe und bequeme Sachen anzog und meine langen Haare zu einem Pferdeschwanz zusammenband, bevor ich die Wohnung putzte, zog er sofort die Augenbrauen hoch und sagte: Das sieht aber schlampig aus. Auch wenn ich meine Laufklamotten anzog, um joggen zu gehen oder ins Sportstudio zum Trainieren, tat er deutlich sein Missfallen kund. Manchmal beschlich mich das Gefühl, dass er mich nicht als reale Person sah, als Mensch mit Gefühlen und Bedürfnissen, sondern lediglich als Erweiterung seiner selbst, als Statussymbol. Wenn ich alleine war, konnte ich aussehen, wie ich wollte, aber in seinem

Beisein musste meine Optik seinen Vorstellungen entsprechen. Eines Tages hatte ich mir sexy schwarze Spitzenwäsche gekauft, um ihm eine Freude zu machen. Ich zog die Dessous an und lief darin durch die Wohnung. Er lag auf dem Sofa, schaute auf, taxierte mich abschätzig von oben bis unten und von unten bis oben und sagte angewidert: Was soll das? Was läufst du so vor meiner Nase herum? Du siehst scheiße aus. Das sieht richtig scheiße aus. Du siehst aus wie eine Schlampe. Als ich gerade tief Luft holte, um ihm sehr deutlich meine Meinung zu sagen, fügte er abfällig und kalt hinzu: Eine Schlampe finde ich an jeder Straßenecke. Mutter habe ich dagegen nur eine. Er stand vom Sofa auf, zog seinen Mantel an und verschwand wortlos. Wahrscheinlich zu seiner Mutter.

Mein früher so starkes Selbstbewusstsein bröckelte, ich fing an, an mir zu zweifeln, an meinem Aussehen, an meinem Intellekt, an allem. Und ich begann mich zu fragen, wer Marco eigentlich war. Die verschiedenen Gesichter, die er mir seit unserer Hochzeit in immer rascherem Wechsel zeigte, verwirrten mich zunehmend. Ich fing an zu laufen, lief stundenlang mit meinem Hund über die Felder. Ich sprach mit mir selbst, mit dem Hund, ich verfing mich in endlosen Grübelschleifen. Warum behandelte er mich so, was hatte ich falsch gemacht, weshalb ließ ich mir so etwas eigentlich überhaupt bieten? Schau dich doch an, kein Wunder, du bist eine Schande, sagte die innere Stimme hämisch. Was soll ich bloß tun, fragte ich meinem Hund. Lieber Gott hilf mir doch, bat ich. Wenn ich von den Spaziergängen zurückkam, warf Marco mir vor, mein Hund sei mir wichtiger als er.

Niemals hätte ich gedacht, dass ich einmal so ausweglos in einer ungesunden Beziehung feststecken könnte. Wenn ich früher ähnliche Geschichten im Freundeskreis mitbekommen hatte, meistens nur ansatzweise, hatte ich immer gedacht, mir könnte so etwas nie passieren. Es war für mich bis dahin unvorstellbar, wie jemand so weit abrutschen konnte, ohne sich aus der Beziehung zu befreien, ohne einen klaren Schlussstrich zu ziehen und zu gehen.

Doch nun war ich selbst gefangen in einem Netz aus übertriebenen Aufmerksamkeiten auf der einen Seite und zunehmenden Demütigungen, Beleidigungen und Entwertungen auf der anderen. Dieses Netz zog sich immer enger um mich zusammen. Was ich auch tat, es schien falsch zu sein und führte zu neuen Konflikten.

Ich hatte mir vor unserer gemeinsamen Mallorca-Reise vorgenommen, ihm mehr von der Welt zu zeigen. Doch jedes Mal, wenn ich vorschlug zusammen wegzufliegen, raus aus dem eintönigen Alltagstrott, winkte er genervt ab. Ich war immer viel gereist, es war ein wichtiger Teil meines Lebens gewesen, und es fehlte mir. Meine Tochter erzählte Marco, wo ich überall herumgereist war. In exotischen Ländern, meistens spontan und oft abenteuerlich. Sie zeigte ihm Fotos von mir mit einem großen Rucksack auf dem Athener Flughafen, schau sie dir an, und stieß auf völliges Unverständnis. Sie sieht aus wie eine Pennerin, knurrte er abfällig. Ich sagte zu Marco, komm lass uns reisen, mach doch mal die Augen auf, schau einfach mal nach rechts und links, über den Tellerrand hinaus. Er hatte kein Interesse daran. Irgendwann sagte er zu mir, ich sei wie das fahrende Volk. Im Mittelalter hätte man mich entweder ersäuft oder auf dem Scheiterhaufen verbrannt.

Mir wurde klar, dass dieser lässige, gutaussehende Typ, in den ich mich an einem kalten Januarabend so schlagartig verliebt hatte, überhaupt nicht so locker und cool war, wie er sich anfangs gegeben hatte. Er schien vielmehr gefangen, völlig gefangen in Traditionen, in starren Regeln und Gewohnheiten, in sich selbst. Morgens um acht wollte er frühstücken, um zwölf zu Mittag essen und an den Wochenenden zu seiner Mutter. Das Leichte und Spontane, das er einmal ausgestrahlt hatte und in das ich mich verliebt hatte, war verschwunden. Wahrscheinlich war es nie da gewesen, sondern nur eine Maske, die er aufgesetzt hatte und die zu meinen Wunschträumen gepasst hatte.

Während ich noch zwischen zunehmender Ernüchterung, gelegentlich aufblitzender Hoffnung und tiefer Verzweiflung schwankte und versuchte, Klarheit zu gewinnen, gab er Gas. Aus seiner fürsorglichen, behütenden Art wurde offene Bevormundung. Ob beim Kochen oder beim Autofahren, er signalisierte mir immer wieder: Du kannst es einfach nicht. Wenn wir zusammen im Auto saßen, griff er mir ins Steuer. Oder er gab mir Anweisungen: Blinke jetzt, wechsele die Spur, fahr nicht so schnell. Ich sagte zu ihm: Lass das, ich kann selbst Auto fahren, ich fahre schon viel länger als du, was fällt dir eigentlich ein. Er bestand darauf, dass ich nicht fahren könne. Ich sei zu blöd zum Autofahren, ich sei zu blöd zu allem, einfach zu blöd.

Am Anfang unserer Beziehung hatte er es sehr gut verstanden, mir zu schmeicheln, mich mit Komplimenten zu überhäufen und mein Selbstbewusstsein zu pushen. Ich bin so stolz auf dich, du bist so intelligent, du schaffst alles, was du willst, du siehst so toll aus, genau mein Geschmack. Kurz nach der Hochzeit hatte er dann abrupt und überraschend angefangen, mein Selbstbewusstsein in den Keller zu treten, es systematisch in Grund und Boden zu stampfen.

Ich hielt dagegen, doch es fing an zu bröckeln und schrumpfte Stück für Stück. Irgendwann war es weg, verschwunden. Ich war einfach zu blöd zu allem. Ich versuchte, Marco keine Angriffsfläche zu bieten und keine Schwäche zu zeigen. Bloß nicht weinen. Aber er merkte genau, wie es mir ging, und es schien ihm völlig egal zu sein. Ich hing wehrlos im Netz, fühlte mich gelähmt und spürte, dass mein Körper anfing, abwehrend zu reagieren. Die Allergien, die ich von Kind an hatte, verschlechterten sich massiv. Früher hatte ich einfach ausprobiert, was ich vertrug und was nicht. Ich hatte es im Griff und seit Jahren keine Probleme mehr damit gehabt. Doch jetzt kamen immer neue Allergieschübe. Ich konnte vieles nicht mehr essen, ohne Atemnot und Ausschlag zu bekommen, verlor Gewicht. Von mir war immer weniger übrig. Ich reduzierte mich äußerlich und innerlich, auf allen Ebenen, immer weiter.

Erstarrung
2005–2007

Es wurde Frühling, und im Mai kam unser erster Hochzeitstag. Wir hatten keine Feier geplant. Stattdessen ging ich zur Arbeit. Die Kolleginnen dort hatten gerade den Boden gewischt, und als ich eine Treppe hochlaufen wollte, rutschte ich auf den glatten Stufen aus und stürzte. Ein scharfer, durchdringender Schmerz fuhr mir ins rechte Handgelenk, und schon beim ersten Blick darauf war klar, dass es gebrochen war. Es war ein komplizierter Bruch, der operiert werden musste, der im Krankenhaus aufwendig verplattet und verschraubt wurde. Und plötzlich zeigte Marco mir wieder sein aufmerksames Gesicht, das liebevolle und beschützende, das ich schon eine ganze Weile nicht mehr gesehen hatte.

Als ich nach einer Woche aus dem Krankenhaus entlassen wurde, mit starken Schmerzen, fuhr er mit mir in unser Lieblingsautohaus. Wir waren früher öfter Autos anschauen gegangen oder waren Probe gefahren, denn wir hatten beide ein Faible für schöne, schnelle Autos. Im Schauraum stand ein wunderschöner Wagen, ein SUV mit einem besonderen Design und einem strahlend weißen Innenraum. Es war ein Ausstellungsstück, das auf einer internationalen Automobilmesse gezeigt worden war, ein Modell, das es weltweit nur einmal gab. Ich stieg in dieses Auto ein, nach der Operation eingegipst bis obenhin und schneeweiß im Gesicht. Ich saß auf dem Fahrersitz und war begeistert, sagte: Das ist ein Traum. Dieses Auto ist wunderschön. Der Chef des Autohauses sagte zu mir, ja, es ist ein ganz besonderes Modell, aber es ist ein Einzelstück und leider unverkäuflich. Es war eine Studie für die Automobilausstellung in Barcelona und ist nicht für den Verkauf bestimmt. Vier Tage später stand Marco mit diesem Auto vor der Tür und drückte mir den Schlüssel in die Hand. Er hatte den Autohausbesitzer tatsächlich überredet, ihm den Wagen zu verkaufen, damit er ihn mir schenken konnte. Solche Geschichten passierten ab und zu, um zu untermauern, was er alles für mich tue. Er wollte damit offenbar zeigen: Du bist wirklich ein Teil von mir. Wir sind ein Paar, trotz aller Widrigkeiten. Findest du nicht, dass wir das einfach verdient haben?

Jedes Mal ging in solchen Momenten die Hoffnungstür wieder ein kleines Stückchen auf, und ein Lichtstreif fiel durch den Türspalt. Eine Woche nach meiner Operation fuhren wir zusammen in den Urlaub, plötzlich war möglich, was er vorher lange abgelehnt hatte. Ich hatte vorher Rücksprache mit dem zuständigen Arzt gehalten und er empfahl mir, mich nicht zu überanstrengen. Marco war dabei und erklärte dem Arzt entschieden: Nein, wenn sie mit mir unterwegs ist, macht sie überhaupt nichts. Dann liegt sie im Liegestuhl und schont sich, sie rennt nicht in der Gegend herum und niemand wird an ihren Arm stoßen, ich sorge dafür. Ich passe auf sie auf. Jedes Mal, wenn es mir schlecht ging, wenn ich krank war, wurde er sehr fürsorglich. Wenn ich hohes Fieber hatte, sagte er, ich mache dir Wadenwickel, ich koche dir Hühnerbrühe, mach dir keine Sorgen. Ich genoss es erst, so behütet zu werden, doch dann wurde es mir oft zu viel, und ich fühlte mich eingeengt. Ich konnte es nicht mehr unbefangen annehmen, war mir nicht mehr sicher, ob es tatsächlich Fürsorge war, oder ob er mit diesem Verhalten lediglich seine Besitzansprüche untermauern wollte.

Denn kaum war ich gesund, fing die emotionale Achterbahnfahrt wieder an, verstärkten sich seine Angriffe auf mich. Alles, was ihm früher an mir gefallen hatte, machte er nun immer gnadenloser nieder. Schau dich an, wie du aussiehst. Du hast keinen Arsch in der Hose, du bist zu dünn, deine Haare sind zu lang, deine Brüste sind zu klein, du hast zu viele Muskeln, weil du dauernd trainieren gehst. Ich fühlte mich klein, dumm und hässlich, und an manchen Tagen wollte ich nicht mehr in den Spiegel schauen. Ich versuchte, noch mehr zu leisten, um diese nagenden Minderwertigkeitsgefühle zum Schweigen zu bringen. Doch er schien genau zu wissen, an welcher Stelle er den Finger in die Wunde legen musste. Er hatte ein sehr gutes Gespür dafür und er tat es immer wieder, fand immer neue Ansatzpunkte.

Hatte er sich bisher vor allem entwertend über mich geäußert, dehnte er seine Attacken jetzt auf alles aus, was mir wichtig war. Er fing an, sich sehr abfällig über meine Familie zu äußern. Meine Tochter sei das Allerletzte, sie sei undankbar und respektlos. Alle seien sie arrogant und Arschlöcher, besonders mein Vater, sagte er immer wieder, und manchmal sah ich dabei blanken Hass in seinen Augen. Mein Vater hat ihn früh durchschaut, glaube ich. Er hatte sich immer zurückgehalten mit Kritik an seinem Schwiegersohn, aber er hatte mir indirekt zu verstehen gegeben, dass er ihn für einen Schwätzer hielt. Eines Tages warf Marco mir auf einem Spaziergang unvermittelt an den Kopf, mein Vater sei der völlige Arsch. Er sei ein Macho und ein Nazi. Als ich ihn bat, nicht so über meine Familie zu sprechen, schaute er mich nur kalt an. Dann sagte er hasserfüllt: Wenn dein Alter krepiert, dann gehe ich hin und pisse ihm aufs Grab. Ich erstarrte innerlich, es flackerte Wut auf. Doch ich traute mich nicht, ihm zu widersprechen. Wieder einmal dachte ich mir, sei ruhig, sei einfach ruhig, halte die Klappe und fange keinen Streit an. Und du bis das gleiche Arschloch wie dein Vater, fügte er noch hinzu. Ich nahm auch das hin. Ich lehnte mich immer seltener auf, stattdessen begann ich zu verstummen.

Für Marco war ich ohnehin an allem schuld, immer, egal was passierte. Und irgendwann war ich selbst davon überzeugt, dass alles an mir lag. Ich machte mir Vorwürfe. Wäre ich freundlicher gewesen, hätte ich mich anders verhalten, hätte ich mehr auf ihn gehört, dann wäre vielleicht alles anders gekommen. Ich fühlte mich schuldig und schlecht. Alles an mir fühlte sich falsch an, von der Fußsohle bis zur Haarspitze, alles, was ich sagte oder tat, war falsch. Ein befremdliches Gefühl, das ich bis dahin nicht gekannt hatte. Früher hatte ich in schwierigen Situationen nach Lösungen gesucht. Ich war oft einfach ins kalte Wasser gesprungen, hatte Herausforderungen immer angenommen.

Von diesem Selbstvertrauen waren gut ein Jahr nach meiner Hochzeit nur noch Zweifel und Verzagtheit übrig. Eine tiefe Hoffnungslosigkeit begann sich in mir auszubreiten. Manchmal, wenn er mich attackierte, versuchte ich dagegenzuhalten. Eines Tages baute er sich während eines heftigen Streits drohend vor mir auf. Seine Muskeln waren angespannt, seine Augen funkelten mich böse an. Er stand sehr dicht vor mir, mit verzerrtem Gesicht und zusammengebissenen Zähnen, hob den Arm und zischte: Am liebsten würde ich dich jetzt am Hals packen und schütteln. Ich konnte seine Wut und seinen Hass körperlich spüren. Doch ich wich nicht zurück. Ich sagte zu ihm: Du wirst es nicht wagen, die Hand gegen mich zu erheben. Er blieb stehen und starrte mich weiter drohend an. Wenn ich dir eines Tages eine verpasse, dann stehst du sowieso nicht mehr auf, sagte er schließlich. Dann ließ er von mir ab. Du kriegst mich nicht klein, sagte ich zu ihm. So nicht. Doch er sollte es auch ohne Schläge schaffen, mich zu zerstören.

Kurze Zeit später fing mein Magen an zu rebellieren. Mir war ständig übel, ich behielt kein Essen mehr bei mir. Jedes Mal, wenn ich etwas aß, musste ich sofort erbrechen. Ich wurde immer schwächer, mir war ständig schwindelig und ich kippte mehrmals um. Als ich nicht einmal mehr Wasser bei mir behielt und anfing, Blut zu spucken, ging ich zum Hausarzt, der mich stationär ins Krankenhaus schickte. Dort wurden eine Magenspiegelung und verschiedene andere Untersuchungen gemacht. Der Arzt wirkte besorgt. Er sagte zu mir: Es sieht nicht gut aus, aber wir kriegen es ohne Operation hin. Ich fragte nicht weiter nach. Sie schickten mich nach Hause und gaben mir verschiedene Medikamente mit, die ich schlucken sollte. Schon nach kurzer Zeit fingen meine Haare an auszufallen, und ich wurde stutzig. Schließlich wurde mir klar, dass es sich bei den Medikamenten offenbar um eine Chemotherapie in Tablettenform handelte. Das hatte mir niemand gesagt. Ich fühlte mich sehr schlecht und schwach, und jeden Tag rief ein Arzt aus dem Krankenhaus an, um zu fragen wie es mir ging. Ich wunderte mich über so eine engmaschige Betreuung.

Als sich mein Zustand ein wenig gebessert hatte, machte ich mit meinem Hund einen Spaziergang im Wald. Dort hatte ich plötzlich eine Begegnung mit meinen schon lange verstorbenen Großeltern. Sie waren da, und es fühlte sich warm, weich und schön an. Ich durfte sie sehen, ich durfte sie riechen. Mein Großvater war Arzt und roch immer nach einer Mischung aus Desinfektionsmittel und seinem Parfum. Er sagte dort im Wald zu mir: Mach dir keine Sorgen. Ich kümmere mich darum. Ich sorge dafür, dass du gesund wirst und dass die Krankheit wieder weggeht. Ich fühlte mich eingehüllt in Liebe und Licht, es war hell und warm, und meine Großmutter lächelte mich an. Als sie wieder weg waren, verspürte ich Ruhe und Zuversicht.

Ich nahm weiter meine Medikamente, und ein paar Wochen später musste ich erneut in die Klinik. Der Arzt wirkte im Gespräch danach äußerst erstaunt. Er erklärte mir, alles sehe gut aus, die Geschwüre seien weg. Er schaute sich das Ergebnis der Magenspiegelung mehrmals ungläubig an und sagte schließlich zu mir, hätte er nicht selbst die Diagnose gestellt, hätte er es nie für möglich gehalten, dass so ein großes Ding verschwinden könnte. Er zeigte mir Bilder der ersten Spiegelung, auf denen ein riesiges, feuerrotes Gebilde zu sehen war, es sah aus wie ein Vulkankrater. Mein Hausarzt sagte später zu mir, er sei sehr froh, dass wir es geschafft hätten. Ich verstand nicht, was er meinte, und schaute ihn verständnislos an. Daraufhin fragte er, ob ich mich nicht über die täglichen Anrufe aus dem Krankenhaus gewundert hätte. Mein Magen sei kurz davor gewesen durchzubrechen, deshalb sei keine Operation mehr möglich gewesen. Alle Ärzte, auch er selbst, seien überzeugt gewesen, dass meine Chancen sehr schlecht seien. Mit den Anrufen hätten sie sich vergewissern wollen, dass ich noch am Leben war.

Im Abschlussgespräch fragte mich der behandelnde Arzt im Krankenhaus, ob ich verheiratet sei, mit wem ich verheiratet sei und wie unsere Ehe denn laufe, ob es Probleme gebe. Er hakte intensiv nach. Mein Hausarzt stellte mir ähnliche Fragen. Offenbar hegten beide den starken Verdacht, dass die Tumore in meinem Magen eine psychische Ursache gehabt haben könnten. Aber ich verstand ihre Botschaft nicht.

Marco hatte in dieser Zeit wieder einmal sehr fürsorglich gewirkt. Kaum war ich genesen, zog sich die Schlinge allerdings noch enger zu. Ich wollte nach meiner überstandenen Erkrankung ausgehen, Freunde treffen, auf Konzerten tanzen, das wiedergewonnene Leben feiern. In den Bergen klettern, schwimmen gehen, ein Picknick machen. Er wollte nicht mitkommen, so sehr ich ihn auch darum bat. Nirgendwohin. Und er verbot mir, alleine zu gehen. Nicht etwa aus Sorge, dass mir etwas passieren könnte, sondern mit der Begründung: Du bist dort, wo ich bin. Alleine machst du so etwas auf gar keinen Fall. Das gehört sich nicht.

Meine erneut aufgeflammte Lebensfreude drohte schnell wieder zu erlöschen. Ich versuchte, sie festzuhalten, sie mir zu bewahren und mit ihm zu reden. Doch meine Argumente kamen nicht bei ihm an. Ich versuchte es wieder und wieder und merkte, wie machtlos ich war. Ich konnte mit Logik nichts ausrichten, ich konnte mit Empathie nichts ausrichten, all meine Versuche scheiterten. Statt auf mich einzugehen und sich mit mir auszutauschen, begann er, Ängste zu schüren. Angst vor dem Leben, Angst vor anderen Menschen, Angst vor allem. Er suggerierte mir immer neue Gefahren, die überall lauern konnten. Und obwohl ich früher sehr unerschrocken gewesen war, hatte er nach und nach Erfolg damit.

Wenn ich alleine unterwegs war, fing ich an, vorsichtshalber Ausschau nach einem geschützten Raum zu halten, in den ich mich notfalls zurückziehen konnte. Mein Auto wurde zu einer Festung, in der ich mich sicher fühlte. Wenn ich durch den Wald joggte, obwohl er mir gesagt hatte, das sei zu gefährlich, fühlte ich mich plötzlich unsicher. Auch die Blicke anderer Menschen begannen, mich zu verunsichern. Ich begann meinen Körper in weiter Kleidung zu verstecken und beim Laufen den Blick auf den Boden zu richten. Ich, die früher immer deutlich ihre Meinung gesagt hatte, war zu einem verstummten Anhängsel geworden, zu einer Marionette, die sich kaum noch aus eigener Kraft bewegen konnte.

Die Hoffnungstür, die sich nach unserem Hochzeitstag noch einmal einen Spalt weit aufgetan hatte, schien endgültig zugefallen zu sein.

Im Käfig
2008–2013

Mein Körper schwächelte weiter, ich konnte ihm nicht mehr vertrauen. Immer wieder wurde ich krank. Erst eine Knieverletzung, dann heftige Zahnprobleme und mehrere Kieferoperationen, in immer kürzeren Abständen. Ich war vorher in meinem Leben kaum krank gewesen. Doch nun kam eines nach dem anderen. Immer wieder musste ich zu meiner Zahnärztin, die mich schon lange kannte. Früher war ich dort hingegangen, wenn es eben sein musste. Augen zu und durch. Ich bin nicht aus Zucker, hatte ich ihr immer gesagt, wir bringen das einfach hinter uns. Doch nun kam Marco meistens mit, gab sich sehr fürsorglich und hielt behütend meine Hand. Und je mehr er mich bemutterte, desto mehr Angst bekam ich vor den Besuchen in der Zahnarztpraxis. Ich litt unter immer neuen Zahnfleischentzündungen und Zysten, hatte starke Schmerzen im Kiefer. Meine Zahnärztin schaute sich meinen Zustand eine Weile an und wirkte immer ratloser. Sie fragte mich besorgt, was los sei. Von einer Operation in die nächste, das sei unglaublich, so etwas kenne sie überhaupt nicht von mir. Ich wusste es nicht, konnte es ihr nicht sagen, war sprachlos geworden. Der Körper drückte meine stummen Hilfeschreie aus. Ich war kaum noch in der Lage, etwas zu essen und wurde immer dünner, immer weniger.

Das fiel auch der Chefin des Sportstudios auf, in dem ich nebenher jobbte. Eines Tages sprach sie mich nach dem Training an. Sie fragte mich, welche Probleme es gebe. Ich versuchte abzuwiegeln, doch sie meinte, sie sehe schon länger deutlich, dass bei mir etwas nicht stimme. Schau dich doch an, sagte sie, du bist nur noch ein Schatten deiner selbst. Ich wich aus, aber sie blieb hartnäckig und hakte nach. Irgendwann erklärte sie, ihr gefalle mein Körperbau nicht mehr. Früher war ich schlank und durchtrainiert gewesen, hatte Muskeln gehabt. Jetzt war ich einfach nur noch dünn, viel zu dünn. Sie maß mit einem speziellen Verfahren die Fettmasse in meinem Körper und stellte fest, dass so gut wie kein Bauchfett mehr vorhanden war. Ich müsse dringend mehr essen, erklärte sie. Eine Zeitlang zwang sie mich im Sportstudio dazu. Sie kam mit frischem Brot und Butter und sagte: Das bestreichen wir jetzt, hier hast du einen Kaffee, und dann essen wir gemeinsam. Ich tat es ihr zuliebe und deutete an, dass es in meiner Ehe nicht gut laufe. Daraufhin brachte sie mir Bücher mit, Bücher von Ärzten, in denen es um psychosomatische Erkrankungen ging. Sie sagte zu mir: Nimm diese Bücher und lies sie, da steht drin, was du hast. Ich las die Bücher und dachte mir, interessant, psychische Ursachen, doch ich bezog es nicht auf mich. Und ich war nicht in der Lage, mich ihr weiter zu öffnen und zu erzählen, in welch fest verschlossenem Käfig aus Kontrolle, Entwertung und Ängsten ich festsaß, und wie ausweglos und beklemmend es sich anfühlte.

Ich bekam Herpes, er wuchs und wuchs. Dann überfielen mich Kopfschmerzen, schneidende, vernichtende Attacken, die mir hinterrücks in die Schläfen und in die Stirn fuhren. Ich merkte nicht einmal, dass es Migräneanfälle waren. Ich versuchte, sie so gut wie möglich zu ignorieren, mir nichts anmerken zu lassen und weiter zu funktionieren. Es gab ohnehin fast niemanden mehr, mit dem ich darüber hätte reden können.

Nach und nach war mein einst sehr großer Freundeskreis geschrumpft, so lange, bis kaum noch jemand übrig war. Von klein auf war ich immer sehr gerne mit Menschen zusammen gewesen, mit vielen Freunden, mit ihren Geschwistern und Familien hatte ich mich besonders wohlgefühlt. Je mehr Menschen, desto besser. Das war so geblieben, bis ich Marco kennengelernt hatte. Ich versuchte, ihn in meinen Freundeskreis mit einzubeziehen. Ich lud Freunde und Bekannte zu uns nach Hause ein, zum Essen, zum Trinken, zum Reden, zum Lachen. Ich genoss diese Runden, den Austausch mit anderen, ich fühlte mich wohl in ihrer Gegenwart. Doch irgendwann sagte Marco nach einem dieser geselligen Abende, er habe ein Problem, wenn so viele Menschen auf einem Haufen seien, er möge das nicht. Ich sprach daraufhin weniger Einladungen aus, weil ich es ihm nicht mehr zumuten wollte. Und ich ging auch seltener abends mit meinen Freundinnen und Freunden weg, denn er sah es nicht gerne, dass ich allein mit ihnen unterwegs war. Wenn ich ihm vorschlug mitzukommen, lehnte er ab. Stattdessen fing er an, schlecht über die Menschen in meinem Umfeld zu reden, über jede und jeden. Eine Freundin trinke zu viel, eine andere kiffe, eine dritte benehme sich ihm gegenüber arrogant, an jeder hatte er etwas auszusetzen. Meine männlichen Freunde waren ohnehin ein großes Problem, ein rotes Tuch für ihn, er mochte sie grundsätzlich nicht und zeigte das auch deutlich.

Er verstand es, mich auf eine subtile Art von meinem Freundeskreis zu entfremden, es war ein schleichender Prozess. Wenn ich in seinem Beisein zufällig Bekannte traf, konnte ich kurz mit ihnen reden. Doch sobald es hieß: Komm doch am Wochenende bei uns vorbei und lass uns grillen, ging er sofort dazwischen. Ich versuchte ihm mehrmals klarzumachen, dass ich so ein Verhalten nicht mochte. Daraufhin hörte es jedes Mal eine Zeitlang auf, bevor er unverändert weitermachte.

Ein paar vertraute Freundinnen sprachen mich schließlich an. Eine fragte vorsichtig, was denn eigentlich los sei, warum ich mich so zurückziehe, es müsse jetzt mal Schluss sein damit. Eine andere sagte sehr direkt, das alles passe überhaupt nicht zu mir, ich hätte mich sehr stark verändert. Es müsse dringend ein anderer Mann für mich her, aber ganz schnell. Sie sahen, dass etwas nicht stimmte, sie merkten, wie ich mich zurückzog, sie wunderten sich, aber sie waren machtlos. Ich wollte ihre Fragen und Warnungen nicht hören, sondern verteidigte Marco, nahm ihn in Schutz und fand Gründe und Ausreden, die Freundinnen nicht zu treffen. Sie fühlten sich vor den Kopf gestoßen und zogen sich irgendwann zurück.

Für Marco stand seine Familie im Vordergrund. Und ich fügte mich, ordnete mich unter, reduzierte meine Kontakte weiter und weiter, brach sie ab. Als ich schließlich merkte, dass niemand mehr übrig war, war es schon zu spät. Mich gab es eigentlich nur noch mit Marco. Ich fühlte mich vereinnahmt und beschnitten, doch ich versuchte Kraft aus meiner Arbeit zu ziehen. Dort hatte ich immer Bestätigung bekommen, und auch jetzt wurde mir gesagt, du bist gut, mach weiter so. Ich hatte den Job gewechselt, hatte den Sprung von der Klinik in die Selbstständigkeit als Kosmetikerin gewagt. Und ich merkte, wie auch im Berufsleben plötzlich Unsicherheiten und Zweifel aufflackerten. Erst nur gelegentlich, wie ein leichtes Unwohlsein, dann häufiger. Ich fühlte mich nicht gut genug, begann an meinen Fähigkeiten zu zweifeln und traute mir immer weniger zu, trotz aller Bestätigung, die ich von Kolleginnen und von Kundinnen und Kunden für meine Arbeit bekam. Ich fühlte mich immer minderwertiger und strahlte das auch aus.

Marco spielte sich gleichzeitig immer mehr als Beschützer auf, und ich hatte keine Kraft mehr, mich dagegen zu wehren. Früher hatte ich nicht nachvollziehen können, warum manche Frauen auf der Straße ständig bei ihrem Mann eingehängt liefen. Ich hatte immer zu ihm gesagt, was soll das, das ist ja die völlige Unterordnung, das geht gar nicht. Er sagte daraufhin bestimmt zu mir, das gehöre sich so. Und irgendwann ertappte ich mich dabei, dass ich es auch tat. Ich hängte mich bei ihm ein wie ein nutzloses, unselbstständiges Anhängsel.

Wenn ich alleine in die Stadt ging, rief er nach spätestens einer Stunde an, fragte, wo ich sei, wann ich zurückkomme, wo er mich abholen solle. Wenn ich mit meinem Hund durch den Wald joggte, um durchzuatmen und den Kopf freizubekommen, rief er ebenfalls ständig an und wollte wissen, wo ich gerade war und ob alles in Ordnung sei. Er redete mir ein, es sei gefährlich allein im Wald, und wenn etwas passiere, werde mich dort niemand finden. Er erzählte es mir so lange, bis ich anfing, es zu glauben. Er mischte sich in alles ein, was ich tat. Noch nicht einmal in Ruhe lesen konnte ich mehr, mich intensiver mit Themen beschäftigen, die mich interessierten, so wie ich es immer getan hatte. Wenn ich am Wochenende Bücher oder Zeitungen las, kam er sofort zu mir und sagte: Ja, ich bin ja blöd. Du bist ja diejenige, die Abitur hat, die studiert hat, ich nicht. Irgendwann hörte ich auf zu lesen, kaufte kaum noch Zeitungen und verbannte meine geliebten Bücher in den Keller.

Eines Tages sprach meine Tochter mich an. Sie hatte sich mit Marco anfangs gut verstanden, war dann aber auf Distanz gegangen. Sie sagte, sie finde es schlimm, was bei uns passiere, und sie mache sich viele Gedanken, denn sie bemerke schon seit einer Weile, dass es mir nicht gut gehe. Marco benehme sich wie ein Arschloch, dabei sei er mir doch eigentlich unterlegen, ob ich das nicht merke. Ich reagierte ungehalten, sagte ihr, sie solle sich gefälligst aus meinem Leben heraushalten. Ich hatte selbst schon manches Mal den Verdacht gehabt, dass Marco überfordert sein könnte, wenn ich mit ihm diskutieren und Argumente austauschen wollte. Manchmal spielte ich das auch bewusst aus, doch jedes Mal überfiel mich hinterher sofort wieder das schlechte Gewissen, das zu meinem ständigen Begleiter geworden war.

Auch meine Mutter sprach mich eines Tages besorgt an. Du hattest immer so viele Freunde, sagte sie, wo sind die alle, es ist ja niemand mehr übrig. Was machst du eigentlich, du bist die ganze Zeit alleine und wirkst traurig, dabei bist du doch immer ein Herdentier gewesen. Mir waren ihre Fragen und ihre Sorge unangenehm und ich distanzierte mich nicht nur von meinen Freunden, sondern nach und nach auch von meiner Familie. Ich fühlte mich wieder einmal schuldig. Schuldig meiner Familie gegenüber, schuldig Marco gegenüber.

Ich begann mich zu fragen, wie seine früheren Beziehungen verlaufen waren. Er war immer sehr schweigsam gewesen, wenn es um dieses Thema ging. Eines Tages erzählte mir sein Bruder, Marco sei schon einmal verlobt gewesen und habe mit dieser Partnerin zusammen eine Wohnung gehabt. Sie sei extrem von ihm abhängig gewesen, und als es zur Trennung gekommen sei, sei sie völlig zerstört gewesen. Sie sei daraufhin längere Zeit von der Bildfläche verschwunden. Was genau passiert war, konnte er mir nicht sagen. Ich war jedoch offensichtlich nicht die erste Partnerin, der es in einer Beziehung zu Marco sehr schlecht ging. Und auch sonst, sagte sein Bruder vielsagend, wisse Marco Menschen sehr gut von sich zu überzeugen.

Jahrelang hatte ich ihm trotz aller Vorfälle und Auseinandersetzungen vertraut und gelegentliche Zweifel unterdrückt. Ich hatte mich an Erinnerungen an die guten Anfangszeiten und an schönen Momenten festgehalten, die es zwischendurch immer noch gab, auch wenn sie selten geworden waren. Doch nach den Erzählungen seines Bruders ließ sich das latente Misstrauen nicht länger betäuben. In schwierigen Situationen hatte Marco manchmal zu mir gesagt: Ich bin ein Dreher. Lass mich ein bisschen drehen, dann funktioniert das wieder. Ich hatte selbst miterlebt, wie er Menschen genau das erzählte, was sie hören wollten, um zu seinem Ziel zu kommen. Er schien sehr gut zu wissen, bei wem er welche Knöpfe drücken musste. Eines Abends sprach ich ihn direkt darauf an. Ich sagte zu ihm, ich sei mir nicht mehr sicher, was ich ihm glauben könne und wer er sei. Er komme mir vor wie ein Schauspieler, der eine Show abzieht. Marco lehnte sich zurück, verschränkte die Arme hinter dem Kopf und grinste mich kalt an. Ja, sagte er: Ich komme doch so zu dem, was ich will. Genau so funktioniert es.

Gummiband
2014

Marco begann immer länger wegzubleiben, erst tagsüber, dann auch abends. Oft kam er erst nachts um zwei nach Hause, manchmal gar nicht. Irgendwann sprach ich ihn an, fragte ihn, ob es etwas gäbe, das ich wissen sollte. Nein, er gehe mit einem Kumpel Kaffee trinken, sagte Marco, und danach seien sie bei diesem Freund zu Hause oder gingen noch weg, seien mit dem Auto unterwegs. Er fing an, ganze Nächte wegzubleiben, dann auch ganze Tage, seine Abwesenheiten dehnten sich immer weiter aus. Zwei Tage bei mir, fünf Tage weg, oder auch kürzer oder länger. Er kam und ging, wie es ihm passte.

Ich schaute eine Weile zu, fragte ab und zu nach, und als ich keine Antwort bekam, ging ich. Ich packte einen Koffer und zog für zwei Wochen zu einer Freundin, reagierte nicht auf die unzähligen Nachrichten, die er mir schickte. Kaum war ich nach dieser Zeit der Funkstille zurück in meiner Wohnung, erschien er mit einem riesigen Blumenstrauß. Ein paar Tage lang wich er nicht von meiner Seite, tat alles für mich, dann ging er wieder, kam und ging.

Ich wusste nicht, wo er war und wann er kam. Eines Tages verkündete er, er ziehe jetzt aus. Drei Tage später stand er wieder vor der Tür. Anfangs hatte ich mir gedacht, es ist mir egal, soll er doch gehen, wohin er will, ich brauche ihn nicht. Doch er fehlte mir. Ich fühlte mich wie eine Suchtkranke, wie eine Abhängige, der die Droge weggenommen worden war. Kalter Entzug. Ein tiefer emotionaler Schmerz wechselte sich mit körperlichen Schmerzen ab, quälende Fragen verfolgten mich. Bin ich nichts mehr wert? Oder passiert das alles, weil ich schon vorher nichts mehr wert war? An welcher Stelle stehe ich für ihn, habe ich überhaupt einen Stellenwert? Er kam, war sehr zugewandt, dann ging er wieder, manchmal schweigend, manchmal mit bösartigen, entwertenden Bemerkungen.

Ich versuchte, mir meine Verzweiflung nicht anmerken zu lassen. Denn wenn er sie wahrnahm, schien ihn das in seinem Handeln noch zu bestärken. Ich war inzwischen überzeugt davon, dass hinter seinem Verhalten Absicht steckte. Die feste Absicht, mich kleinzukriegen. Doch diese erschreckende Erkenntnis half mir nicht weiter. Manchmal rief er, wenige Tage nachdem er gegangen war, an, als wäre nichts gewesen, und fragte liebevoll, wie es mir gehe. Manchmal blieb er mehrere Wochen weg, ohne sich zu melden, um plötzlich wieder ohne Vorwarnung in der Wohnung zu stehen. Sein Hin und Her zermürbte mich zusehends. Ich fiel in ein tiefes Loch, begann ihn anzuflehen, bei mir zu bleiben. Und schämte mich hinterher jedes Mal abgrundtief dafür.

Nach außen hin funktionierte ich. Ich ging morgens zur Arbeit und machte meinen Job, hielt mich mit viel Kaffee wach. Doch wenn ich danach nach Hause kam, fiel ich in mich zusammen, verkroch mich und versank in endlosen Grübelschleifen. Warum macht er das, wo ist er, ist ihm etwas passiert, was können wir tun, gibt es eine Lösung, bilde ich mir vielleicht nur irgendetwas ein? Muss ich ihn suchen, wie kann ich das wieder hinkriegen, das gibt es doch gar nicht, bin ich an allem schuld?

Ich führte meinen Hund aus und grübelte weiter, ansonsten schottete ich mich ab und bunkerte mich ein. Meine letzten Schutzwälle begannen zu bröckeln. Meine Wohnung war kein geschützter Raum mehr für mich, seit er kam und ging, wie er wollte.

Und auch mein Auto war nicht mehr die sichere Festung, die es jahrelang für mich gewesen war, musste ich auf der Fahrt zu einem Termin in Frankfurt feststellen. Kurz hinter der Startbahn West geriet ich in einen Stau. Ich schaute hoch und sah über mir ein Flugzeug einschweben. Ich konnte in den Fahrwerkschacht hineinschauen und dachte mir: Was für eine tolle Technik. Eine Sekunde später merkte ich, wie mein Herz unkontrolliert zu rasen begann, schneller und schneller. Mir brach der Schweiß aus, ich versuchte gegen den tonnenschweren Druck auf meiner Brust anzuatmen und mit zittrigen Händen das Steuer festzuhalten. Vielleicht ein Herzinfarkt, sagte meine innere Stimme. Oder nein, kein Herzinfarkt, eher eine Panikattacke. Ich versuchte mich zu beruhigen, war noch in der Lage zu denken, dort auf der vierspurigen Autobahn, linke Spur ganz außen. Atme langsam tief ein und ganz bewusst wieder aus, sagte ich mir. Der Anfall ließ daraufhin ein wenig nach, um sofort mit noch größerer Wucht zurückzukommen. Ich wollte raus, nur noch raus aus dem Auto, das einmal meine Burg gewesen war und sich jetzt in ein Gefängnis verwandelt hatte. Ich hatte mich schon abgeschnallt und die Tür geöffnet, da begann der Stau sich aufzulösen und der Verkehr allmählich wieder zu fließen. Mit meinen schweißnassen Händen umklammerte ich das Lenkrad, rang verzweifelt nach Luft und schoss von der Überholspur quer über die Autobahn in die nächste Ausfahrt hinein. Ich fuhr lange durch einen Wald, mein Herz raste und stolperte, ich wusste nicht, wie ich in den Wald hineingeraten war, fand nicht wieder hinaus, verlor die Orientierung. Irgendwann landete ich auf einem Wohnmobil-Stellplatz und hatte mich so weit beruhigt, dass ich in der Lage war, das Navigationssystem zu programmieren und meine Geschäftspartner in Frankfurt anzurufen. Ich kam fast zwei Stunden zu spät zum vereinbarten Termin. Die Panikattacke hielt in abgeschwächter Form noch bis zur Rückfahrt nach Hause am späten Nachmittag an.

Es folgten weitere Anfälle. Herzrasen, Atemnot, Panik, in immer kürzeren Abständen. Marco zeigte sich wieder einmal sehr besorgt, als ich ihm davon erzählte. Er erklärte mir, ich dürfe weite Strecken künftig nur noch mit ihm gemeinsam fahren. Meine Angst davor, alleine unterwegs zu sein, wuchs dadurch noch mehr. Schon auf kürzeren Strecken wurde mir flau zumute, und wenn ich zu schwitzen und zu zittern anfing, rief ich ihn von unterwegs an. Als ich zu einer Fortbildung musste, gerade einmal zwei Stunden entfernt, hangelte ich mich von Punkt zu Punkt und telefonierte im Viertelstundentakt mit ihm, so lange, bis ich das Auto abgestellt hatte. Gut so, bestärkte er mich, ruf mich an, wenn etwas ist, dann reden wir und es geht dir wieder besser. Ich war ihm dankbar, fühlte mich mittlerweile völlig verunsichert und nicht mehr in der Lage, aus eigener Kraft etwas daran zu ändern.

Eines Tages sprach mich eine Freundin, die bereits mehrmals nachgehakt hatte, was mit mir los sei, erneut an. Dieses Mal fragte sie nicht vorsichtig, sondern sie handelte entschieden. Du solltest mal wieder etwas essen, du solltest mal wieder schlafen, du solltest mal wieder in den Urlaub gehen, sagte sie bestimmt, deinen Zustand kann kein Mensch mehr mit anschauen. Sie erklärte, sie fliege für eine Woche nach Sardinien, und zwar mit mir zusammen. Die Flüge seien schon gebucht. Wir steigen jetzt in ein Flugzeug, sagte sie, damit du mal siehst, dass das auch ohne Marco geht. Ich sei früher schließlich alleine in der ganzen Welt herumgeflogen, fügte sie hinzu, mit dem Rucksack an den abenteuerlichsten Orten gewesen, und jetzt könne ich nicht einmal mehr mit dem Auto irgendwo hinfahren. Sie duldete keine Widerworte, und wir flogen nach Sardinien.

Am Flughafen von Cagliari war ich noch nicht einmal in der Lage, unseren Mietwagen in Empfang zu nehmen. Ich spreche fließend Italienisch, aber ich war auch in dieser Sprache verstummt, ich traute mich nicht mehr zu reden. Meine Freundin regelte die Formalitäten mit dem Autovermieter und drückte mir die Schlüssel in die Hand, sagte, hier, du fährst doch so gerne Auto. Doch ich traute mich nicht, auf Sardinien zu fahren. Ich traute mich auch nicht, in einen Laden zu gehen, um Brötchen oder Mortadella zu kaufen. Alles, was ich früher mit unbeschwerter Selbstverständlichkeit getan hatte, war mir nicht mehr möglich, ohne Marco an meiner Seite. Ich war hilflos, völlig hilflos. Meine Freundin ließ nicht locker, sie zwang mich in die Bäckerei und sagte, du kaufst heute Brot. Ich gestikulierte im Laden, anstatt zu sprechen. Am Ende unseres Urlaubs bekam sie starke Zahnprobleme. Sie musste auf Sardinien zum Kieferchirurgen, und ich musste handeln, weil sie kein Italienisch sprach. Ich war im Zugzwang, und am Telefon schaffte ich es, mich auszudrücken. Doch von Angesicht zu Angesicht klappte es bis zum Ende des Urlaubs nicht.

Die Reise nach Sardinien war ein kleiner, erzwungener Schritt hinaus aus meinem engen Gefängnis aus Grübelei, Schuldgefühlen, Scham und Verzweiflung. Doch kaum war ich wieder zu Hause, zurück im Alltag, wurde ich gleich mehrere Schritte zurückgeworfen. Marco kam weiterhin und ging, zog ein, zog wieder aus. Eines Abends, als ich von einem Besuch bei einer Freundin nach Hause kam, stand er in der Küche. Er fragte vorwurfsvoll, wo ich um diese Uhrzeit herkomme, wo ich gewesen sei und mit wem.

Ich fühlte mich ständig beobachtet, wurde immer dünnhäutiger, und es gelang mir auch bei der Arbeit nicht mehr, meine Fassade aufrechtzuerhalten und zu funktionieren. Ich konnte die vielen Tränen, die sich angestaut hatten, die Trauer und die Demütigungen, nicht mehr länger unterdrücken. Ein Staudamm schien zu brechen, ich weinte und weinte, in jeder freien Sekunde. Die Kolleginnen reagierten erschrocken und fürsorglich, nahmen mich in den Arm, versuchten mich zu trösten. Alles wird wieder gut, alles kommt in Ordnung, sagten sie, gib dir Zeit und sei geduldig. Doch die Zeit konnte meine Wunden nicht heilen, ich ging stattdessen immer weiter in die Knie. Ich weinte bei der Arbeit, ich weinte beim Einkaufen, ich weinte beim Autofahren. Von morgens bis abends drehten sich meine Gedanken permanent im Kreis, und ich fand keinen Ausweg. Nachts konnte ich nicht mehr im Bett schlafen. Wenn ich im Bett liege und mir passiert etwas, malte ich mir aus, dann schaffe ich es vielleicht nicht mehr, jemanden anzurufen. Es wird niemand da sein, der mir hilft. Ich schlief auf der Couch im Wohnzimmer und ließ dabei den Fernseher laufen, damit jemand mit mir sprach.

Tagsüber, nach der Arbeit, ging ich mit meinem Hund in den Wald und redete mit ihm. Doch auch hier draußen, hinter den Bäumen, lauerten jetzt die Panikattacken. Eine plötzliche Angst zu ersticken, weil einem jemand unvermittelt den Hals zudrückt. Ich rief Marco an, damit er mich rettete. Ich stand im Wald, wählte zitternd seine Nummer und sagte: Bitte sprich mit mir, bitte. Wenn ich ihn nicht erreichte, hatte ich das Gefühl, ich schaffe es nicht mehr bis nach Hause, ich komme keinen Schritt mehr weiter. Mir wurde schwindelig, ich hatte weiche Knie, mir war schlecht, ich sah tanzende rote Punkte vor meinen Augen. Wenn ich dann endlich seine Stimme hörte, war plötzlich wieder alles gut.

Es wurde allmählich Herbst und eine tiefe Resignation breitete sich in mir aus. Ich saß in meiner Wohnung, schaute hinaus in das graue, neblige Wetter und fragte mich: War das alles? Geht es jetzt immer so weiter die nächsten Jahre, will ich das tatsächlich? Zum ersten Mal fing ich an zu rechnen. Ich schrieb auf, wie viel ich im Monat verdiente, wie viel Geld ich zum Leben brauchte, ob ich meine Kosten decken konnte, ob ich mir mein Auto leisten konnte. Ich stellte fest, dass ich finanziell nicht auf Marco angewiesen war. Ich brauche ihn nicht, ich kann selbst für mich sorgen, warum tue ich mir das eigentlich an, ich will das alles nicht mehr, sagte ich mir an diesem trüben Herbsttag entschlossen, und es fühlte sich gut an.

Doch ich schaffte es nicht, den nächsten Schritt zu gehen, den Schritt heraus aus dieser Beziehung. Je häufiger er kam, ging und wieder kam, desto abhängiger wurde ich von seiner gelegentlichen Zuwendung. Ich flehte ihn an, mich nicht zu verlassen, bettelte um seine Aufmerksamkeit, klammerte mich an ihn, machte mich immer kleiner. Ich fühlte mich wie ein billiger Wegwerfartikel und kam dennoch nicht von ihm los. Durch sein unberechenbares

Kommen und Gehen hatte er erreicht, dass ich mich ihm endgültig unterwarf.

Absturz
2014–2015

Ich war nur noch müde, bleiern müde, schon frühmorgens beim Aufstehen fühlte sich der gerade beginnende Tag unendlich zäh und grau an. Ich war müde, müde, müde. Gleichzeitig machte ich mir Sorgen um Marco, dem es gesundheitlich schon seit einer Weile nicht gut ging. Ich wollte ihm helfen, eine geeignete Reha-Klinik zu finden, ich wollte für ihn da sein, er brauchte mich jetzt, dachte ich. Die Helferin in mir wurde wieder wach, doch ich fühlte mich gelähmt und konnte mich zu nichts mehr aufraffen. Eines Morgens nahm ich den Autoschlüssel in die Hand, aber statt zur Arbeit aufzubrechen, blieb ich am Küchentisch sitzen und begann zu überlegen, gegen welchen Brückenpfeiler ich fahren sollte.

Schließlich ging ich zu meinem Hausarzt und sagte zu ihm, ich glaube, ich habe irgendwelche Mangelerscheinungen. Ich bin so müde, mir geht es so schlecht, vielleicht fehlen mir Vitamine. Der Arzt sah mich mit gerunzelter Stirn an und wirkte ungehalten. Dann sprach er klare Worte. Nein, sagte er entschieden, das sei keine Frage der Vitamine, ich sei vielmehr völlig am Ende. Nicht Marco gehöre in eine Klinik, sondern ich, und zwar dringend. Marco gehe es gut, sogar bestens, aber ich sei körperlich nur noch ein Wrack und zudem hochgradig selbstmordgefährdet. Man müsse mich endlich abtrennen von dem Ganzen, am liebsten würde er mich in eine psychiatrische Klinik einweisen. Ich lehnte ab, also gab er mir die Nummer eines niedergelassenen Psychotherapeuten und nahm mir das Versprechen ab, dort so schnell wie möglich einen Termin auszumachen. Ich rief in der Praxis an, brachte keinen klaren Satz heraus und weinte auf den Anrufbeantworter. Kurze Zeit später rief der Therapeut zurück, hörte mir eine Weile zu, unterbrach mich dann und sagte, ich solle sofort zu ihm kommen.

Ich saß in seinem Behandlungszimmer und weinte eine Stunde lang ohne Unterbrechung. Der Psychotherapeut erklärte mir, ich befände mich in der Akutphase einer schweren Depression, die sehr selbstzerstörerisch und gefährlich sei. Auch er sagte, er würde mich am liebsten in eine Klinik einweisen, doch ich lehnte wieder ab. Noch nie zuvor in meinem Leben hatte ich psychische Probleme gehabt, ich begriff es nicht. Nach dieser ersten Therapiestunde, an einem regnerischen Herbsttag, lief ich mit einer Sonnenbrille durch die Fußgängerzone, um meine roten und verquollenen Augen zu verbergen. Es war der Auftakt einer Akutbehandlung mit zwei Sitzungen pro Woche, die sich über mehrere Jahre hinziehen sollte. Es ging auf und ab, und Marco kam und ging währenddessen weiter.

An Weihnachten, Heiligabend mittags um zwölf, sagte er mir am Telefon, er habe keine Lust mehr auf diese Ehe. Ich stand gerade an der Tankstelle, als er anrief, und verstand zunächst nicht, was er mir sagen wollte. Er habe keine Lust mehr, wiederholte er und fügte hinzu, ich solle auf meine Rentenansprüche verzichten. Ich verbrachte die Weihnachtsfeiertage bei meinen Eltern und meiner Tochter. Nach außen hin lächelte ich freundlich, freute mich über ihre Geschenke und den schön gedeckten Tisch. Innerlich war ich tot und völlig leer. Es war noch nicht einmal etwas da, was ich hätte betäuben können, nur endlose Leere.

Wenige Tage später stand Marco wieder in meiner Wohnung. Wir fingen an zu streiten, ich fragte ihn, was das alles solle, er sagte, er wisse nicht, wovon ich rede, ich sei hysterisch und gestört. Mitten in den erbitterten Wortwechsel hinein erklärte er unvermittelt: Irgendwann wirst du ganz alleine dastehen. Ich bin der Beste, etwas Besseres wirst du nicht finden. Etwas Besseres als mich wirst du in deinem ganzen Leben nie wieder finden. Diesen Spruch hatte ich schon häufiger von ihm gehört. Und ob ich wollte oder nicht, ich glaubte ihm jedes Mal, auch jetzt. Es war wie eine Gehirnwäsche. Zack! Etwas Besseres findest du nicht mehr. Und schlagartig war ich dankbar, dankbar dafür, dass er da war. Denn ich war ja nichts wert, wer wollte mich schon. Und wenn ich nicht mehr da bin, werde ich dir in deinen Träumen erscheinen, fügte Marco dieses Mal noch drohend hinzu, bevor er ging und die Wohnungstür hinter sich zuwarf.

Ich begann abends Alkohol zu trinken, um das Gedankenkarussell in meinem Kopf zum Stillstand zu bringen. Wein, Bier, Schnaps, Eierlikör, vergeblich. Meine Heilpraktikerin sprach mich an, auch ihr war aufgefallen, dass ich nur noch ein Schatten meiner selbst war. Ob ich eigentlich noch längere Strecken laufe, so wie früher, wollte sie wissen. Mach das einfach, geh laufen, riet sie mir, und versuche, die Gedanken, die dich quälen, dabei loszulassen. Schon als Kind war ich meinen ersten Halbmarathon gelaufen, mit elf Jahren. Und dann immer wieder. Laufen, atmen, den Rhythmus in sich selbst finden, nach anfänglicher Anstrengung irgendwann ein Gefühl von Leichtigkeit und Befreiung. Ich nahm meinen Mut zusammen, verdrängte die Erinnerungen an die Panikattacken, die mich zuletzt im Wald überfallen hatten, und rannte wieder los. Immer weiter und weiter. Am Anfang kamen dabei die drängenden Fragen der letzten Jahre auf: Warum ist das passiert? Warum, warum, warum, im schnellen Rhythmus meiner Schritte. Dann schoben sich Trauer und Wut auf mich selbst dazwischen, ich bin schuld, ich bin schuld, ich bin schuld. Ich lief und lief, versuchte mich freizulaufen von all diesen negativen Gefühlen. Ich rannte zehn Kilometer, vergeblich. Also sprintete ich weiter, hörte auf, die Kilometer zu zählen, lief stundenlang Berge hinauf und hinunter, doch das Ventil öffnete sich nicht. Was ist mit mir falsch, was ist bloß mit mir falsch, hämmerte es in meinem Kopf. Mit dir ist alles in Ordnung, alles ist gut, sagte die innere Stimme manchmal beruhigend, wenn ich nach mehreren Stunden erschöpft innehielt. Doch sofort saß jemand auf meiner rechten Schulter und fragte zweifelnd: Wirklich? Und auf meiner linken Schulter saß jemand und sagte kopfschüttelnd: Gar nichts ist gut. Du hast überhaupt nichts verstanden. Du stehst immer noch genau dort, wo du vor fünf oder sechs Jahren standest. Du bist stehengeblieben, egal wie schnell du rennst.

Eine Weile nach unserem Streit tauchte Marco wieder bei mir auf, gut gelaunt und fröhlich, als sei nichts gewesen. Er sagte, er gehe jetzt in Reha und wolle Tschüss sagen. Er nahm mich in den Arm, und ich entdeckte auf seinem weißen Pullover ein langes schwarzes Haar. Ich fragte, wie es dahin gekommen sei, denn meine Haare sind blond. Er sagte, er habe keine Ahnung. Er stand vor mir, lachte mir ins Gesicht und sagte: Ach, ich weiß es nicht. Schlagartig überfiel mich wieder das Gefühl, wertlos zu sein, wertlos, minderwertig, beliebig austauschbar. Doch ich überspielte es, ich nahm es hin, vielleicht war ja gar nichts, redete ich mir ein.

Marco rief häufig aus der Reha-Klinik im Schwarzwald an. Er klang liebevoll, zugewandt und zuversichtlich, sagte immer wieder, wir schaffen das, wir schaffen es zusammen, alles wird gut. Ich schöpfte neue Hoffnung. Ein paar Wochen später kam er zurück, zusammen mit einer Affäre, einer jüngeren Patientin, die er während der Reha kennengelernt hatte. Sie besuchte ihn gelegentlich am Wochenende. Gleichzeitig ging er bei mir wieder ein und aus. Und es dauerte nicht lange, bis ich buchstäblich so richtig auf die Fresse fiel.

Im Fernsehen kam eines Abends eine Dokumentation über Depressionen, die ich mir unbedingt anschauen wollte. Als die Sendung begann, stand ich gerade in der Küche und schnitt Gemüse. Ich rannte ins Wohnzimmer, um den Fernseher lauter zu stellen, rutschte auf den glatten Fliesen aus und fiel mit voller Wucht frontal auf das Gesicht. Ein höllischer Schmerz fuhr mir unmittelbar in den Kopf, es knackte und krachte mehrmals laut, Blut lief mir in die Augen und in den Mund. Ich blieb eine Weile bewegungslos liegen, traute mich nicht, mich zu rühren, während der Schmerz in Wellen über mich hinwegging. Dann robbte ich langsam zum Telefon und rief Marco an, er alarmierte den Notarzt. Im Krankenhaus hatte eine junge Assistenzärztin Dienst, die mich nach einer kurzen Untersuchung mit starken Schmerzmitteln wieder nach Hause schickte. Mein Gesicht war dick angeschwollen, voller Hämatome, blau verfärbt und völlig deformiert. Ich konnte meinen Kiefer kaum bewegen, und die Schmerzen waren trotz der Tabletten unerträglich.

Mein Hausarzt schickte mich ein paar Tage später in eine andere Klinik. Dort untersuchten sie mich gründlicher und stellten 18 große Frakturen und sehr viele kleinere Brüche fest. Mein Augenhintergrund war doppelt gebrochen, der Oberkiefer war gebrochen und noch vieles anderes mehr, es war eine große Operation nötig. Der zuständige Arzt sagte zu mir, er versuche zu retten, was zu retten sei, doch die Folgen der schweren Verletzungen werde ich wohl noch lange spüren. Man werde die Frakturen und die Metallplatten im Gesicht ertasten können, es werde sich merkwürdig anfühlen und vermutlich auch ab und zu schmerzen. Das jahrelange Hin und Her mit Marco gipfelte körperlich in diesem 18-fachen Schädelbruch. Doch es war noch nicht zu Ende.

Kleine Schritte
2016–2020

Die körperlichen Verletzungen heilten langsam, aber stetig. Die Hämatome wurden blasser und verschwanden nach und nach, die Knochen wuchsen allmählich zusammen, die Metallimplantate fügten sich immer besser in mein Gesicht ein.

Die seelischen Verletzungen dagegen blieben und rissen immer wieder auf. Jedes Mal, wenn Marco bei mir war, schaffte er es, den Finger zielsicher in meine seelischen Wunden hineinzulegen und ihn bewusst so lange darin herumzudrehen, bis bei mir die Grübelschleife ansprang. An anderen Tagen stieß er plötzlich die Hoffnungstür weit auf, um sie unvermittelt wieder zuzuschlagen.

Ich stürzte mich in Aktionismus, um dem ständigen Nachdenken zu entkommen. Ich arbeitete bis zum Umfallen, konnte Freizeit nicht mehr ertragen, fürchtete mich vor den Wochenenden. Ich war im Renn- und Laufmodus, ständig auf der Flucht vor mir selbst. Ich versuchte, die Tage vollständig durchzuplanen, keine Minute zum Luftholen übrig zu lassen. Aufstehen, Wäsche waschen, Termine, ein starres Korsett aus selbst gesetzten Verpflichtungen. Ich suchte mir immer neue Aufgaben, um bedrohliche leere Zeit zu füllen, pflegte die Tiere und Pflanzen von urlaubenden Freunden und Nachbarn, kümmerte mich um alles, worum man mich bat. Durchgetaktet von morgens bis nachts, bis zur völligen Erschöpfung. Am Ende dieser prall gefüllten Tage setzte ich mich irgendwohin und schlief schlagartig ein, um morgens gegen fünf Uhr genauso schlagartig wieder aufzuwachen. Agieren, funktionieren, nach Möglichkeit immer im Stress sein, denn Aktion und Adrenalin lenkten mich ab.

Mein Hund wurde krank, und ich musste mit ihm in eine Tierklinik, knapp drei Stunden entfernt. Eine längere Autofahrt, und Marco war sofort zur Stelle, um mitzukommen und sich um uns zu kümmern. Auf der Rückfahrt erklärte er, er habe sich Gedanken gemacht. Ob ich nicht auch der Meinung sei, dass wir noch eine Chance verdient hätten. Komm, lass es uns nochmal probieren, sagte er, lass uns einen Neustart machen, aber nicht in deiner Wohnung. Lass uns nach einer gemeinsamen Wohnung schauen. Wir ziehen um. Wir fangen nochmal von vorne an. Wir gehören doch zusammen.

Ich war erst einmal sprachlos. Dann meldete sich das Bauchgefühl und sagte mahnend: Vorsicht! Das hört sich jetzt vielleicht gut an, aber tu es nicht, tu es bloß nicht! Denn es wird schlecht für dich ausgehen. Ich betäubte das ungute Bauchgefühl mit Euphorie und sprang freudig wieder hinein in die Beziehung zu Marco. Ich übernachtete bei ihm, ich wurde umsorgt und verwöhnt, auf Händen getragen, genoss seine Liebesbekundungen. Ich schwebte plötzlich wieder auf der rosaroten Wolke, die ganz am Anfang da gewesen war.

Nach kurzer Zeit fand ich eine Wohnung für uns, eine wunderschöne Wohnung außerhalb der Stadt, auf einem Berg, mit schöner Natur zum Laufen drumherum. Groß, hell und zu einem erschwinglichen Preis, ein Glücksfall. Ich vereinbarte einen Besichtigungstermin, und wir fuhren gemeinsam hin. Auf der Fahrt meinte ich, in Marcos Schweigen Widerwillen zu spüren, doch ich ignorierte es. Kurz bevor wir an der Wohnung ankamen, begann es zu leicht nieseln. Während ich nach einem Parkplatz suchte, sagte er neben mir plötzlich missmutig: Bis wir am Haus sind, werden wir nass werden. Er wiederholte es mehrmals und schließlich platzte mir der Kragen. Ich drehte kurzerhand um und fuhr zurück. Es war der erste Moment, in dem ich in der Lage war, die Hoffnungstür von mir aus nicht ganz, aber ziemlich weit zuzumachen.

Kurze Zeit später rief er an und sagte, er habe es sich überlegt, es funktioniere doch nicht mit uns. Und ich steckte wieder tief im Sumpf, strampelte verzweifelt in alle Richtungen und merkte, wie ich zu ertrinken begann. Marco kam und ging, und eines Tages erfuhr ich von einem gemeinsamen Freund, dass er eine feste Freundin hatte. Unter der Woche war er häufig bei mir, an den Wochenenden tauchte er ab und verbrachte sie mit seiner Freundin. Ich wollte es anfangs nicht wahrhaben. Ich klammerte es aus meiner Wirklichkeit aus, nahm es in Kauf, solange er zu mir kam. Dann meldete sich der spärliche Rest meines Selbstwertgefühls zu Wort. Ich erklärte Marco, so gehe es nicht weiter, ich sei nicht bereit dazu, er solle sich entscheiden. Er tat erstaunt, entgegnete, wenn ich nicht mehr wolle, sei das kein Problem. Wenn du keine Beziehung mehr mit mir mehr möchtest, dann lassen wir es, sagte kalt lächelnd. Dann lassen wir es einfach.

Kurze Zeit später rief er mich an, um mir zu erzählen, seine Freundin stalke ihn, er werde sie nicht mehr los. Sie lasse ihn einfach nicht in Ruhe, so sehr er sie auch darum bitte. Mir wurde klar, dass er wohl niemals Verantwortung für sein eigenes Handeln übernehmen würde. Immer, wenn er nicht mehr weiterwusste, waren die anderen schuld, oder ihm ging es plötzlich nicht gut. Er stilisierte sich zum Opfer, und bei mir war immer wieder der Helferinstinkt angesprungen. Doch jetzt war ich entschlossen, mich endlich um mich selbst zu kümmern.

Nach zwei Jahren intensiver Psychotherapie hatte ich eine Pause eingelegt. Ich glaube, wir versuchen es mal ein paar Monate ohne, hatte mein Therapeut gesagt. Schon drei Monate später hatte ich ihn wieder angerufen, weil die Panikattacken und die Grübelschleife mich wieder eingeholt hatten. Ich dachte, es würde länger gut gehen, stellte der Therapeut nachdenklich fest, und wir arbeiteten weiter an meinen seelischen Verletzungen, an den unsichtbaren Narben, die immer wieder aufbrachen. Geh hinein in Situationen, die dich ängstigen, geh direkt hinein, brachte er mir bei und gab mir Werkzeug dafür an die Hand, Techniken, mit denen ich mich vor aufkommender Angst und Panik schützen konnte. Ich übte und übte, und oft klappte es. Dann fiel ich wieder unvermutet in tiefe Löcher hinein. Wenn ich etwas als Ablehnung deutete, wenn ich mich nicht wertgeschätzt fühlte, zack! Es ließ sich über den Verstand nicht steuern, es war ein Automatismus, der sich in Gang setzte und gegen den ich mich trotz des Werkzeugs meines Therapeuten nur schwer zur Wehr setzen konnte.

Mir wurde immer deutlicher bewusst, dass der Weg, der vor mir lag, lang und steinig werden würde. Immerhin schaffte ich es, mich von Marco abzugrenzen, und je mehr Abstand ich von ihm gewann, je mehr ich mich seinem Einfluss entzog, desto klarer sah ich vieles. Immer noch dachte ich jeden Tag an das, was passiert war, und versuchte es zu verstehen. Erinnerungen blitzten auf. Ich versuchte, stopp zu sagen, stopp, bis hierhin und nicht weiter. Doch die Bilder in meinem Kopf ließen sich nicht steuern, und plötzlich hing ich wieder in dem Strudel drin, der mich nach unten zog. Es gelang mir immer häufiger, mich herauszukämpfen, und ich sagte mir immer wieder, sei froh und dankbar für das, was du schon erreicht hast. Aber es war wie ein Mantra, das ich mir vorbetete, es hatte noch nichts mit innerer Heilung zu tun.

Immerhin schaffte ich es, äußerlich ein klares Zeichen zu setzen. 2019, nach fünf Jahren des Kommens und Gehens, reichte ich die Scheidung ein. Als ich meinen Eltern davon erzählte, riss mein Vater unser Hochzeitsbild von der Wand, warf es auf den Boden und sagte, endlich hast du es geschafft.

Den Kontakt zu Marco brach ich so weit wie möglich ab. Er versuchte häufig, mich zu erreichen, angeblich wegen organisatorischer Fragen zur Scheidung. Ich riet ihm, in Therapie zu gehen und mich in Ruhe zu lassen. Er lachte nur und sagte: Ich brauche keinen Therapeuten. Ich therapiere die Therapeuten, die machen, was ich will.

Ab und zu tauchte er in meinen Träumen auf. Eines Nachts sah ich ihn auf dem Friedhof stehen, auf dem sein Vater beigesetzt ist. Er stand vor der Leichenhalle und hatte seinen schwarzen Ledermantel an. Ich dachte mir, er wird sterben, und wachte schweißgebadet auf. Natürlich starb er nicht, es ging ihm gut. Und er brachte sich immer wieder in Erinnerung. Ich bekam Drohbriefe, angeblich waren sie von seiner neuen Partnerin, doch sie kamen von seinem Handy. Ich leitete sie an meinen Anwalt weiter und versuchte, mich nicht davon beeinflussen zu lassen.

Mir war bewusst geworden, dass Marco sich immer Menschen ausgesucht hatte, die seine Bedürfnisse erfüllen konnten, die ihm nützlich waren. Er umschmeichelte sie, instrumentalisierte sie für seine Zwecke, und irgendwann wurden sie ihm lästig und er kickte sie weg. Vermutlich würde er eines Tages auch mit seiner neuen Partnerin so verfahren, doch das war mir mittlerweile egal.

Im Herbst 2020 wurden wir geschieden. Wir trafen uns vor dem Gerichtsgebäude. Marco kam betont lässig angeschlendert, sagte guten Morgen, schien etwas von mir zu wollen. Bevor er weiterreden konnte, ging mein Anwalt dazwischen und sagte zu ihm: Gibt es noch irgendetwas zu besprechen? Ich denke nicht! Er schirmte mich ab, und das empfand ich als sehr wohltuend. Eine Aussprache, eine Klärung mit Marco gab es nicht, sie war nie möglich und wird nie möglich sein. Ich hätte es mir gewünscht, ich hatte es versucht, doch er blockte ab.

Nach der Scheidung packte mich die Wut, nicht auf ihn, sondern auf mich selbst. Ich machte mir Vorwürfe, weil ich nicht genauer hingeschaut hatte. Weil ich vor dem Standesamt nicht auf mein Bauchgefühl gehört hatte, nicht konsequent gesagt hatte: Tschüss, wir lassen es bleiben. Egal, was alles für die Feier vorbereitet ist, ich esse es alleine auf. Ich kann drei Kisten Wein alleine trinken, ich bin hinterher vergiftet, aber du bist weg. Ich haderte mit mir. Zu jedem anderen hätte ich gesagt: Mach dich vom Acker, verschwinde! Bei ihm hatte ich es nicht geschafft, mehr als 15 Jahre lang nicht. Ich war in eine emotionale Abhängigkeit geraten, und er hatte das gewusst und ausgenutzt. Ich versuchte pragmatisch zu bleiben. Ich sagte mir, ich habe es mit mir machen lassen und jetzt muss ich es irgendwie wieder hinkriegen. Egal, wie lange es dauert.

Auf dem Weg
seit 2021
Manchmal, wenn das Wetter sich ändert, spüre ich die Metallimplantate in meinem Gesicht. Ansonsten scheint mein Körper sich erholt zu haben von der jahrelangen Zermürbung. Seit der Trennung von Marco hat er sich nicht mehr gemeldet. Keine Allergieschübe, keine Magenprobleme, keine Zahnfleischentzündungen, nichts mehr. Äußerlich ist von den inneren Verletzungen nichts mehr zu erkennen. Die Psyche allerdings braucht wesentlich mehr Zeit.

Erst jetzt merke ich, in wie vielen Lebensbereichen diese Partnerschaft nachhaltige Zerstörung angerichtet hat. Wenn man mich fragen würde, wie einschneidend das Ganze mein Leben verändert hat, auf einer Skala von Null bis Zehn, würde ich sagen: Zwölf. Ohne die Unterstützung meines Therapeuten holt mich die Vergangenheit noch viel zu oft ein. Einmal haben wir mehr als ein halbes Jahr lang pausiert, doch dann wurden die Löcher, in die ich fiel, immer tiefer, und es war höchste Zeit, weiterzumachen mit der Therapie. Ich sehe dich dreimal pro Woche, sagte mein Therapeut sehr bestimmt, als ich Anfang des Jahres wieder zu ihm kam. Und wenn du nicht erscheinst, schicke ich sofort die Polizei bei dir vorbei. Denn du bist in einer akuten Krise.

Zwei Schritte vor, einen zurück, manchmal auch zwei oder drei. Es braucht sehr viel Geduld und Mut, vorwärts zu gehen. Manchmal frage ich mich, ob ich es überhaupt jemals schaffen werde. An vielen Tagen ist die Antwort: nein. An anderen: vielleicht. Und an wenigen Tagen: ja. Diese Tage nutze ich, um entschlossen ein Stück weiterzugehen.

Kürzlich habe ich geträumt, dass ich schwarze Füße habe, rundum schwarz und verhornt. Ich war offenbar sehr weit gelaufen. Eine Freundin sagte mir, das Symbol der schwarzen Füße könne schädliche Denkweisen anzeigen, ungute Gefühle wie Angst, Hass, Trauer oder die Furcht vor Unbekanntem. Andererseits könne es aber auch für eine seelisch-geistige Veränderung stehen. Ich hoffe es, immerhin waren meine Füße im Traum zwar schwarz, die Fußnägel jedoch hell und sauber. Ich bin auf dem Weg und ich bin nicht mehr alleine.

Nach und nach kehren meine Freunde zurück in mein Leben. Am Ende war fast niemand mehr da, weil Marco mich von allen isoliert hatte. Jetzt melden sie sich wieder, fragen, was bei mir los war. Ich erzähle nur sehr wenigen ausführlich, welch massive Zerstörung die Beziehung zu Marco in mir angerichtet hat, denn das ist schwer zu vermitteln und ich bin vorsichtig geworden gegenüber anderen Menschen, dünnhäutig und verletzlich. Sobald etwas passiert, das sich für mich ablehnend anfühlt, falle ich sofort in ein tiefes Loch. Besonders, wenn ich Männer kennenlerne.

Bei jedem Mann, der mir gefällt, schreit das Bauchgefühl sofort: Sei vorsichtig! Lass es lieber bleiben! Es wird dir schaden! Und wenn der Mann sich für mich interessiert, verkrampfe ich innerlich und erstarre. Sofort startet das Gedankenkarussell, erwacht die Angst, nicht zu genügen, vom Aussehen her, vom Status her, in allem. Schau dich doch an, sagt die innere Stimme dann abschätzig. Schau dich an, wie du aussiehst. Und zu blöd bist du auch noch, zu blöd zu allem.

Ich versuche, dennoch die Orientierung auf meinem Weg nicht zu verlieren. Ich hole mir Teile des Lebens zurück, das ich vor Marco hatte. Als ich neulich nachts seine Sachen weggeworfen habe, habe ich im Keller meine Bücherkisten gefunden und sie zurück in die Wohnung geholt. Ich treffe meine Freunde, ich lese wieder, ich gehe unter Menschen. Doch viele Bereiche meines früheren Ichs sind immer noch verschüttet.

Statt weiter in den Trümmern danach zu graben, muss ich jetzt nach vorne schauen und mir etwas Neues aufbauen. Ich möchte wieder selbstsicherer werden, offen, frei und unbefangen auf andere Menschen zugehen können. Ich möchte mein Vertrauen wiederfinden und den Mut, den ich immer gehabt habe. Ich wünsche mir, dass die Lebensfreude zurückkehrt. Sie ist schon ein Stück wieder da, es gibt Tage, an denen ich eine vorsichtige Leichtigkeit und Zuversicht verspüre. In zehn Jahren möchte ich so weit sein, dass ich sagen kann, es war sehr schlimm, aber ich habe es geschafft. Ich kann wieder in den Spiegel schauen und aufrecht durch die Welt gehen. Ich möchte reisen, nach Hawaii, besonders nach O'ahu, es gibt einige Orte, die ich noch sehen möchte. Und ich möchte in zehn Jahren noch so aussehen wie heute oder besser. Vielleicht gibt es dann ja sogar jemanden an meiner Seite, der mich aufrichtig liebt, mich unterstützt und mich so sein lässt, wie ich sein werde. Das ist die Vision, das ist das Ziel und ich bin auf dem Weg. Er führt nicht zurück zur alten Eva, sondern zu einer neuen. Vielleicht wird es ja sogar eine bessere Version sein.

Muster psychischer Gewalt

Die Geschichte von Eva zeigt sehr typische Muster psychischer Gewalt und ihrer Auswirkungen. Es beginnt mit einem ganz besonderen Honeymoon, Marco überschüttet sie in einem bisher nicht gekannten Ausmaß mit Aufmerksamkeit und Liebesbekundungen. Mit einem derartigen »Love Bombing« beginnen viele Gewaltbeziehungen. Nach einem halben Jahr oder Jahr kippt es dann, zunächst schleichend und ohne einen für die Betroffenen ersichtlichen Grund. Bei Eva und Marco beginnt es mit kleinen Nadelstichen, abfälligen Bemerkungen über das Essen oder Evas Aussehen, mit feindseligen Andeutungen und Zeichen der Herablassung.

Diese Feindseligkeiten zeigen sich nicht in Momenten der Krise, sie sind vielmehr beständig und andauernd da. Viele kleine Vorfälle, scheinbar unabhängig voneinander, vielleicht nur unachtsam. Eine Klärung dieser Vorfälle ist nicht möglich, weil die Gewaltausübenden ausweichen. Bei den Betroffenen kommen Zweifel auf, doch diese werden immer wieder überdeckt durch sporadisch besonders fürsorgliches Verhalten. Die teils abrupten Wechsel von Nähe und Distanz führen zu einer zunehmenden Verwirrung, und viele Betroffene fangen an, die Ursachen für die Verschlechterung der Beziehung nicht beim Aggressor, sondern bei sich selbst zu suchen. Sie fühlen sich schuldig, haben ein schlechtes Gewissen und strengen sich immer mehr an, um wieder die Aufmerksamkeit und die Zuwendung zu bekommen, die am Anfang da waren. Sie geraten in eine emotionale Abhängigkeit, die ähnliche Effekte hat wie eine Substanzabhängigkeit. »Ich fühlte mich wie eine Suchtkranke, wie eine Abhängige, der die Droge weggenommen worden war«, formuliert Eva diesen Zustand sehr treffend.

Die zerstörerische Wirkung psychischer Gewalt entsteht durch die Wiederholung nicht sehr schwerwiegend wirkender, aber anhaltender Aggressionen, von denen die Betroffenen wissen, dass sie nicht aufhören werden. Ängstlich warten sie auf den nächsten Angriff, gleichzeitig hoffen sie auf die Liebesbekundungen, die ihnen in unregelmäßigen Abständen gewährt werden. Sie befinden sich in einem permanenten Stresszustand, der, wie bei Eva, massive psychosomatische Auswirkungen haben kann. Die Angriffe auf die Betroffenen, die Abwertungen und Demütigungen werden mit der Zeit stärker, doch aufgrund der bereits bestehenden Abhängigkeit schaffen sie es nicht mehr, sich zu lösen. Sie werden immer weiter destabilisiert, fühlen sich gefangen in einem Netz, das sich immer enger zuzieht. »Ich bin überzeugt, dass ich unter dem Stockholm-Syndrom leide«, sagten sowohl Eva als auch Maria in den Gesprächen für dieses Buch. Unter dem Stockholm-Syndrom versteht man das Phänomen, dass Opfer von Geiselnahmen ein positives emotionales Verhältnis bis hin zu Liebe zu ihren Entführern aufbauen. Ein Effekt, den viele Betroffene und Psychotherapeuten auch im Zusammenhang mit psychischer Gewalt beschreiben.

Bei Marco zeigen sich neben dem »Love Bombing« zu Beginn und dem darauffolgenden Wechselspiel aus liebevoller Nähe und kalter Distanz weitere typische Verhaltensmuster von Gewaltausübenden. Er verhält sich sehr fürsorglich und beschützend. Was Eva anfangs genießt, entpuppt sich schließlich als Kontrolle. Seine ständigen Anrufe, die Fragen, wo sie sei, sowie die allmähliche Isolierung von ihren Freunden und von ihrer Familie sind ebenfalls charakteristische Elemente psychischer Gewalt. Spätestens zu diesem Zeitpunkt sind die Betroffenen ausgeliefert, weil ihr soziales Umfeld nicht mehr existiert und sie sich niemandem anvertrauen können.

In der Beziehung zwischen Marco und Eva wird außerdem ihr Helferinstinkt angesprochen. Seine frühere Drogenabhängigkeit und seine gesundheitlichen Probleme veranlassen sie, ihm helfen zu wollen, ihn retten zu wollen, was die Bindung an ihn nochmals verstärkt. Der Wunsch zu helfen besteht bei Eva aufgrund ihrer eigenen Geschichte, musste sie früher doch stets Rücksicht auf ihre herzkranke Schwester nehmen. Gewaltausübende verstehen es meist sehr gut, an solche bestehenden »Schwachstellen« anzudocken, sie haben ein feines Gespür dafür. Oft suchen sie sich Partnerinnen oder Partner, die zu Beginn der Beziehung mit beiden Beinen im Leben zu stehen scheinen, beruflich erfolgreich sind, optimistisch und voller Lebensfreude, so wie Eva.

Psychische Gewalt besteht aus einem Bündel an charakteristischen Verhaltensweisen. Alle Einzelheiten erscheinen dabei für sich genommen zunächst einmal harmlos, doch in ihrer Gesamtheit und Systematik setzen sie einen zerstörerischen Prozess in Gang, der sich grundlegend von »normalen« Auseinandersetzungen in Paarbeziehungen unterscheidet. Die Ärztin und Psychotherapeutin Julia Schellong beschreibt diesen Unterschied folgendermaßen: »In Beziehungen, in denen es um psychische Gewalt geht, darf meine Meinung nicht bestehen bleiben. Da geht es nicht mehr um die Sache, sondern an den Persönlichkeitskern. Wohingegen man in einem ›normalen‹ Streit in einer Partnerschaft nicht an den Grundfesten rüttelt. Vielleicht kann es passieren, dass einer der Beteiligten ab und zu etwas sagt, das er oder sie später bereut (…) Aber im Wesentlichen bleibt die Achtung vor der anderen Person bestehen. Das ist bei psychischer Gewalt nicht der Fall.« (Das gesamte Interview mit Julia Schellong ab Seite 187.)

Für Außenstehende ist diese Form der Gewalt meist schwer zu erkennen. Sie äußert sich nicht in lautstarken Streitereien, sondern es sind subtile Aggressionen, es ist eine asymmetrische Gewalt, von der höchstens kleine Ausschnitte sichtbar werden. Das Umfeld der Betroffenen neigt sehr oft dazu, das Ganze als eine konfliktbeladene oder »nur« leidenschaftliche Beziehung zwischen zwei Personen mit einem schwierigen Charakter zu interpretieren. Oder als Beziehung, in denen einer versucht, den anderen zu dominieren. Manchmal deuten Außenstehende auch typische Auswirkungen einer Gewaltbeziehung, wie etwa Evas schwere Depressionen und Panikattacken, als deren Ursache. Die Gewaltausübenden betreiben zudem häufig eine Art Schuldumkehr. Sie stellen die Betroffenen als überempfindlich, aggressiv oder hysterisch dar und sich selbst als Opfer, eine Taktik, die auch Marco anwendet und die letztlich seinem Machtgewinn dient.

Nicht nur das private Umfeld der Betroffenen, auch Behörden und Fachleute wie Ärztinnen und Ärzte, Therapeutinnen und Therapeuten, Richterinnen und Richter tun sich oft schwer im Umgang mit den Mechanismen und den Folgen psychischer Gewalt in Partnerschaften. Teilweise erkennen sie sie erst gar nicht oder spielen sie herunter, teilweise empfehlen sie ungeeignete Maßnahmen. Sehr oft fühlen sich Betroffene, besonders Männer, nicht ernst genommen und alleingelassen, wenn sie Hilfe suchen. Das zeigt die Geschichte von Anis.

Anis: »Sie hat mich innerlich getötet.«

Anis erlebte in seiner Ehe 16 Jahre lang psychische Gewalt und gegen Ende auch körperliche Übergriffe

Wie Gift
Juni 2021
Langsam plätschert dieser sonnige, entspannte und friedliche Freitag vor sich hin. Ich habe mir einen Tag freigenommen und freue mich auf das lange Wochenende. Keine Termine, keinerlei Verpflichtungen, stattdessen Zeit für mich, für die Familie, zum Lesen, zum Sport treiben und zum Kochen. Ein ruhiger Nachmittag mit dem Hund, abends noch etwas einkaufen und danach meine Tochter von der Tanzschule abholen.

Als wir gegen halb neun nach Hause kommen, sitzt meine Frau Laura draußen auf der Terrasse. Sie wirkt distanziert, begrüßt uns nicht und antwortet auch nicht auf meine Frage, ob sie etwas essen möchte. Während ich das Kochen auf morgen verschiebe und beginne, Brötchen für meine Tochter und mich zu belegen, ruft meine Mutter aus dem Ausland an. Sie hat dringende Fragen zu geschäftlichen Angelegenheiten, und ich nehme mir Zeit für sie, gehe zum Telefonieren in mein Arbeitszimmer. Als ich wieder herauskomme, baut sich Laura unvermittelt mit kalter Miene und in die Seite gestemmten Armen vor mir auf. Was will deine giftige Mutter von dir?, fragt sie aggressiv. Es klingt wie ein Peitschenhieb. Ich zucke zusammen, antworte jedoch nicht, sondern frage meine Tochter, ob sie ihr Brötchen schon gegessen hat, ob ich ihr noch etwas anderes machen soll. Doch Laura bleibt hartnäckig. Deine Mutter ist Gift, sie ist Gift, sagt sie immer wieder, warum ruft sie hier an, ich habe gehört, dass ihr über unsere Tochter redet. Sie steht dicht vor mir und funkelt mich wütend an, ich kann ihre Aggressivität spüren. Es scheint doch kein ruhiges Wochenende zu werden. Stattdessen sehe ich wieder einmal Tage vor mir liegen, die nicht die ersehnte Entspannung, sondern eine schier unerträgliche Anspannung mit sich bringen.

Nach außen hin bleibe ich ruhig und gelassen. Ich hole tief Luft, dann sage ich zu meiner Frau: Ich möchte auf so eine provokative Frage nicht antworten, sondern mein Wochenende genießen. Ich fange an, die Küche aufzuräumen, um ihr aus dem Weg zu gehen. Aber sie lässt immer noch nicht locker. Deine Mutter ist Gift, du bist Gift, sagt sie mehrmals lautstark. Ich bitte sie, damit aufzuhören, erkläre ihr, dass ich mich nicht auf so ein Niveau begeben möchte. Dann räume ich die Spülmaschine aus und wische die Spüle. In solchen Situationen entspannt es mich, zu putzen. Vor der Küche höre ich Laura weitere Beleidigungen ausstoßen, schließlich wird es eine Weile still.

Ich setze mich ins Esszimmer, schließe die Augen und atme tief durch, um mich zu beruhigen. Ich bin zu Hause und verspüre gleichzeitig das dringende Bedürfnis, nach Hause zu gehen.

Als ich die Augen wieder öffne, sehe ich Laura auf mich zukommen, mit roten Augen, zusammengepressten Lippen und einer Hand hinter dem Rücken. Schlagartig wird mir bei ihrem Anblick an diesem warmen Sommerabend kalt. Was hast du hinter deinem Rücken, frage ich sie, stehe dabei auf und versuche, mehr Abstand zwischen uns zu bringen. Doch sie rückt nach. Ich erkenne, dass sie ein längliches Messer hinter ihrem Rücken versteckt. Sie kommt näher und näher und sieht furchteinflößend aus und gleichzeitig skurril. Blutunterlaufene, hasserfüllte Augen, dazu sehr viel Aluminiumfolie auf dem Kopf, weil sie sich offenbar gerade Strähnchen in die Haare färbt. Ich sehe nur das Aluminium und jemanden, der außer sich ist und völlig unkontrolliert wirkt. Sie sieht aus wie eine Teufelin, wie eine leibhaftige Teufelin. Ich versuche, die Nerven zu bewahren, durchzuatmen, Ruhe auszustrahlen und gleichzeitig einen Fluchtweg zu finden. Sie ist schon öfter auf mich losgegangen, doch noch niemals mit einer solchen Entschlossenheit und nie mit einem Messer in der Hand. Ich weiß, dass man in solchen Situationen versuchen muss zu deeskalieren, denn ich habe Kurse dazu belegt. Doch ich kann die Panik, die in mir aufsteigt, kaum noch bändigen. Laura scheint dieses Mal nicht mehr ansprechbar zu sein, nicht mehr mit Argumenten zu erreichen, und ich habe kaum noch eine Möglichkeit, ihr auszuweichen. Immer wieder frage ich sie möglichst ruhig: Spinnst du? Spinnst du gerade? Ich sage nicht den Satz, den ich sonst manchmal zu ihr sage, wenn es mir zu viel wird. Ich sage nicht: Mach es doch! Denn mir ist bewusst, wenn ich diesen Satz jetzt sage, wird sie tatsächlich zustechen. Du bist Gift, du bist Gift wiederholt sie immer wieder laut, du verschwindest aus unserem Leben. Du verschwindest jetzt aus unserem Leben. Ich werde dich töten. Mir wird schlagartig klar, dass meine Frau mich dieses Mal wirklich vernichten will.

Ich schaffe es, die Treppe hoch zu rennen, schreie dabei in Richtung meiner Tochter, dass sie sofort die Polizei anrufen und ihre Zimmertür hinter sich abschließen soll. In meinem Kopf springt ein Film an und mein bisheriges Leben zieht im Zeitraffer an mir vorüber. Ich sehe mich als Kind am Meer, mit meiner Familie, als Student in verschiedenen Städten, ich erkenne Freunde und Freundinnen, frühere Wohnungen, verflossene Lieben. Alles, was mir wichtig war, erscheint im Schnelldurchlauf vor meinem inneren Auge. Währenddessen laufe ich panisch und ziellos durch das obere Stockwerk und versuche, rettende Gedanken zu fassen. Welche Tür hat einen Schlüssel, nicht alle sind abschließbar, vielleicht gehe ich ins Bad? Ruhe bewahren, einen klaren Kopf behalten, es bringt nichts, mich einzuschließen. Ich sehe im Arbeitszimmer meine Jacke hängen, mit dem Autoschlüssel in der Jackentasche. Mir ist nicht klar, wo Laura ist. Ich kann sie nicht hören. Ist sie noch im Esszimmer, ist sie in der Küche oder womöglich auf dem Weg nach oben? Ich weiß es nicht. Sie kann überall sein. Ich lausche angestrengt den Flur entlang, doch ich kann sie nicht orten.

Ich versuche es zu schaffen, ich versuche hier herauszukommen, sage ich mir, nehme meinen ganzen Mut zusammen und schnappe meine Jacke mit dem Autoschlüssel und dem Handy darin. Meine Tochter fragt aus ihrem Zimmer besorgt, was los ist, ich rufe ihr noch einmal zu, sie solle unbedingt ihre Tür zulassen und die Polizei anrufen. Dann renne ich die steile Treppe hinunter, so schnell ich kann. Währenddessen versuche ich einen Notruf abzusetzen, doch in meinem Kopf ist nur noch Watte. Ich kann mich nicht daran erinnern, welche Nummer ich wählen muss. Ich weiß überhaupt nichts mehr. Ich habe einen Blackout. Nur raus aus dem Haus, nur weg, so schnell wie möglich. Zum Auto, zur Polizei. Ich höre, wie ein Fenster aufgeht und Laura hinter mir herruft: Machst du dich wichtig? Sie ruft es mehrmals, aber ich drehe mich nicht um. Auf dem Weg zur Polizei klingelt mein Handy ohne Unterlass. Ich fahre, konzentriere mich auf die dunkle Straße und schaue nicht auf die Nummer, ich weiß auch so, dass sie es ist. Mitten in der Nacht stehe ich schließlich vor der verschlossenen, spärlich beleuchteten Polizeiwache. Wegen der Pandemie kann man nicht einfach hineingehen, sondern muss erst einmal klingeln. Lange laufe ich unschlüssig vor der Tür auf und ab. Unzählige Gedanken und Fragen jagen durch meinen Kopf. Soll ich es tun? Soll ich wirklich klingeln? Soll ich die Frau, mit der ich seit 18 Jahren zusammen bin und die ich vor 16 Jahren geheiratet habe, anzeigen? Was wird aus unserer Tochter? Werden sie mir überhaupt glauben? Soll ich tatsächlich hineingehen und zu den Polizisten sagen: Meine Frau ist gerade mit einem scharfen Küchenmesser auf mich losgegangen, sie wollte mich umbringen?

Eine schwierige Entscheidung. Wenn ich jetzt umdrehe, werde ich immer wieder mit solchen Situationen konfrontiert werden. Wenn ich auf den Klingelknopf drücke, wird ein neues Lebenskapitel beginnen, denn einen Weg zurück wird es dann nicht mehr geben.

....

Anis, Jahrgang 1979: Ich bin in Tunesien geboren. Meine Mutter ist Französin, mein Vater war Tunesier, beide hatten lange in Frankreich gelebt und waren dann nach Tunesien gezogen. Sie gehörten der intellektuellen, sehr frankophilen Oberschicht dort an. Meine Kindheit war ein Traum. Mein Vater war als Direktor eines großen Unternehmens für den Ausbau der touristischen Infrastruktur in Tunesien zuständig, und wir lebten im obersten Stockwerk eines luxuriösen Hotels direkt am Strand. Mein zwei Jahre älterer Bruder und ich gingen an eine französische Schule und hatten immer sehr gute Noten. In unserer Freizeit konnten wir im Hotel reiten, Tennis spielen, schwimmen, wir durften alles tun. Wir hatten einen Chauffeur und viel Personal. Es war eine eigene Welt. Unser gesamtes Umfeld war sehr europäisch orientiert, mit einheimischen Tunesiern hatte ich wenig zu tun. In der Zeit, in der ich Abitur machte, verschwand das Paradies meiner Kindheit. Meine Mutter, die Schulleiterin eines Gymnasiums war, wollte das Luxusleben im Hotel nicht mehr. Mein Vater wechselte den Berufszweig, wurde von seinen Geschäftspartnern übervorteilt und verlor viel Geld.

Nach dem Abitur ging ich 1997 zunächst nach London, dann nach Paris und studierte dort Tiermedizin. Frankreich war mir von der Kultur her sehr vertraut, doch ich merkte, dass ich mir etwas Neues aufbauen wollte. Im Jahr 2000 zog ich nach Deutschland um. Ich empfand es hier als viel ruhiger und strukturierter als in Frankreich, eine ideale Umgebung für meinen beruflichen Weg. Die Mentalität und die Lebensart waren mir allerdings fremd, die emotionale Distanziertheit vieler Menschen. Es war anfangs nicht leicht, auch weil ich nach den Anschlägen vom 11. September 2001 Vorbehalte wegen meiner Herkunft zu spüren bekam. Dabei sieht man sie mir nicht an, oft werde ich für einen Spanier oder Franzosen gehalten. Ich selbst habe mich nie als Immigrant gefühlt, sondern als Reisender.

Ich lernte Deutsch und studierte Informatik und Elektrotechnik, arbeitete nebenher in einer festen Anstellung bei einer Telefongesellschaft. Ich war immer ehrgeizig und wollte etwas erreichen. Nach Abschluss meines Studiums 2007 arbeitete ich zunächst weiterhin bei der Telefongesellschaft. 2010 wechselte ich zu einer Landesoberbehörde in Süddeutschland und betreute dort ein großes Projekt. Im Anschluss an dieses Projekt wurde ich 2015 auf Lebenszeit verbeamtet.

Nach meiner Ankunft in Deutschland hatte ich mehrere kürzere Beziehungen und Affären. Es fiel mir leicht, Frauen kennenzulernen. Gleichzeitig wünschte ich mir eine Familie. Ich war nicht auf der Suche nach einer Ehefrau im klassischen Sinne, ich suchte eine Begleiterin, eine Gefährtin und ein Stück der emotionalen Wärme, die ich aus meiner Kultur, der französischen, kannte.

2003 begegnete ich Laura. Es war anders als alle Beziehungen zuvor, doch es schien zu passen.

....

Ein Hauch von Wärme
2003–2005

Müde saß ich auf dem Barhocker, genoss den Rhythmus der kubanischen Musik, den herben, perlenden Geschmack von Bier auf der Zunge und den diffusen Klangteppich aus Unterhaltungen, denen ich nicht folgen musste. Ich saß an der Bar eines Lokals mit Live-Musik, um zu entspannen, nach langen Tagen mit wenig Freiraum. Erst Seminare an der Uni, danach noch ein paar Stunden jobben, um Geld für das teure Leben in der Großstadt zu verdienen. Funktionieren, lernen, wenig Zeit zum Nachdenken. Ich war allein inmitten der Latino-Klänge und des fröhlichen Stimmengewirrs. Ich wollte niemanden kennenlernen, sondern einfach den Kopf freikriegen, der mit Gedanken über Prüfungen und die Zukunft gefüllt war. Während ich mich mit dem Barkeeper unterhielt, ließ ich ab und zu den Blick langsam über die Menschen im Lokal schweifen, ohne dabei etwas zu suchen. Jedes Mal fiel mir dabei eine Frau auf. Sie lächelte, wenn sich unsere Augen kurz trafen. Sie lächelte, lachte, lachte mich an, immer wieder. Es verunsicherte mich, es störte das ruhige Dahintreiben meiner Gedanken. Nach einer Weile stand ich auf, ging zu ihr hinüber und fragte, ob irgendetwas sei, warum sie ständig in meine Richtung schaue und lache. Sie sagte kurz angebunden nein, es sei nichts und unterhielt sich weiter mit einer Freundin. Doch als ich mich umdrehte, um wieder zu gehen, nahm sie plötzlich meine Hand und hielt sie fest. Wir sprachen währenddessen nicht miteinander, es war einfach nur ein Stück Nähe ohne Worte, bis sie meine Hand wieder losließ.

Zufällig traf ich einen Freund im Lokal und verlor die Frau aus den Augen. Als ich später von der Toilette kam, stand sie plötzlich vor mir, sie hatte offenbar auf mich gewartet. Was wollen wir machen, fragte sie mich, als ob ich zu der Gruppe gehören würde, mit der sie unterwegs war. Wollen wir etwas essen, ich könnte etwas kochen, wir könnten alle bei mir etwas essen. Wir gingen in der Gruppe zu ihr nach Hause, kochten und aßen gemeinsam. Ich beobachtete alles und sprach wenig an diesem Abend.

Als die anderen nach dem Essen aufbrachen, wollte ich mich auch auf den Weg nach Hause machen. Doch sie sah mich an und fragte mich: Möchtest du wirklich gehen? Ich weiß es nicht, antwortete ich ihr – und wusste es in diesem Moment tatsächlich nicht. Schließlich entschloss ich mich zu bleiben. Ich verbrachte nicht eine Nacht, sondern drei Tage bei ihr. Drei Tage, an denen wir miteinander sprachen, es waren intensive, nicht enden wollende Gespräche über uns, über das Leben, losgelöst von Zeit und Raum. Es war, als ob ich sie schon immer gekannt hätte – und doch nicht. Sie sprach viel über die Seele, wir waren uns nah, ich war gefangen in dieser Begegnung. Wir hatten keinen Sex an diesen drei Tagen. Das faszinierte mich, ich dachte mir, ich schaffe es, mit einer Frau nur zu reden, sehr intensiv zu reden, ohne dass es körperlich wird. Ich empfand das als sehr angenehm und dachte mir, es ist eine andere Basis, vielleicht ist es etwas Ernsteres als die bisherigen Bekanntschaften.

Seit ich nach Deutschland gekommen war, hatte ich immer wieder spontane Begegnungen mit Frauen gehabt, mehrere kurze Affären und Beziehungen. Ich war Anfang 20, auf der Suche nach mir selbst und meiner Zukunft, und ich wollte mich nicht fest binden. Flirten war für mich wichtig. Und Frauen kennenzulernen war auch eine gute Möglichkeit, Deutsch zu lernen. Ich ging abends in Lokale, allein, ohne Freunde. Ich lächelte, und schon war ich mit jemandem unterwegs. Ich sagte den Frauen offen, ich müsse Deutsch lernen und habe deshalb Smalltalk mit ihnen angefangen. Es war nichts vorprogrammiert, es war nicht mein Ziel, mit den Frauen, denen ich begegnete, zu schlafen. Ich hatte Freundinnen unterschiedlicher Nationalitäten und lernte dadurch auch andere Sprachen und Kulturen kennen. Ich empfand es als Bereicherung für meine eigene Entwicklung.

Doch dann hatte ich beschlossen, eine Weile allein zu bleiben. Ich wollte eine Pause machen. Ich wollte keine Affäre, keine Beziehung mehr, sondern erst einmal mich selbst besser kennenlernen und mir über einiges klar werden. Ich spielte zu dieser Zeit mit dem Gedanken, zurück nach Frankreich zu ziehen. Mir fehlten die vielen Freunde dort, die französische Kultur und die Lebensart, die Familie. Im Geiste war ich bereits auf dem Weg zurück nach Paris, auch an dem Abend in der Latino-Bar, als die unbekannte Frau meine Hand hielt, ohne etwas zu sagen.

Nach den drei Tagen bei ihr ging ich nach Hause und war irritiert. Was war das, fragte ich mich. Ich kannte den Stadtteil nicht, in dem sie wohnte, und ich konnte mich danach kaum an ihre Wohnung erinnern. Nur die Terrasse, auf der wir die meiste Zeit saßen, hatte ich deutlich vor Augen. Und die intensiven Gespräche klangen noch lange in mir nach.

Wir trafen uns wieder. Ich erzählte von mir, von meinen Träumen, von meinen Sorgen, Wünschen und Zweifeln. Sie erzählte von sich und von ihrer Familie. Sie heiße Laura, sagte sie, ihre Familie stamme aus Italien, sie sei in Deutschland aufgewachsen. Ich hatte sie für eine Südamerikanerin gehalten, an dem Abend in der Bar und danach. Ich hatte sie nicht gefragt, woher sie kommt oder was sie macht. Es war alles offen gewesen in diesen drei Tagen voller Gespräche, in denen die Zeit verschwamm. Eine intensive Begegnung von Mensch zu Mensch, bei der Herkunft oder Status nichts bedeuteten.

Es war, wie mit einer fremden Person im selben Zugabteil zu sitzen. Wir fuhren weiter in diesem Abteil, wir wussten nicht, wohin die Reise führte, aber wir blieben sitzen und wollten nicht aussteigen. Wir waren Komplizen in einer Zeit, in der ich mir eine Veränderung wünschte, Abstand von allem Bisherigen. Ich wollte ein neues Kapitel anfangen, und sie schien daran teilnehmen zu wollen, als Begleiterin, als Gefährtin. Gemeinsam durch das Leben zu reisen, dabei füreinander attraktiv zu bleiben und in seinen Träumen zusammenzuwachsen, das ist meine Vorstellung von einer Partnerschaft, und es schien auch die ihre zu sein.

Sie entsprach nicht meinem Schönheitsideal, doch die Wärme, die sie ausstrahlte, war mir vertraut. Auch das, was sie von ihrer Familie erzählte, klang nicht fremd. Eine große Familie, die Art Familie, die auch ich von zu Hause kannte. Eine Sehnsucht wurde in mir wach, ein tiefer Wunsch nach Verbundenheit, nach Bodenständigkeit, nach Einfachheit. In unseren Gesprächen waren wir bei den für mich wichtigen Themen des Lebens oft einer Meinung. Laura war älter als ich, eine äußerst gepflegte und gut gekleidete Frau, die sehr selbstsicher wirkte. Sie habe früher in London gelebt und sei Künstlerin, erzählte sie, und sie kenne viele Prominente. Zusammen mit Freundinnen verkehrte sie im bekanntesten Club der Stadt, einem beliebten Treff der Schickeria. Ihr Selbstbewusstsein gefiel mir. Sie gab mir ein Gefühl von Sicherheit, das ich nicht kannte und das ich in dieser Zeit suchte. Gleichzeitig fragte sie mich um Rat, legte großen Wert auf meine Meinung und hörte mir sehr aufmerksam zu. Sie interessierte sich für mich, sie war hilfsbereit und sehr liebevoll und wollte immer in meiner Nähe sein. Wenn ich an den Wochenenden auf Partys ging und dort den DJ spielte, kam sie manchmal spät abends spontan mit einem Taxi, um mich zu sehen. Ich rechnete nicht damit, und es waren Momente, die mich glücklich machten. Es gab anfangs viele glückliche Momente. Wir mieteten uns Autos und fuhren für ein Picknick in die Natur, genossen ein Stück spontane Leichtigkeit. Im Urlaub verbrachten wir unbeschwerte Zeiten am Strand, nur wir, das Meer und die Sonne. Und abends schauten wir in die Sterne und hielten die Zeit an. Auch die Essen mit ihrer Familie in Italien waren solche Glücksmomente. Die Farben des frischen Gemüses, der intensive Duft von Kräutern, der Blick auf das tiefblaue Meer, das Zusammensein in großer Runde.

Im Alltag in Deutschland lebten wir dagegen in einem unterschiedlichen Rhythmus. Ich musste für meine Prüfungen lernen und außerdem arbeiten. Oft kam ich sehr spät nach Hause, an manchen Tagen war ich bis zwei Uhr nachts in der Universitätsbibliothek. Ich war ehrgeizig und sehr gründlich, denn ich hatte Prüfungsangst und wollte mich so gut wie möglich vorbereiten. Für Laura war die Hochschule eine fremde Welt. Doch sie wartete auf mich, hatte manchmal gekocht oder eine Nachbarin auf ein Glas Wein eingeladen. Sie half mir dadurch, den Druck, der auf mir lastete, für kurze Zeit zu vergessen und ein wenig Entspannung zu finden.

Nach wie vor war mir nicht klar, was Laura eigentlich beruflich machte. Sie war meistens zu Hause, und in das anfängliche, glamouröse Bild von ihr drängten sich einzelne Ungereimtheiten, ohne dass ich Zeit hatte, länger darüber nachzudenken. Eines Tages besuchte ich sie zwischen zwei Vorlesungen und sah büschelweise Haare auf dem Fußboden ihres Wohnzimmers liegen. Ich erschrak, fragte sie, ob etwas passiert sei. Gleichzeitig bekam ich Angst und dachte, vielleicht ist sie ja auch psychisch krank und tötet Menschen. Es stellte sich schließlich heraus, dass sie nicht Künstlerin war, sondern Friseurin. Sie erzählte mir, sie arbeite in verschiedenen Salons und auch für die Bühne, sie sei Art-Direktorin und habe viele Friseure ausgebildet.

Auch ihr Alter stimmte nicht. Anfangs hatte sie mir gesagt, sie sei 32, in Wahrheit war sie acht Jahre älter. Sie war 40, ich war 24. Im ersten Moment war ich erstaunt, aber der Altersunterschied störte mich nicht. Sie wirkte jünger, sie hatte manchmal etwas Kindliches an sich, und das gefiel mir. Die Zahl war mir nie wichtig gewesen. Natürlich wurde unsere Beziehung wegen des Altersunterschiedes von außen immer wieder in Frage gestellt, doch das war mir egal. Es spielt keine Rolle, was auf dem Papier steht, dachte ich mir, es muss gelebt werden.

Im Bett hatten wir anfangs große Probleme. Mit Laura zu schlafen fühlte sich für mich an wie das erste Mal. Ich hatte sie für eine erfahrene Frau gehalten und war überrascht. Sie war ängstlich und unsicher, hatte offenbar schlechte Erlebnisse gehabt. So etwas kannte ich nicht, ich wusste nicht, wie ich damit umgehen sollte, und es war schwierig, mehr von ihr zu erfahren.

Oft erzählte sie von reichen Männern, die sie kenne, von Männern mit sehr viel Geld, von Ärzten und Botschaftern, die Ferrari oder Porsche fuhren. Solche Statussymbole schienen ihr wichtig zu sein, sie sprach im Zusammenhang mit Männern meistens von Reichtum, nicht von Begleitern oder Partnern. Ich fragte weiter nach, und schließlich erzählte sie von einem Bodybuilder, mit dem sie früher zusammen gewesen sei. Und von ihrem vorigen Freund, einem Masseur. Es sei eine sehr schwierige Verbindung gewesen, erklärte sie, und sie sei deswegen in Therapie gegangen. Sie schien besessen zu sein von dieser Geschichte und von diesem Mann. Ich bekam mit, dass sie ihm intensiv hinterherspionierte, ihn regelrecht stalkte. Was tatsächlich dahintersteckte, was genau passiert war, konnte ich nicht herausfinden, und irgendwann ließ ich es auf sich beruhen. Ich wollte sie so annehmen, wie sie war, ich wollte gemeinsam mit ihr nach vorne schauen und etwas Neues aufbauen, Schritt für Schritt.

2005 heirateten wir standesamtlich und feierten im kleinen Kreis in einem Café. Sie hatte immer wieder den Wunsch geäußert zu heiraten, während ich mir eigentlich für diese Entscheidung noch ein paar Jahre Zeit lassen wollte. Aber ich hatte mir als Kind schon gesagt, ich möchte eine Familie haben, ein Zuhause, und ich möchte ein junger Vater sein. Und sie vermittelte mir überzeugend: Wir werden alles schaffen, du wirst es sehen. Wir werden zusammenhalten und gemeinsam erfolgreich sein. Deshalb fühlte es sich für mich richtig an.

Familie
2006
Laura wünschte sich eine große Hochzeitsfeier in Italien. Es schien sehr wichtig für sie zu sein, dort, im Heimatort ihrer Eltern, zu zeigen, was sie in Deutschland erreicht hatte. Schon lange im Voraus begannen wir mit aufwendigen Planungen, und Geld durfte dabei keine Rolle spielen. Wir gingen in gehobene Bekleidungsgeschäfte, in Papierwarenläden, in Schuhgeschäfte, in Reisebüros. Ich kaufte mir einen Anzug, sie suchte sich teure Schuhe und edle Designerkleider aus. Egal, was es kostete, sie wollte es haben. Sie wollte auf ihrer Hochzeit eine Prinzessin sein und bewundert werden. Wir zogen tagelang durch unzählige Geschäfte, wir verbrachten lange Abende mit dem Schreiben von Einladungskarten, wir führten endlose Telefonate nach Italien, wir suchten nach passenden Flügen für uns und für unsere Gäste, wir verhandelten über Preise für Mietwagen. Schon vor unserer Abreise fühlte ich mich leer und erschöpft. Für mich war die möglichst perfekte Kulisse, der äußere Schein, nicht wichtig. Ich war vielmehr innerlich damit beschäftigt, dass mir sehr nahestehende Menschen nicht zur Hochzeits-

feier kommen konnten oder wollten. Zwei enge Freunde hatten dringende Termine. Und meine Eltern zögerten.

Laura und ich waren vor unserer Hochzeit gemeinsam nach Tunesien gereist. Ich hatte ihr die Orte meiner Kindheit gezeigt und sie hatte meine Eltern kennengelernt. Auch ihnen gegenüber benahm sie sich wie eine Prinzessin, ihr Verhalten erschien übertrieben und theatralisch. Meine Mutter und mein Vater wirkten skeptisch und ungewohnt zurückhaltend ihr gegenüber. Sie sagten nichts, doch ich konnte ein leichtes Befremden und viele Fragen in ihren Augen lesen. Sie respektierten meine Entscheidung, mit Laura zusammen zu sein, doch sie blieben distanziert. Vor allem meine Mutter tat sich offensichtlich schwer mit der Situation, und es schien ihr alles zu schnell zu gehen. Sie fragte mich, wie alt Laura sei. Ich sagte ihr, ich wisse es nicht und es spiele keine Rolle für mich. Nimm sie, wie sie ist, bat ich meine Mutter. Mein Vater beobachtete uns aufmerksam und schwieg. Das Einzige, was er vor unserer Abreise zu mir sagte, war: Du bist hübscher als sie, Anis. Doch er glaubte an mich. Wenn du glücklich bist, bist du glücklich, signalisierte er mir, und was kann schon passieren.

So ging es mir auch. Ich verspürte immer wieder Momente des Zweifelns. Wenn wir uns nicht verstehen sollten, wenn es nicht klappen sollte, dachte ich aber, dann muss ich eben gehen. Es ist nicht so schlimm wie zu sterben. Es ist kein Verbrechen, falls ich irgendwann entdecken sollte, dass sie nicht die richtige Frau für mich ist oder ich nicht der richtige Mann für sie. Ich hatte auch Laura manchmal gefragt: Was machen wir, wenn wir uns nicht verstehen? Es war schwierig, sich mit ihr darüber zu unterhalten. Sie wollte so etwas nicht hören und sich keine Gedanken darüber machen. Du bist der perfekte Mann, sagte sie stattdessen immer wieder, so oft, dass sich bei mir in die Freude darüber ab und zu ein Gefühl von Angst einschlich. Es war mir zu viel Verantwortung. Du bist anders als alle anderen Männer, beteuerte sie, du bist ein Geschenk für mich, ich kann mir ein Leben ohne dich nicht vorstellen. Sie wünschte sich eine unvergessliche Hochzeitsfeier. Also flogen wir gemeinsam nach Italien.

Wir gingen zum Probe-Essen, wir inspizierten die Zimmer im Hotel genau, es durfte nichts dem Zufall überlassen bleiben. Während Laura jedes Detail prüfte, hielt ich mich im Hintergrund und begann sorgenvoll zu rechnen, denn mir war klar, dass wir nicht genügend Geld hatten, um alles zu bezahlen. Ich sprach Laura darauf an, auf das finanzielle Risiko, das wir eingingen. Sie erklärte mir, ich solle mir keine Gedanken machen. Das Geld werde zu uns zurückkommen, denn die Hochzeitsgäste würden zahlen. Sie hatte ihnen offenbar sogar genaue Vorgaben gemacht, wie viel sie geben sollten, und pro Person 300 Euro verlangt. Ich war überrascht und ernüchtert. Es ging offenbar nicht nur um eine unvergessliche Feier, um Romantik und Gastfreundschaft. Unsere Hochzeit, ein großes Geschäft, diese Vorstellung ging mir gegen den Strich. Ich bekam mit, wie sich eine Besucherin dagegen wehrte. Sie werde kein Geldgeschenk machen, sagte sie entschieden. Das gefiel mir, aber sie war die Einzige, die sich nicht instrumentalisieren ließ. Die anderen waren unter Druck, es war deutlich spürbar, dass Laura sie im Griff hatte. Diese Dominanz, ihnen zu sagen was sie von ihnen erwartete, machte mich sprachlos. Ihr bekommt auf unserer Hochzeitsfeier das beste Essen, sagte sie ihnen, aber ihr werdet dafür zahlen müssen.

Wir heirateten an einem Sonntag und fuhren in einem Käfer Cabrio zur katholischen Kirche. Ich hatte vorher mit dem Priester gesprochen, denn ich bin nicht katholisch, ich bin nicht religiös. Ich wurde gut aufgenommen. Es war ein jüngerer Priester, mit dem ich mich sehr gut verstand. Wir hatten uns angefreundet, und wir hatten gute Gespräche geführt. In einer kleinen Rede bedankte ich mich bei unseren Gästen dafür, dass sie gekommen waren, und auch bei der Kirche für diesen Moment. Ich hielt die Rede in verschiedenen Sprachen, auf Italienisch, Französisch und Deutsch.

Nach der Trauung fuhr ich mit unseren Gästen in die Umgebung, in die Weinberge, an den Strand. Am Abend feierten wir bei gegrilltem Fisch, Fleisch, mehreren Gängen und anschließendem Karaoke. Alles war aufwendig geschmückt, und wir tanzten unter den Sternen. Nach außen hin wirkte dieser Abend wie eine Nacht im Himmel, wie eine Phantasie, wie ein perfektes Bild von Glück, Harmonie und Wohlstand. Und im Ort sollten sie hinterher noch jahrelang darüber sprechen.

Doch ich nahm die Feier durch einen grauen Schleier wahr. Meine Eltern waren nicht gekommen. Bis zum letzten Moment hatten sie mich glauben lassen, dass sie anreisen würden. Sie hatten gesagt, sie schauten nach Flügen, und ich hatte ein Hotelzimmer für sie gebucht, aber letztendlich kamen sie nicht. Sie taten sich weiterhin schwer mit meiner Verbindung zu Laura. Sie hätten mir eine jüngere Frau gewünscht, eine Studentin, am liebsten eine Intellektuelle. Auch ihr Beruf als Friseurin war meinen Eltern suspekt, denn Friseurinnen wissen in ihren Augen viel über Menschen und können auch manipulieren. Ich akzeptierte ihren Entschluss, nicht zu unserer Hochzeit zu kommen. Und sie akzeptierten, dass es mein Leben und meine Entscheidung war, Laura zu heiraten. Nichtsdestotrotz war ich sehr traurig, als mir so kurzfristig klar wurde, dass sie nicht mit uns feiern wollten. Ich nahm mich zusammen, versuchte zu funktionieren und mir nichts anmerken zu lassen. Eine Gruppe von Freunden, die aus Deutschland angereist war, wurde für mich während dieser Tage zum Familienersatz. Meine Frau verbrachte die meiste Zeit mit ihrer Mutter und ihrer Familie, für mich war die deutsche Gruppe eine Familie auf Zeit und gab mir Halt.

Nach unserer Hochzeitsfeier ging ich mit Laura zum Hotel. Kaum waren wir dort angekommen, fing sie sofort an, zusammen mit ihrer Familie das Geld zu zählen, das die Gäste beigesteuert hatten. Sie schrieben noch in der Nacht eine Liste, aus der genau hervorging, wer wie viel gegeben hatte.

Ich war müde, ich wollte meine Ruhe, nur noch ins Bett. Ich fühlte mich wie betrunken, dabei hatte ich keinen Alkohol zu mir genommen und auch nichts gegessen an diesem Abend. Ich hatte nicht so viel mitbekommen von diesem Tag, der besonders und unvergesslich hätte werden sollen, von der Hochzeitsfeier, die wir so aufwendig vorbereitet hatten. Es war mir alles zu viel. Es war ihr Tag.

Trugbilder
2006–2008

Kaum waren wir verheiratet, verschwand ein Stück Leichtigkeit aus unserer Beziehung, erst kaum spürbar, dann immer deutlicher. Weiterhin gab sich Laura nach außen als Prinzessin, als erfahrene Macherin, die in gehobenen Kreisen verkehrte. Doch in dem schillernden Bild, das sie von sich entworfen hatte, begann ich immer neue Unstimmigkeiten zu entdecken. Ich suchte nicht gezielt danach, ich kratzte nicht bewusst an ihrer Fassade, aber ich stieß nach und nach auf Widersprüche in fast allen Lebensbereichen. In mir machten sich Zweifel breit, drängende Fragen, die sie mir nicht beantworten wollte oder konnte, und in manchen Momenten eine erstaunte Gewissheit. Mir wurde klar, dass sie niemals in London gelebt hatte, obwohl sie es immer wieder erzählt hatte. Die meisten ihrer angeblichen Bekanntschaften mit Prominenten waren offenbar erfunden und weite Teile ihres Lebenslaufs schienen auf Lügen aufgebaut zu sein. Ihr Vater war nicht Architekt, wie sie stolz behauptet hatte, sondern Maurer, und auch ihr eigener beruflicher Hintergrund war weiterhin unklar. Es war mir anfangs nicht wichtig, denn ich dachte mir, vielleicht ist es einfach eine Eigenschaft von ihr, zu übertreiben, vielleicht ist es ihre Art. Ich sagte mir, ich bin nicht verantwortlich für ihre Erziehung, ich bin nicht verantwortlich für Probleme in ihrer Kindheit oder in der Zeit, bevor wir uns trafen. Ich wollte Laura so annehmen, wie sie war, mit ihr zusammen nach vorne schauen und einen gemeinsamen Weg in eine glückliche Zukunft gestalten. Ich war zuversichtlich, dass wir es schaffen konnten, denn zu dieser Zeit war mein Tank noch voller Energie.

Doch schnell musste ich feststellen, dass jeder drohende Kratzer an Lauras sorgfältig aufgebautem Image mit großer Härte geahndet wurde. Ich wollte ihr helfen, einen eigenen Friseursalon aufzumachen, und stellte dabei fest, dass sie weder Friseurmeisterin war noch Art-Direktorin, dass sie nicht in verschiedenen Salons gearbeitet hatte, wie sie mir erzählt hatte. Es gab keinen Meisterbrief, es gab keine Papiere, die ihren angeblichen Meistertitel hätten belegen können, und in der Anfangszeit unserer Beziehung war sie offenbar zwei Jahre lang arbeitslos und zwischendurch krankgemeldet gewesen. Ich war irritiert, als ich diese Unterlagen fand, und ich behielt meine Entdeckung zunächst für mich. Als ich eine Weile später vorsichtig bei ihr nachfragte, explodierte sie ohne Vorwarnung. Was ich eigentlich glaube, wer ich sei, schrie sie mich wutschäumend an, ich hätte keine Ahnung, ich sei dumm, ein Depp, ein Penner, nichts weiter. Ich erschrak und vermutete zunächst, einen wunden Punkt getroffen zu haben, ohne es zu ahnen. Aber solche abrupten, intensiven Wutanfälle wurden häufiger. Jedes Mal, wenn ich konkrete Fragen stellte, nicht um zu streiten, sondern um Klarheit zu schaffen, ging sie lautstark in die Luft.

Ich versuchte, konstruktiv damit umzugehen. Auch wenn du offenbar nicht Art-Direktorin warst und keine Friseure ausgebildet hast, könntest du all das realisieren, sagte ich zu ihr. Wenn es ein Wunsch von dir ist, kannst du eine Ausbildung und ein Coaching machen und es schaffen. Statt darüber nachzudenken, überschüttete sie mich weiter mit Beleidigungen. Du verstehst nichts, du bist dumm, du bist ein Idiot, du bist lächerlich. Sie war nicht bereit zu einem sachlichen Gespräch, sondern beschimpfte mich wieder und wieder, und ich bekam das Gefühl, mich ihr gegenüber permanent rechtfertigen zu müssen. Dabei hatte ich den Eindruck, dass sie mir immer einen Schritt voraus war. Während ich noch das Gesagte analysierte, holte sie bereits zum nächsten Präventivschlag aus.

Ihr Verhalten war ungewohnt und neu für mich, ich konnte es nicht entschlüsseln, nicht greifen. Ich kannte solche Übertreibungen und Beleidigungen nicht. Stattdessen war ich gewohnt, Streitigkeiten möglichst offen, fair und sachlich miteinander zu klären. Ich war früher mit meinem Bruder sehr oft unterschiedlicher Meinung gewesen. Er war der Theoretiker, der Bücher las, ich eher der Praktiker, der von anderen Menschen lernte. Wir konnten unsere unterschiedlichen Meinungen immer stehen lassen, ohne dass es unser Verhältnis zueinander getrübt hätte. Auch mit meiner Mutter hatte ich Konflikte immer offen ausgetragen. Wir redeten Klartext, es war kein Streit, es war eher wie ein ehrliches Feedback. Und hinterher entschuldigten wir uns. Wir konnten über alles miteinander reden.

Eine derart abrupte Eskalation wie bei Laura kannte ich nicht, es war eine fremde Sprache, die ich nicht gelernt hatte. Ich versuchte tief durchzuatmen, drohende Konflikte frühzeitig zu erkennen und zu umschiffen. Doch meine äußerliche Ruhe schien sie zu provozieren, und meistens tat sich unvermittelt ein neuer Konflikt auf.

Ich gewann den Eindruck, dass sie immer einen Feind brauchte. Es konnte eine Nachbarin sein, eine Freundin, ihre Mutter oder ihr Bruder. Ich war derjenige, der sie in solchen Fällen beruhigte, der sagte: Ja, ich sehe das Problem, aber es hat keinen Sinn sich aufzuregen, bitte versuche herunterzukommen. Ich bemühte mich, diplomatisch zu bleiben, und häufig geriet ich dabei selbst unvermittelt in die Schusslinie. Sie wusste sehr gut, wie sie einen verletzen konnte. Und meistens fing sie genau dann damit an, wenn ich entspannen und mich erholen wollte. An freien Tagen, an Wochenenden, an Feiertagen. Machst du das absichtlich, fragte ich sie mehrmals, willst du mich kaputt machen mit der Zeit? Hasst du mich womöglich, kannst du mich nicht leiden? Dann sage es einfach, bat ich sie, dann werden wir darüber reden, wie wir damit umgehen. Sie gab mir keine Antworten auf meine Fragen, und ich begann alle freien Tage schon im Voraus zu fürchten. Ich hatte Angst vor den Feiertagen, vor den Wochenenden, denn sie bedeuteten Konfrontation. Was ich auch tat, es war falsch. Wenn ich lieb war, war ich schwach. Wenn ich konsequent war und sagte, so geht es nicht weiter, war ich ein Idiot und ein Penner. Besonders an ihren Geburtstagen war die Stimmung extrem schlecht. Sie zog sich in die Badewanne zurück und benahm sich wie eine Teufelin. Ich wusste nicht mehr, woran ich mit ihr war.

Ich versuchte, eine Systematik in ihrem Verhalten zu erkennen, mich zu distanzieren, zu schützen. Manchmal experimentierte ich ein wenig, um zu begreifen, was vor sich ging. Wenn sie sich über jemand anderen aufregte, gab ich zunächst vor, ihrer Ansicht zu sein. Sie sprach daraufhin weiter, in genervtem Tonfall, aber nicht aggressiv mir gegenüber. Dann änderte ich zum Schein meine Meinung und sagte: Ich sehe es doch anders als du. Und genau in diesem Moment nahm das nächste Drama seinen Lauf. Sie wusste sehr genau, wie sie einen Mann in seiner Würde verletzen konnte. Du bist kein Mann, sagte sie immer wieder zu mir, du bist kein Mann, du hast keine Eier. Ich versuchte ruhig zu bleiben. Das ist deine Meinung, sagte ich zu ihr an den Tagen, an denen es mir gelang, ihre Respektlosigkeiten nicht an mich heranzulassen. Aber wenn ich kein Mann wäre, hättest du mich wohl nicht geheiratet. Ich zweifle nicht an meiner Männlichkeit, erklärte ich ihr. Wenn sie merkte, dass sie auf diese Art nicht weiterkam, fing sie an, alles zu beleidigen, was mir wichtig war. Meine Kollegen, meine Eltern, meine Freunde. Einmal waren wir zusammen mit einem guten Freund in Nizza campen, er hatte alles organisiert. Am zweiten Tag sagte sie plötzlich zu mir, sie müsse hier sofort weg, sie bleibe nicht länger bei diesem Penner, es sei widerlich auf dem Campingplatz. Sie steigerte sich so sehr hinein, dass ich schließlich zu ihr sagte: Gut, wir steigen ins Auto und fahren.

Dein Vater ist ein Arschloch, brüllte sie ein anderes Mal, und deine Mutter ist eine Schmuddelige. Wenn ich sie fragte, weshalb und mit welchem Recht sie so über meine Eltern spreche, kam sofort wieder: Du bist kein Mann, du bist ein Depp, du bist kein Mann. Ich wollte manchmal nur noch die Pause-Taste drücken. Ich wollte so etwas nicht erleben. Ich hatte solche Erfahrungen noch nie zuvor gemacht, es war für mich eine völlig unbekannte Welt, in die ich hineingeraten war. Ich fühlte mich wie in einem fremden Land, in dem ich die Sitten und Gebräuche nicht kannte und sie mir auch mit Hilfe meiner bisherigen Lebenserfahrung nicht erschließen konnte. Mir wurde bewusst, dass es sehr schwierig werden könnte in unserer Ehe.

Doch immer dann, wenn mich die größten Zweifel plagten, kamen Momente, in denen sie sich entschuldigte, sehr inständig entschuldigte. Ich muss noch sehr viel lernen über das Leben, sagte sie in diesen Momenten, und es war jedes Mal sehr intensiv. Du bist der beste Mann, den ich kenne, sagte sie dann liebevoll. Ich glaubte ihr. Trotz aller Zweifel. Immer wieder.

Ich wurde zu ihrem Retter. Ich half ihr, einen Friseurladen aufzumachen, ich war ihr Manager im Hintergrund, weil sie Schwierigkeiten im Umgang mit Geld hatte. Ich wollte, dass sie glücklich war und weniger stritt. Wenn es Konflikte mit Kundinnen gab, übernahm ich die Kommunikation mit ihnen, war der Berater, der Vermittler. Nicht nur im geschäftlichen Bereich musste ich helfen, sondern überall, wo es Schwierigkeiten gab, bei Auseinandersetzungen mit Nachbarn, mit dem Vermieter oder mit anderen. Die Probleme schossen wie Pilze aus dem Boden.

Sie wirkte sehr dankbar für meine Unterstützung, fasziniert von meinen analytischen und diplomatischen Fähigkeiten und verhielt sich immer besitzergreifender. Sie schien mich mit Haut und Haaren vereinnahmen zu wollen. Manchmal kam sie spätabends mit dem Taxi, um mich nach Hause zu holen, egal, wo ich gerade war. Einmal rief ich sie aus der Stadt an und sagte, ich sei mit Freunden unterwegs und hätte ein wenig mehr getrunken als sonst. Kurz darauf kam ein Taxi und der Fahrer sagte zu mir: Anis, ich wurde angerufen, ich fahre dich jetzt nach Hause. Was ich am Anfang unserer Beziehung noch als Liebesbeweis gedeutet hatte, bekam nun einen bedrohlichen Beigeschmack. Sie ließ mich nicht mehr aus den Augen. Immer häufiger reagierte sie auch sehr eifersüchtig, fragte mich über Arbeitskolleginnen aus und wollte genau wissen, mit wem ich Kaffeetrinken ging und mit wem ich telefonierte. Anfangs hatte ich es für Verliebtheit gehalten, nun beschlich mich der Verdacht, dass es um etwas anderes ging. Als eines Tages eine Ex-Freundin von mir anrief, nur um zu reden, rastete Laura aus. Sie wurde immer vereinnahmender, und ich schaffte es nicht, mich dagegen abzugrenzen. Sie wollte sogar meine Hemden und Pullover tragen, ich hatte den Eindruck, dass sie am liebsten meine Unterhosen angezogen und meinen Penis besessen hätte. Es war ein Gefühl, als wohnte ich mit einer Stalkerin zusammen.

Du wirst mich nicht besitzen, sagte ich zu ihr, äußerlich ruhig und bestimmt, doch innerlich machte es mir Angst. Genau wie die Konflikte innerhalb ihrer Familie, die nun deutlicher als vorher zutage traten. Laura hatte Probleme mit ihrer Mutter, ihr Umgang miteinander war sehr grob, sie beschimpften sich häufig und schlugen sich gelegentlich. In der gesamten Familie herrschte ein rauer Umgangston, der mir fremd war und der nach unserer Hochzeit immer stärker zum Ausdruck kam.

Eines Tages nahm mich während eines Urlaubes in Italien eine Tante von Laura zur Seite. Sie sagte eindringlich zu mir: Anis, du bist ein lieber Mensch. Bring dich in Sicherheit. Hau ab vor dieser Familie. Ich war fassungslos. Ich weinte an diesem Tag, ich weinte und konnte nicht mehr aufhören. Es tat sehr weh, jemanden aus Lauras Familie sagen zu hören, ich solle von ihnen weggehen. Es war ein Gefühl, als ob ich betrogen worden wäre. Schließlich hatte ich gemeint, eine Vertrautheit zu verspüren, als ich sie kennengelernt hatte, einen Hauch von Wärme.

Als Lauras Tante mich zur Seite nahm, waren wir gerade erst in Italien angekommen. Ich war 1800 Kilometer am Stück gefahren. Nach ihren warnenden Worten stieg ich wie betäubt wieder ins Auto und fuhr alleine die ganze Strecke zurück. Laura versuchte mich zu erreichen, aber ich schaltete das Handy aus. Ich war sehr aufgewühlt und verzweifelt, ich wollte nur noch meine Ruhe.

Später erzählte ich Laura in groben Zügen, was ihre Tante gesagt hatte. Ich fragte sie, wie es mit ihrer Mutter und ihrem Vater früher gewesen sei. Und ich entdeckte, dass es viele Unwahrheiten gab und viele Wahrheiten, die so stark unterdrückt wurden, dass ich sie niemals erfahren würde.

Ich bekam die Warnungen der Tante nicht aus meinem Kopf und dachte wieder und wieder darüber nach. Eine innere Stimme mahnte laut zur Vorsicht. Doch ich hatte bisher trotz aller Schwierigkeiten an uns geglaubt, ich hatte Zeit und Emotionen in die Beziehung zu Laura investiert. Es ist nicht meine Art, etwas Gewachsenes schnell scheitern zu lassen, ohne darum zu kämpfen. Ich dachte mir, es muss Auswege geben, ich war überzeugt, die Zeit könne vieles heilen. Mit der Zeit wachsen wir zusammen, sagte ich mir, vom Alter her, von der Reife her und durch gemeinsame Erfahrungen. Ich hielt mich an dieser Hoffnung fest.

Und ich verspürte auch ein leises, ziehendes Schuldgefühl und fragte mich, welchen Anteil ich an allem haben könnte. Ich schaute in den Spiegel, verzweifelte manchmal an mir und meinen Fähigkeiten, fragte mein Spiegelbild: Vielleicht hat Laura recht? Vielleicht bin ich dumm, ein Idiot, kein Mann? Es gab Momente, in denen ich mir sagte, ich muss mich selbst beobachten. Vielleicht bin ich tatsächlich der Auslöser für ihre immer wieder hochkochende Wut. Ich kann mich nicht so schnell aus der Verantwortung stehlen, dachte ich mir, sonst lande ich in der gleichen Position wie sie. Ich versuchte zu analysieren, genau zu prüfen, ob in Lauras Beleidigungen womöglich ein Stück Wahrheit stecken könnte. Ich beschäftigte mich sehr intensiv mit dem, was sie mir an den Kopf warf. Und mit der Frage, wie sich unsere Beziehung heilen ließe. Geht es um Selbstheilung, fragte ich mich, muss ich an mir arbeiten? Oder muss ich Verantwortung für meine Frau übernehmen und sie heilen? Ist das überhaupt meine Aufgabe? Oder ist es unsere Gemeinschaft, unser Zusammensein, das geheilt werden muss? Ich war verwirrt und nicht in der Lage, eine Antwort zu finden. Doch noch immer glaubte ich daran, dass die vorhandenen Verletzungen auf einem gemeinsamen Weg in die Zukunft ein Stück weit heilen könnten, ihre Verletzungen, meine, unsere. Und noch immer gab es auch viele Momente, in denen wir friedlich und liebevoll miteinander umgehen konnten.

Laura wünschte sich ein Kind. Sie hatte von Anfang an gesagt, dass sie ursprünglich gerne sechs Kinder gehabt hätte, aber es habe mit den Männern nie geklappt. Nun wünschte sie sich wenigstens eines. Ich war einverstanden, schließlich hatte ich immer davon geträumt, ein junger Vater zu sein. Ich war fertig mit dem Studium, fest angestellt, hatte die Leitung eines größeren Projektes übernommen und war finanziell abgesichert. Ich fühlte mich bereit, Verantwortung zu übernehmen, und war überzeugt, dass es der richtige Zeitpunkt war, ein Kind zu bekommen. Es klappte nicht sofort und Laura schien sich unter Druck zu setzen, ging zum Arzt. Ich versuchte sie zu beruhigen und erklärte ihr, von mir aus könnten wir auch Kinder adoptieren. Sie wollte jedoch unbedingt ein eigenes Kind haben. Sie wollte Mutter sein, und zwar möglichst bald. 2008 wurde unsere Tochter Lilly geboren.

Allein
2009–2014

Wir genossen das Leben zu dritt. Es war neu, es war anders und es war sehr innig. Ich verbrachte viel Zeit zu Hause, hatte meine Tochter im Arm und liebte es, stundenlang mit ihr zu spielen. Laura ging völlig auf in der Mutterrolle, die sie sich so sehr gewünscht hatte. Es war eine gute Phase, in der es weniger Beschimpfungen, Beleidigungen, Auseinandersetzungen als zuvor gab. Wir hatten keine Zeit zu streiten, stattdessen waren wir mit unserem Kind beschäftigt. Und damit, eine größere Wohnung in der teuren Großstadt zu suchen und uns um Lauras Vater zu kümmern, der schwer erkrankt war.

Ich versuchte, alles so gut wie möglich zu organisieren. Ich plante, ich rechnete und stellte fest, dass wir für das Leben mit Kind und in einer teuren Neubauwohnung, wie Laura sie sich vorstellte, auf Dauer zwei Gehälter brauchen würden. Als ich sie darauf ansprach und mit ihr gemeinsam unsere neue Lebensphase gestalten wollte, fing sie an zu schimpfen. Ich fragte sie, wie sie sich die Zukunft vorstellte, wovon wir die Miete und unseren Lebensunterhalt bezahlen sollten. Was sind deine Gedanken dazu, fragte ich sie, bitte lass uns darüber sprechen. Wenn du sie nicht äußern kannst, schreib sie bitte auf. Sie explodierte und überschüttete mich mit ihrem gesamten Arsenal an Schimpfwörtern. Die gute Phase schien schnell zu Ende gegangen zu sein. Es war nicht möglich, über unsere Zukunft zu sprechen, es war nicht möglich, sich über finanzielle Fragen oder andere Themen auszutauschen. Und wenn ich abends über kleine Probleme bei der Arbeit sprechen wollte, wurde sofort ein riesiges Drama daraus. Jedes Mal fragte ich mich hinterher, warum ich ihr überhaupt davon erzählt hatte. Eine Partnerin sehe ich auch als Kumpel. Wenn ich ihr nicht vertrauen konnte, wem sollte ich dann vertrauen? Zu Hause nicht unbefangen reden zu können über das, was mich beschäftigte, bedeutete für mich eine große Einschränkung.

Unsere Konflikte wurden schnell wieder heftiger. Ich musste aufpassen, was ich sagte, jedes Wort auf die Goldwaage legen, denn alles schien bei Laura in einer Schublade zu landen, um später gegen mich verwendet zu werden. Wie ein Bumerang kamen meine kleinen Sorgen und Nöte des Alltags irgendwann zu mir zurück. Ausgeschmückt, verfälscht und mit voller Wucht. Ihre

Angriffe und ihre Abwertungen wurden immer massiver, und mir wurde klar, dass es offenbar eine Taktik war, um größtmögliche Macht über mich zu gewinnen. Die Attacken hatten System und ein Ziel. Sie wollte mich kleinkriegen, kleinhalten, mit allen Mitteln. Dabei wurde sie immer respektloser. Wie soll ich mit so jemandem leben, brüllte sie, du Idiot, du Versager. Ich mache dich fertig, ich werde dich kaputtmachen, du bist nichts. Ich werde dich finanziell ruinieren, du wirst im Gefängnis landen. Von null auf hundert. Ich fühlte mich, als sei ich ständig in Autounfälle verwickelt, die ich nicht selbst verschuldet hatte. Aus einer ganz normalen, unauffälligen Situation heraus krachte und splitterte es plötzlich. Jedes Mal erst ein Schock, dann lähmende Beklemmung und schließlich ein plötzliches Aufwallen von Schuldgefühlen und Verantwortungsgefühl, obwohl ich vorsichtig gefahren war und sämtliche Verkehrsregeln eingehalten hatte. Es gab immer mehr Kratzer im Lack, immer tiefere Schrammen und Schäden, die sich nicht mehr rückgängig machen ließen. So kam es mir oft vor.

Laura fing an, unsere Tochter als Druckmittel zu benutzen. Wenn ein Streit eskalierte, drohte sie damit, sie könne jederzeit verschwinden und Lilly mitnehmen. Ich versuchte, in Ruhe mit ihr zu reden. Ich erklärte ihr, ich müsse mir wirklich Gedanken darüber machen, ob wir weiter so miteinander leben könnten. Wir haben eine Tochter und Verantwortung, sagte ich zu ihr. Da kann man nicht einfach androhen, seine Sachen zu packen und zu verschwinden. Wir müssen reden. Sie ging nicht darauf ein. Du kannst ja gehen, sagte sie zu mir, aber das Kind bleibt da. Wie stellst du dir das vor, hast du Lilly gefragt, wollte ich wissen. Das ist mir egal, entgegnete sie. Du überweist mir Geld und das Kind lebt bei mir, denn ich bin die Mama. Gleichzeitig gab sie sich große Mühe, nach außen hin das Bild einer perfekten Mutter zu vermitteln und erklärte Freunden und Bekannten, ich sei nie für sie und unsere Tochter da, ich kümmere mich nicht um Lilly.

Jeden Tag grübelte ich darüber nach, wie ich aus dieser Situation herauskommen könnte. Mir war bewusst, dass ich früher oder später eine Entscheidung treffen musste. Spontan abzuhauen, mein Kind nicht mehr sehen zu können und meine Frau zu verlieren, entsprach mir nicht. Ich bin nicht der Mann, der die Tür schließt und einfach geht. Und sie wusste das, sie wusste auch, dass unser Zuhause ein geschützter Ort für mich war. Eine Trennung wäre ein großer Schritt gewesen, der hätte sehr sorgfältig überlegt werden müssen, eine schwerwiegende Entscheidung, die hätte in Ruhe getroffen werden müssen. Doch ich fand keine Ruhe. Es gab keine Pause.

Lauras Provokationen zielten immer direkter auf meine Würde, auf den Kern meiner Person. Du bist kein Mann, du bist kein Mann, du bist ein Weichei, einfach nur ein Versager. Ständige Wiederholungen, immer wiederkehrende Déjà-vu-Situationen, ein Teufelskreis mit nicht absehbaren Steigerungsmöglichkeiten.

Ich fragte sie: Ist dir bewusst, dass du meine Würde, meine Wurzeln, meine Familie, meine Person so sehr verletzt, dass es eigentlich nicht mehr heilbar ist? Das löste neue Wutanfälle bei ihr aus. Es fielen Wörter, die ich niemals verwenden würde. Manchmal hatte ich den Eindruck, sie wollte mich absichtlich so lange provozieren, bis ich ausrastete und sie schlug, damit sie etwas gegen mich in der Hand hätte. Mir war klar, wenn ich sie anfassen würde, wäre das für sie wie ein Sechser im Lotto, und sie würde mich ihr ganzes Leben lang damit konfrontieren. Sie würde immer Recht bekommen, denn ihr Mann wäre ein Mann, der sie geschlagen hat. Doch ich würde niemals eine Frau schlagen, das hatte ich von klein auf gelernt. Es war mir völlig fremd, Konflikte auf diese Art und Weise lösen zu wollen. Und auch Laura würde mich niemals so weit bringen, dass mir die Hand ausrutscht. Sie wusste, dass ich mit mir selbst nicht klarkommen würde, wenn ich etwas Falsches täte, wenn ich sie schlagen würde. Sie sah diese Eigenschaft offenbar als Schwäche an und sie spielte mit dieser Schwäche, überschritt immer weitere Grenzen.

Miteinander zu reden war nicht möglich, also begann ich mich zurückzuziehen. Eine schmerzhafte Wut entwickelte sich dabei in mir. Wut auf meine Frau und Wut auf mich selbst. Ich war wütend, weil ich mir nach dem Studium nicht genügend Zeit gelassen hatte, diese Frau richtig kennenzulernen. Ich fragte mich, warum ich nicht gründlicher hinter die Fassade der großen, teils übertriebenen Liebesbekundungen der Anfangszeit geschaut hatte. Und warum ich mich auf eine schnelle Hochzeit eingelassen hatte, anstatt eine langsame Entdeckungsreise mit offenem Ziel anzutreten.

Doch für solche Überlegungen war es mittlerweile zu spät. Und wenn ich Laura meinen Ärger gezeigt hätte, hätte sie das nur noch aggressiver gemacht. Ich behielt die Wut bei mir, in mir. Manchmal ließ ich sie auf der Straße heraus, um nicht daran zu ersticken. Ich lernte, beim Laufen laut vor mich hin zu schimpfen, wenn keine Passanten in der Nähe waren. Es verschaffte mir für kurze Momente ein wenig Erleichterung.

Laura begann mich immer häufiger auch vor Dritten lächerlich zu machen. Im Kreis ihrer Familie hatte sie es schon früher manchmal versucht, erst war ich der tolle, erfolgreiche Mann, dann bezeichnete sie mich vor versammelter Runde als Nichts. Ich sei dumm, ich brauche Stunden, bis ich einen Parkplatz fände, ich sei zu korrekt, ich sei ein Idiot, ich hätte von nichts eine Ahnung. Nun tat sie es auch gegenüber meinen Kollegen, meinen Freunden und ihren Bekannten. Eines Abends hatte sie eine Kundin zu uns nach Hause eingeladen. Ohne zu fragen, öffnete sie teure Weinflaschen, die Geschenke an mich gewesen waren, und fing an, mich zu attackieren. Erst kleine Spitzen gegen meine Arbeit, gegen mein Verhalten, gegen meine Person, dann deutlichere Angriffe. Ich bat sie mehrmals, nicht zu übertreiben, und versuchte das Thema zu wechseln, aber sie hörte nicht auf. Je mehr Wein sie trank, desto ausfallender wurde sie. Als sie auf der Toilette war, nahm die Kundin meine Hand und sagte tröstend: Mach dir keine Sorgen, Anis, ich weiß, wer sie ist. Ich kenne viele Geschichten, die du vielleicht nicht kennst.

An einem anderen Abend hatte Laura ohne mein Wissen alle meine Kollegen eingeladen, um meinen Geburtstag groß zu feiern. Sie hatte gekocht und die gesamte Wohnung dekoriert. An diesem Abend benahm sie sich mir gegenüber zunächst freundlich. Kaum waren die Gäste gegangen, fing sie jedoch an, sie alle niederzumachen. Einer von ihnen sei kein Mann, der nächste ein Penner, ein anderer sei Doktor und habe keine Ahnung. Sie suchte bei jedem Schwachstellen und verkaufte alle als Schwächlinge. Sie bewertete sie permanent, sie ließ kein gutes Haar an ihnen und wollte mich damit offenbar verletzten. Sie gab sich nach außen herzlich, als gute Gastgeberin, und versuchte gleichzeitig, bei jedem einen wunden Punkt zu finden, an dem sie einhaken konnte. Manchmal kochte sie absichtlich Fleisch für Gäste, von denen sie wusste, dass sie vegetarisch lebten. Es hatte den Anschein, als wollte sie mit allen Mitteln die Grenzen der Menschen austesten.

Meine Freunde schienen sich bei uns nicht mehr wohlzufühlen, vermutlich spürten sie, dass Lauras Gastfreundschaft aufgesetzt war und sie nicht als Menschen willkommen waren. Nach und nach zogen sie sich zurück. Sie begründeten es nicht, sie äußerten sich auch nicht über meine Frau, sie sagten nicht: Sie ist sehr anders als du, ihr passt nicht zusammen. Ich konnte es allerdings manchmal in ihren Augen lesen. Warum bist du mit ihr zusammen, stand da geschrieben. Es waren viele Fragezeichen im Augenkontakt, aber sie sagten nichts, weil sie enge Freunde waren. Stattdessen kamen sie immer seltener und schließlich gar nicht mehr. Es war niemand mehr da, mit dem ich vertraulich hätte sprechen können über das, was mich belastete, über meine Sorgen, über die Beklemmung, die mich befallen hatte. Und über die tiefen Verletzungen, darüber, dass meine Würde, meine Werte und meine Persönlichkeit in den Grundfesten erschüttert wurden.

Ich war allein, isoliert innerhalb und außerhalb der Partnerschaft. Und ich sah keine Möglichkeit, etwas an der Situation zu ändern. So sehr ich auch darüber nachdachte, ich fand keinen Ausweg. Ich wollte mich nicht trennen, um meine Tochter nicht zu verlieren. Und meine Frau verletzte mich weiter und weiter. Es machte mir Angst, denn ich fürchtete, niemals mehr aus dieser Verstrickung herauszukommen. Ich wusste, sie war in der Lage, Lügen zu erzählen und sehr glaubwürdig falsche Aussagen zu machen. Ich hatte es selbst oft erlebt, dass sie jemandem eine Lüge auftischte und keine Diskussion über den Wahrheitsgehalt ihrer Behauptungen zuließ. Sie glaubte offenbar selbst an diese Lügen, so sehr, dass sie sie nicht mehr in Frage stellte. Es war eine Art Gehirnwäsche, und ich wagte mir kaum vorzustellen, wohin das führen könnte. Sie könnte sich selbst verletzten und hinterher behaupten, ich sei es gewesen. Sie könnte mir Schwierigkeiten bei der Arbeit machen, dort Unwahrheiten über mich erzählen, mich wegen erfundener Dinge anschwärzen. Sie hatte sich die Telefonnummern aller Kollegen geben lassen, als sie bei uns eingeladen waren.

Um dem Grübeln, der Verzweiflung und der Angst zu entkommen, stürzte ich mich in die Arbeit. In einem unbelasteten beruflichen Umfeld zu sein, unter Kollegen, war für mich eine Erleichterung. Die Energie, die Harmonie, die Liebe, die ich immer noch in mir verspürte, investierte ich nun in die Arbeit anstatt in die bedrohlich gewordene Partnerschaft.

Unterwerfung
2015–2017
Gute Phasen gab es in unserer Ehe nur noch, wenn ich mich komplett unterordnete. Sobald ich es wagte, diese Position zu verlassen, Fragen zu stellen oder gar vorsichtige Kritik zu äußern, geriet ich sofort unter heftigen Beschuss. Häufig kam Laura in mein Arbeitszimmer und schloss die Tür ab, bevor sie auf mich losging. Offenbar sollte unsere Tochter nichts davon mitbekommen. Ich bat sie, die Tür wieder aufzumachen, denn es machte mir Angst

und ich wollte eine Fluchtmöglichkeit haben. Sie hörte nicht auf mich und kam mit bösartigem Blick immer näher. Manchmal schaute sie mir durchdringend in die Augen und sagte: Ich hasse dich! Ich hasse dich. Sie warf auch mit Gegenständen nach mir. Ich versuchte, sie zu stoppen, sagte: Spinnst du, willst du mich verletzen? Doch sie machte weiter. Sie warf mit Tellern, mit Gläsern, mit allem, was sie in die Finger bekam. Einmal schleuderte sie eine schwere, scharfkantige Pfeffermühle in meine Richtung, dieses Geschoss verfehlte nur knapp mein Auge. Ein anderes Mal schlug sie mich mit einem schweren Ring am Finger mit voller Wucht auf die Schulter. Es blutete, und die Narbe wird mich immer an die Auseinandersetzungen mit Laura erinnern. Sie trug auch einen Ring, als sie mir einmal mit der Hand mitten ins Gesicht schlug. Ich wusste nicht, wie ich mit solchen Situationen umgehen sollte. Sie war unberechenbar, unkontrolliert, wie ein Vulkan. Sie wollte mir offenbar nicht nur Angst machen, sondern mir gezielt Schmerzen zufügen. Direkt danach weinte sie oft und tat so, als habe ich sie schlagen wollen, als sei sie mir lediglich zuvorgekommen. Sie weinte wie ein kleines Kind und wirkte wie ein Opfer.

Es war nicht immer leicht, mich zu beherrschen, wenn sie mich körperlich angriff. Sie tat mir weh, so weh, dass ich manchmal am liebsten zurückgeschlagen hätte. Und ich weiß mich zu verteidigen. Wäre es ein Fremder gewesen, der mich so behandelte, hätte ich mich gewehrt. Aber ich wusste, sie wollte, dass ich zurückschlug, sie wollte es provozieren, damit sie etwas gegen mich in der Hand hatte. Deshalb musste ich es herunterschlucken.

Sie zerstörte Gegenstände, die mir wichtig waren, und Kleidung von mir. Manchmal kam sie auf mich zu, packte mein T-Shirt am Hals und zog mit einem Ruck daran, so dass es zerriss. Ratsch. Es waren Dinge dabei, die mir wertvoll waren. Es war ein sehr demütigendes Gefühl. Ich schämte mich abgrundtief dafür, dass wir so weit gekommen waren, dass sie mich so behandelte, dass ich keine Handhabe dagegen hatte. Ich hätte niemals gedacht, dass sie derartig auf mich losgehen würde, denn ich hatte mich ihr gegenüber immer korrekt verhalten. Ich hatte zwar gesehen, dass sie innerhalb ihrer Familie grob miteinander umgingen. Dennoch hatte ich mich sicher gefühlt. Ich hatte gedacht, mit dem Mann, mit dem sie zusammenlebte und von dem sie sich finanzieren ließ, werde sie so etwas nicht machen.

Laura drohte weiterhin damit, mir unsere Tochter zu entziehen, und hatte mich damit in der Hand. Lilly und ich hatten ein sehr gutes Verhältnis zueinander. Wir verbrachten viel Zeit miteinander, ich lernte mit ihr für die Schule und kochte für sie. Meiner Frau war das offenbar ein Dorn im Auge, und sie versuchte sie zu beeinflussen. Ich sei nie da, wenn man mich brauche, ich werde eines Tages auch sie im Stich lassen, wollte sie Lilly weismachen. Ich hatte große Sorge, dass Laura die Kleine eines Tages schlagen könnte. Deshalb bat ich meine Tochter, es mir zu sagen, wenn ihre Mutter sie anfasse. Und ich empfahl ihr, ihr möglichst aus dem Weg zu gehen, wenn sie anfing zu streiten. Sie solle sich nicht darauf einlassen, riet ich ihr, sondern lieber so tun, als wolle sie etwas lesen oder für die Schule lernen. Zu meiner Frau sprach ich deutliche Worte. Ich zeige dich an, warnte ich sie, falls du jemals unser Kind schlagen solltest. So etwas würde ich nicht tolerieren, in meiner Familie wird nicht geschlagen, sagte ich ihr bestimmt. Lilly sei ein eigenständiger Mensch und kein Objekt, das man wie mit einer Fernbedienung steuern könne. Sie werde wachsen, sie werde Fehler machen, sie werde lernen. Sie werde mit anderen Kindern und Lehrern zusammen sein, von ihnen neue Anregungen bekommen, eine eigene Persönlichkeit entwickeln und ihren eigenen Weg finden. Unsere Rolle sei es, das anzunehmen und ihr dort zu helfen, wo sie Unterstützung brauchen würde. Ich war mir nicht sicher, ob Laura verstand, was ich ihr sagen wollte.

Mir gegenüber war sie weiterhin sehr aggressiv, und die ständigen Beleidigungen und Entwertungen empfand ich als schlimmer als die gelegentlichen körperlichen Übergriffe.

Nach der großen Scham darüber, dass ich es nicht schaffte, mich aus ihren Gewalttätigkeiten zu befreien, stiegen intensive Schuldgefühle in mir auf. Es kam mir vor, als sei ich mit Geld hoch verschuldet. Derartig verschuldet, dass es rechnerisch gesehen keinen Ausweg mehr daraus gab. Wenn jemand 2000 Euro im Monat verdient und eine Million Euro Schulden hat, dann weiß er ganz genau: Egal, was er macht, er wird diese Million nie zurückzahlen können, denn allein die Zinsen übersteigen sein Gehalt. So ging es mir in meiner Ehe. Ich hatte das Gefühl, so hoch verschuldet zu sein, dass sie niemals von mir ablassen würde. Ich dachte immer wieder darüber nach, wie ich aus dieser verfahrenen Situation herauskommen könnte. Ich überlegte sogar, ob ich einen Kredit bei der Bank aufnehmen, ob ich ihr Geld geben sollte, damit sie mich in Ruhe ließ.

Und ich fragte mich manchmal, wer eigentlich Täter und wer Opfer in dieser Geschichte war. War ich Opfer, weil ich gedemütigt, erniedrigt und geschlagen wurde? Oder war ich womöglich auch Täter, weil ich mitmachte, weil ich Mitspieler war in den Gewaltszenen? Ich habe es zugelassen, dachte ich mir, ich habe es erlaubt, weil ich nicht konsequent genug war. Es war schon eine Art Schuld, nicht sofort eine klare Entscheidung getroffen zu haben. Ich war nicht in der Lage, die dauernden Wiederholungen zu stoppen, und dafür fühlte ich mich schuldig und zudem zutiefst ohnmächtig.

Laura versuchte mir einzureden, ich sei krank und müsse behandelt werden. Ich fragte nach, was denn behandelt werden sollte, doch sie gab mir keine konkrete Antwort. Früher war ich eine Art Therapeut für sie gewesen, der zugehört hatte und sie unterstützt hatte, dem sie dankbar gewesen war. Ich fragte mich: Ist es jetzt der Therapeut, der krank ist? Haben wir die Rollen getauscht? Vielleicht sind wir auch beide plemplem?

Ich spürte, wie meine Energie zur Neige ging und sich eine tiefe Erschöpfung in mir ausbreitete. Ich durfte nicht glücklich sein, obwohl ich alles, was mir möglich war, dafür getan hatte, dachte ich resigniert.

Mein Reservoir an Energie und Zuversicht hatte sich ein ganzes Stück weit geleert. Ich merkte, dass meine Geduld abnahm, dass ich immer dünnhäutiger wurde und häufiger kränkelte als früher. Ich hatte Darmprobleme, ich hatte Hautprobleme und ich fühlte mich, als sei ich dauerhaft erkältet, verspürte ständig Erkältungssymptome. Es schien jedoch von innen zu kommen, nicht von außen. Die Verletzungen, die Laura mir immer wieder zufügte, gingen mittlerweile bis zu einem ganz tiefen Punkt in meiner Seele. Sie saßen mental im Kopf und ich spürte sie auch im Körper. Es war, als ob ich eine große Kälte in mir trüge. Und ich wusste, es war eine permanente Gefahr für die Seele und für den Körper. Ich fing an, intensiv Sport zu treiben und mehr auf mich zu achten. Ich wollte nicht ernsthaft krank werden, denn dann wäre ich Laura noch mehr ausgeliefert als bisher. Ich wusste, dass es in meiner Familie Bluthochdruck gab und begann regelmäßig meinen Puls zu messen, stellte dabei fest, dass er ab und zu zu hoch war. Oft hatte ich das Gefühl, nicht mehr richtig Luft zu bekommen und verspürte einen Druck auf der Brust.

An manchen Tagen befiel mich aus heiterem Himmel eine tiefe, lähmende Trauer, die sich nur schwer abschütteln ließ. Ich befürchtete, dass es bis zu einer ausgewachsenen Depression nicht mehr weit sein könnte. Ich versuchte gegenzusteuern, indem ich sehr viel schlief, um mich zu erholen. Und ich las viele Artikel und Bücher zum Thema. Seit ich selbst erlebte, welche Auswirkungen psychische und körperliche Gewalt zu Hause haben konnten, hatte ich großes Verständnis für Menschen, die wegen einer schwierigen Partnerschaft depressiv werden oder zusammenbrechen. Ich war mittlerweile überzeugt, dass das jedem passieren konnte, jederzeit. Mir war klar geworden, dass es nicht nur die Sensiblen trifft, sondern auch starke Persönlichkeiten beschädigen kann, selbstbewusste Menschen, weil solche schweren psychischen Verletzungen einfach nicht kontrollierbar sind. Man versucht ständig, eine tiefe Wunde zu heilen, mit Gefühlen, mit dem Verstand, mit positiven Impulsen. Aber ob sie tatsächlich heilbar ist, oder ob sie sich schließlich doch als unheilbar entpuppt, weiß man währenddessen nicht.

Ich hielt Abstand von Laura, ich ging ihr aus dem Weg, so gut ich konnte. An den Wochenenden, wenn sie länger schlief, stand ich früh auf, um in Ruhe Kaffee trinken und frühstücken zu können. Danach schaute ich Filme an oder ging hinaus in die Natur, um ihr nicht zu begegnen. Es gab keine Nähe mehr zwischen uns, keine Streicheleinheiten und keinen Sex. Nicht, weil ich es so geplant hätte, sondern weil ich nicht mehr konnte. Ich konnte ihren Körper nicht mehr anfassen. Mir fehlte das Sexuelle, das Kuscheln, mir fehlten Umarmungen und Wärme. Laura merkte das bestimmt, doch ich konnte keine Nähe mehr zulassen und keine Nähe mehr geben. Ich fühlte mich wie eine Blume, die kein Wasser mehr bekommt – sie welkt und sie stirbt mit der Zeit.

Fluchtversuche
2018–2021
Ich fühlte mich zu jung, um den Rest meines Lebens verwelkt in einem Gefängnis zu verbringen, ohne Licht, ohne Wärme und ohne Lebensfreude. Deshalb nahm ich schließlich meine verbliebene Kraft und den Rest meines Mutes zusammen und begann mir Freiräume zu schaffen. Langsam, Schritt für Schritt, versuchte ich mich ein Stück weit aus dem komplizierten Geflecht aus Beschimpfungen, Demütigungen und Kontrolle herauszulösen.

Ich kündigte meine Retter-Rolle gegenüber Laura. Ich bin nicht mehr dein Helfer, dein Unterstützer, sagte ich zu ihr. Ich bin weder die Bank noch die Versicherung, fügte ich hinzu, und ich bin auch nicht dein Vater oder deine Mutter. Ich bin nur der Mensch, mit dem du lebst. Ich erklärte ihr, ich müsse mich mehr um mich selbst kümmern, brauche Zeit für mich. Und es könne auch passieren, dass ich verschwände, falls mir die permanenten Auseinandersetzungen und Beleidigungen eines Tages zu viel würden. Dann würde es mir egal sein, welchen Preis ich dafür zahlen müsse.

Ich zog ins Gästezimmer und hoffte, durch diese räumliche Trennung mehr Ruhe finden zu können. Laura wirkte überrascht und schien nicht zu wissen, wie sie auf die neue Situation reagieren sollte. Sie begann mir zu schmeicheln. Du bist der perfekte Mann, sagte sie wieder und wieder. Sie habe sehr viel von mir gelernt und sie könne sich ein Leben ohne mich nicht vorstellen. Ich hörte mir ihre Komplimente an, aber ich glaubte ihr nicht mehr. Lauras Beteuerungen konnten kein wirksames Gegengewicht mehr zu den tiefen und schmerzhaften Verletzungen der vergangenen Jahre bilden.

Nach außen hin akzeptierte sie die räumliche Trennung, es blieb ihr nichts anderes übrig, doch in ihr schien es zu arbeiten. Offenbar wurde ihr durch meinen Auszug aus dem Schlafzimmer klar, dass ich eines Tages tatsächlich ganz gehen könnte, und sie schien damit nicht gerechnet zu haben. Für eine Weile kehrte eine angespannte Ruhe ein. Dann sprach Laura mich an, scheinbar liebevoll. Wir haben eine gute Zeit miteinander verbracht, sagte sie, ich bin dir sehr dankbar. Und falls du gehen möchtest, musst du es mir sagen. Ihre Worte klangen freundlich, aber während sie sprach, konnte ich deutlich Hass in ihren Augen und in ihrer Mimik lesen. Es schien mir eine Vorwarnung zu sein. Der unmissverständliche und bedrohliche unausgesprochene Hinweis: Denk daran, wenn du gehst, werde ich dich fertigmachen. Du wirst mich immer am Hals haben, du entkommst mir nicht, vergiss das niemals.

Ich versuchte, nicht darüber nachzudenken, und begann, noch intensiver Sport zu treiben, etwas für meinen Körper zu tun. Ich stellte meine Ernährung um, ich kochte für mich selbst, aß bewusster als früher und nahm mehr als 20 Kilo ab. Ich merkte, wie meine Fitness und mein Wohlbefinden wuchsen, wie mein Körper sich veränderte, und konnte den Blick in den Spiegel wieder genießen.

Laura reagierte äußerst misstrauisch. Hast du eine neue Frau kennengelernt, fragte sie wieder und wieder alarmiert und spionierte mir hinterher. Sie wollte wissen, wo ich Sport trieb, was ich in meiner Freizeit machte, wohin ich ging, wen ich traf. Ich ignorierte ihre hartnäckigen Versuche, wieder mehr Zugriff auf mich zu bekommen, und trainierte eisern weiter. Außerdem investierte ich viel Zeit und Energie in meine Arbeit. Ich war seit Kurzem verbeamtet und kletterte in der Behörde Schritt für Schritt auf der Karriereleiter nach oben. Das geregelte Beamtendasein gab mir den Halt und die Sicherheit, die mir zu Hause fehlten, und ich war sehr froh über dieses Stück Stabilität in meinem Leben. Von den Kollegen erfuhr ich viel Wertschätzung und Anerkennung für meine Arbeit. Doch meine Freude darüber hatte sich eingetrübt. Ich traute mich nicht mehr, berufliche Erfolge zu feiern, denn ich hatte Angst, es stünde mir nicht zu. Das drückende Gefühl, so hoch verschuldet zu sein, dass es keinen Ausweg gab, hatte sich von meinem Privatleben bis ins Berufsleben hinein vorgeschoben. Ich merkte, dass ich viel von meinem Vertrauen in die Menschen verloren hatte, nicht nur innerhalb meiner Partnerschaft, sondern auch außerhalb. Als mir das bewusst wurde, beschloss ich, auch meine Arbeit stärker als bisher gegen Lauras Übergriffe abzuschirmen. Ich erzählte kaum noch etwas darüber und ich lud keine Kollegen mehr zu uns nach Hause ein.

Ich schaffte es endlich, Grenzen zu ziehen und nach und nach wichtige Lebensbereiche sowie ein kleines Stück Lebensfreude zurückzuerobern. Es fühlte sich gut an, einen leisen Hauch von Freiheit zu spüren. Doch mir war bewusst, dass ich die Grenzen weiter ausbauen und sichern musste und dass es dabei eine offene Flanke gab. Ich war in Sorge, welche Konsequenzen die Veränderung meines Verhaltens für unsere Tochter haben könnte. Lilly war inzwischen zehn Jahre alt und hatte viele der Auseinandersetzungen, Attacken und Verletzungen mitbekommen müssen, obwohl ich immer versucht hatte, all das so fern wie möglich von ihr zu halten. Nun, da ich für meine Frau nicht mehr so leicht erreichbar war, befürchtete ich, dass Laura ihre Wut und ihren Hass auf mich an der Kleinen auslassen könnte. Es schien sie schon länger zu stören, dass Lilly und ich ein gutes Verhältnis zueinander hatten, und je größer unsere Tochter geworden war, desto mehr hatte sich unsere Verbindung vertieft.

Tatsächlich gab es nun häufiger Konflikte zwischen Laura und Lilly. Die Kleine fing an, eine eigene Meinung zu haben und diese auch klar kundzutun. Ihre Mutter, die von ihr keine Widerworte, sondern absoluten Gehorsam erwartete, konnte mit dieser Entwicklung nicht umgehen. Sie forderte von Lilly, sie solle lernen, die Wohnung zu putzen. Doch unsere Tochter weigerte sich. Ich putze nicht, sagte sie. Daraufhin kam ihre Mutter zu mir und beschwerte sich darüber, wie Lilly mit ihr rede. Ich versuchte zu vermitteln. Es mag sein, dass du an sie die Erwartung hast, dass sie putzt, sagte ich zu meiner Frau. Doch vielleicht solltest du anders vorgehen. Du könntest sie etwa fragen, ob sie uns bei der Hausarbeit unterstützen kann, schlug ich ihr vor, du könntest sie bitten, mit dir zusammen Geschirr in die Spülmaschine einzuräumen oder andere kleinere Dinge zu tun, Schritt für Schritt. Laura wollte davon nichts hören.

Ich bekam heraus, dass sie unsere Tochter schon seit einer Weile schlug, obwohl ich sie davor gewarnt hatte, das jemals zu tun. Sie ohrfeigte Lilly, und einmal bekam die Kleine dadurch Probleme mit dem Kiefer. Ich sprach meine Frau darauf an, stellte sie zur Rede. Eine Ohrfeige sei Gewalt gegenüber unserem Kind, erklärte ich ihr, und so etwas dulde ich nicht. Sie sah es anders. Eine Ohrfeige sei nichts, meinte sie, und machte weiter. Ich fühlte mich sehr schlecht und spürte Verzweiflung in mir wachsen. Dadurch, dass es mir nicht gelang, Laura zu stoppen, fühlte ich mich mitschuldig an den Angriffen auf meine Tochter. Sie schlug sie und sie beschimpfte sie. Du wirst als Kassiererin in Istanbul enden, wenn du so weitermachst, prophezeite sie ihr und beleidigte im selben Atemzug auch noch alle ihre Freundinnen, was Lilly sehr verletzte.

Ich machte mir große Vorwürfe und viele Gedanken. Wie konnte ich meiner Tochter helfen, was konnte ich tun, damit sie nicht so einen Stress mit Laura hatte, während ich bei der Arbeit war? Ich forderte meine Frau nochmals auf, Lilly nicht mehr zu schlagen. Und ich suchte das Gespräch mit meiner Tochter, die für ihr Alter bereits sehr erwachsen war. Wir unternahmen ausgiebige Spaziergänge mit dem Hund, den wir angeschafft hatten, und wir redeten dabei miteinander. Überrascht stellte ich fest, dass ich von Lilly etwas lernen konnte. Während wir durch die Felder liefen, sagte ich ihr, dass ich mich schämte für das, was in unserer Familie passierte. Dass ich mich verantwortlich fühlte und dennoch keine Handhabe fand, etwas zu ändern. Und dass es mich bedrückte, zusehen zu müssen, wie nun auch sie Lauras Wut zu spüren bekam.

Du sollst dich nicht schämen, Papa, sagte sie zu mir. Ich weiß, dass eure Beziehung nicht in Ordnung ist und wie meine Mutter sich verhält. Es ist, wie es ist, und warum sollten wir es beschönigen? Eine solche Gelassenheit hätte ich nicht von meiner Tochter erwartet, schließlich kam sie gerade erst ins Teenageralter. Sie gab mir neue Impulse, und ich merkte, dass ich noch viel daran arbeiten musste, loszulassen, nicht nur meinen Traum von einer intakten Familie, sondern auch die beklemmenden Gefühle von Scham und Schuld.

Je deutlicher Lilly ihre Meinung gegenüber ihrer Mutter vertrat, desto schwieriger wurde es für sie. Auf einem unserer Spaziergänge erzählte sie mir, dass Laura ihr schon öfter Prügel angedroht habe. Ich schlage dich tot, habe sie dabei manchmal gesagt. Ich schärfte meiner Tochter ein, sich Hilfe zu suchen, falls so etwas passieren sollte, während ich bei der Arbeit war. Entweder du rufst mich an, wenn sie dich bedroht, oder du nimmst Kontakt zu deiner Tante auf, sagte ich ihr. Und wenn du uns beide nicht erreichen kannst, rufst du die Polizei. Dann bleibt uns nichts anderes übrig. Eines Tages rief sie tatsächlich die Polizei an, während ich in einem Meeting war. Als ich nach Hause kam, standen zwei Polizisten in der Wohnung, daneben meine Frau, die tränenreich auf sie einredete und sich beklagte, dass ihre Tochter ihr nie zuhöre und ihr nicht bei der Hausarbeit helfen wolle. Sie habe sie lediglich darum gebeten, sie beim Putzen und Kochen zu unterstützen. Lilly schaue zu viele amerikanische Serien, deswegen sei sie auf die Idee gekommen, die Polizei anzurufen. Die Polizisten glaubten meiner Frau. Sie sagten zu Lilly: Du bist ein Kind, du musst doch machen, was deine Mutter dir sagt. Wir können nicht hier herkommen, nur weil du so etwas in einer Serie gesehen hast, wir haben Wichtigeres zu tun.

Innerlich kochte ich, doch äußerlich blieb ich ruhig und bedankte mich bei den Polizisten. Es sei wichtig gewesen, dass sie gekommen seien, sagte ich zu ihnen, denn meine Tochter habe sich bedroht gefühlt und es hätte auch etwas Ernstes sein können. Als sie gegangen waren, nahm ich Lilly zur Seite und fragte sie, was passiert war. Ihre Mutter sei hinter ihr hergerannt, erzählte sie, sie habe getobt und dabei die ganze Zeit gebrüllt: Ich werde dich töten. Sie sei schließlich in ihr Zimmer geflohen und habe sich eingeschlossen. Als ich später meine Mailbox abhörte, fand ich eine Nachricht von Lilly darauf, in der sie mit Panik in der Stimme und weinend um Hilfe bat. Sie hatte versucht, mich zu erreichen, bevor sie die Polizei angerufen hatte.

Meine Frau fing an, uns zu überwachen. Sie behauptete, ich rede schlecht über sie und schwärze sie bei unserer Tochter an. Sie steigerte sich in diese Vorstellung hinein. Wenn ich mit Lilly zusammen in der Küche stand und sie fragte, was sie essen wolle, ging Laura wutschnaubend dazwischen und wollte wissen, was ich über sie behauptet hätte. Dabei redete ich nicht über sie. Ich versuchte, mich auf mich selbst zu konzentrieren. Und Lilly war mittlerweile gereift genug, um sich eine eigene Meinung zu bilden.

Manchmal wünschte ich mir, dass Laura einen reichen Mann

kennenlernen würde, einen wohlhabenden Rentner oder einen Firmenchef, der alles delegieren könnte und viel Zeit hätte, der Laura mit einem teuren Cabrio in die Toskana bringen könnte. Sie hatte mir einmal gesagt: Wenn ich jemanden gefunden hätte, der mich finanziert, hätte ich dich schon längst verlassen.

An anderen Tagen stellte ich mir vor, eine unkomplizierte Freundin zu finden, mit der ich ein wenig Leichtigkeit und Lebensfreude genießen könnte. Ich lernte eine Frau im Zug kennen, wir unterhielten uns während der Fahrt miteinander und tauschten Telefonnummern. Sie rief öfter an und sagte nach einer Weile zu mir: Anis, ich würde meinen Mann verlassen, um mit dir zu leben. Das war ein Moment, in dem ich darüber nachdachte, fremdzugehen, um einen Teil der Last loszuwerden, die ich mit mir herumtrug. Doch ich sagte mir, es wäre keine Lösung, sondern würde alles nur noch komplizierter machen. Ich erklärte der Frau, es sei nicht möglich, ich sei verheiratet.

Ich konnte mit niemandem offen über die Gewalt in meiner Beziehung reden, vielleicht aus Loyalität, vielleicht aus Angst um meinen Ruf, vielleicht aus Sorge, dass mich niemand verstehen würde. Also packte ich das Thema weg und behielt es bei mir. Nur in einem Internetforum gelang es mir, mich ein Stück weit zu öffnen. Ich schrieb einer Frau von den nicht enden wollenden Konflikten, von den Demütigungen, von den tiefen Verletzungen und von meinen Ängsten. Ich würde an deiner Stelle abhauen, riet sie mir, geh weg. Sie war eine reife, erfahrene Frau und hatte selbst schwierige Zeiten durchgemacht. Wir haben ein Kind, schrieb ich, wenn ich weggehe, verliere ich meine Tochter. Sie wird zu dir kommen, antwortete die Frau. Geh weg, lass dich nicht unter Druck setzen. Deine Tochter wird dich suchen, sie wird dich vermissen. Solche seltenen Gespräche nahm ich als Ansporn, den mühsamen Weg hinaus aus dieser Beziehung weiterzugehen.

Niemals hätte ich mir vorstellen können, dass dieser Weg an einem milden Sommerabend abrupt enden sollte, weil ich mit einem Messer bedroht worden war. Laura hatte offenbar das Gefühl, die Kontrolle über mich verloren zu haben, und schien zu allem entschlossen zu sein. Es ging nicht mehr um Demütigungen, nicht um Entwertungen oder Schmerzen. Es ging um mein Leben.

Noch nie zuvor habe ich mit der Polizei oder mit dem Gesetz zu tun gehabt, und ich lege keinen Wert darauf, überlegte ich, während ich nachts vor der verschlossenen Polizeiwache auf und ab ging. Doch es war offenbar der einzige Weg, um eine gewisse Sicherheit zu bekommen. Ich hob meine Hand und drückte auf den Klingelknopf.

Behördendschungel
2021-2022
Der durchdringende Klingelton verhallte, und es folgte Stille. Eine Weile tat sich nichts, dann fragte eine männliche Stimme aus der Gegensprechanlage, mit welchem Anliegen ich komme. Es gab einen Angriff mit einem Messer auf mich, sagte ich, und sie ließen mich hinein. Drinnen musste ich erst einmal länger warten. Mein Handy klingelte währenddessen ohne Unterlass, ich sah, dass es Laura war, und schaltete das Telefon aus.

Ich möchte Anzeige erstatten, erklärte ich den Beamten, als sie mich zu sich ins Büro riefen. Ich bemühte mich, meine Gedanken zu sortieren und begann zu erzählen, was vorgefallen war. Wir brauchen zunächst einmal Ihren Ausweis und Ihre Papiere, unterbrachen sie mich, und ich kam mir plötzlich vor wie ein Verbrecher. Ich hatte den Eindruck, dass ich sie störte, dass sie vielleicht lieber ihre Ruhe gehabt hätten, an diesem späten Freitagabend, anstatt ein Protokoll zu schreiben. Ich war nicht vertraut mit der Situation, ich fragte nach, ob es in Ordnung sei, dass sie meine Anzeige aufnehmen. Falls nicht, könnte ich mir zunächst irgendwo eine Bleibe suchen, in ein Hotel gehen, bot ich an. Was würden Sie an meiner Stelle tun, fragte ich schließlich denjenigen Beamten, der immer noch ein wenig unwillig wirkte.

Ich würde Anzeige erstatten, sagte er. Also machen Sie bitte Ihren Job, bat ich ihn, und er begann mitzuschreiben. Als er fertig war, sagte er mir, meine Frau werde nun von Kollegen aus der Wohnung geholt. Ob es etwas gebe, das dabei wichtig für mich sei. Für mich ist wichtig, dass meine Tochter nicht in Gefahr ist und dass ich nicht in Gefahr bin, erklärte ich ihm. Alles andere sei unwichtig. Dann schicke er die Kollegen jetzt los, sagte er. Ich könne entweder in der Wache oder im Auto warten. Ich setzte mich ins Auto.

Die Zeit zog sich zäh und in meinen Kopf wollte keine Ruhe einkehren. Hatte ich den richtigen Schritt getan? Wäre es besser gewesen, umzudrehen und nicht an der Polizeiwache zu klingeln? Es hatte mich sehr viel Überwindung gekostet, als Mann den Gewaltakt einer Frau anzuzeigen, meiner Frau. Was würden sie über mich denken, würden sie mich als Schwächling sehen, der es nicht schafft, sich selbst zur Wehr zu setzen? Würde ich nun wirklich Unterstützung bekommen? Ich fühlte mich nicht ernst genommen von den Polizisten und fragte mich auch, ob sie jemals eine Schulung für dieses Thema bekommen hatten. Könnt Ihr euer Problem nicht selbst lösen, schienen sie zu denken. Braucht Ihr tatsächlich die Polizei dafür? Wir seien schließlich erwachsen, hatten sie mehrmals gesagt. Ich merkte, wie Zweifel und Scham in mir aufstiegen. Doch nun gab es keinen Weg mehr zurück. Ich war aktenkundig geworden, etwas, das ich immer hatte vermeiden wollen, hatte ich mich doch als ursprünglich Nicht-Deutscher besonders verpflichtet gefühlt, die geltenden Regeln und Gesetze in diesem Land einzuhalten und niemals mit der Polizei in Kontakt zu kommen. Trotz der Erfahrung im Revier war ich den Polizisten letztendlich dankbar, dass sie nun unterwegs waren, um meine Frau aus der Wohnung herauszuholen.

Ich wartete und wartete, und nachdem ich über eine Stunde lang nichts gehört hatte, ließ ich das Auto an und fuhr langsam nach Hause. Die Straße, in der wir wohnen, lag ruhig in der Dunkelheit, kein Polizeiauto stand vor der Tür. Vorsichtig, mit zitternden Händen und einem flauen Gefühl in der Magengegend, schloss ich die Haustür auf.

Lilly schien unversehrt und alleine zu sein. Sie wirkte gefasst, stellte ich erleichtert fest und nahm sie lange in den Arm. Laura habe den Polizisten gesagt, sie habe sich mit dem Messer nur verteidigen wollen, erzählte sie mir. Sollen wir eine kurze Runde mit dem Hund gehen, fragte ich meine Tochter, doch in diesem Moment rief einer der Polizisten an. Kann Ihre Frau heute bei Ihnen übernachten, fragte er. Sie habe gegenüber den Beamten angegeben, sie wolle morgen ohnehin wegfahren, es sei also nur für eine halbe Nacht. Ich erklärte ihm, das sei nicht möglich, immerhin habe es einen Angriff auf mich gegeben. Der Polizist insistierte, doch ich weigerte mich. Schließlich kündigte er an, dass meine Frau in Begleitung von Kollegen kommen werde, um ein paar Sachen abzuholen. Sie trafen kurz darauf ein, und die Polizisten drückten mir wortlos ein Papier in die Hand, aus dem hervorging, dass für zwei Wochen ein Kontaktverbot für meine Frau bestand. Laura weinte, ging zu ihrem Kleiderschrank und in den Keller, um Sachen zusammenzupacken. Es zog sich länger hin, und die Polizisten begannen sichtlich ungeduldig zu werden. Als sie endlich gingen, hatte ich längst jegliches Zeitgefühl verloren, und an Schlaf war in dieser Nacht nicht mehr zu denken.

Die Polizei hatte mir nicht gesagt, wohin ich mich wenden konnte, um psychologische oder rechtliche Unterstützung zu bekommen. Deshalb begann ich im Internet zu suchen. Ich fand eine auf Gewaltschutz spezialisierte Rechtsanwältin ganz in der Nähe. Sie reagierte sofort, professionell und beruhigend, und ich fühlte mich bei ihr gut aufgehoben.

Meine Frau hatte sich nach dem Wohnungsverweis und dem Kontaktverbot offenbar an das Frauenhaus gewandt und dort um Unterstützung gebeten. Eine Woche nach der Attacke stand sie ohne Vorankündigung gemeinsam mit einer Mitarbeiterin des

Frauenhauses vor der Tür. Diese erklärte, sie sei gemeinsam mit Laura gekommen, damit sie ihre Sachen holen könne. Ich bat beide, draußen zu warten, bis ich die Polizei angerufen hätte. Schließlich bestand ein Kontaktverbot. Laura kam jedoch ohne zu zögern zusammen mit der Mitarbeiterin des Frauenhauses herein. Ich wies nochmals darauf hin, dass ein Kontaktverbot bestehe. Daraufhin sagten sie, sie würden nur weitere Sachen holen und dann wieder gehen. Ich wartete drei Stunden lang auf der Terrasse, bis sie fertig waren.

Ich verspürte ein tiefes Bedürfnis nach Ruhe, danach, zunächst einmal Abstand von allem zu gewinnen, nachdenken zu können. Aber Laura schien nicht lockerlassen zu wollen. Kurze Zeit später erhielt ich eine Vorladung wegen vorsätzlicher Körperverletzung. Meine Frau hatte offensichtlich zwei Wochen nach meiner Anzeige eine Gegenanzeige erstattet. In der Nacht, in der sie mit dem Messer in der Hand auf mich losgegangen war, hatte die Polizei keine Aussage von ihr aufgenommen. Jetzt behauptete sie, ich hätte über einen Zeitraum von zwei Jahren hinweg, von 2017 bis 2019, körperliche Gewalt ausgeübt.

Meine Rechtsanwältin reagierte gelassen. Laura versuche, das Ganze gegen mich zu drehen, vermutete sie und forderte die Akten an. Darin fanden sich weitere pauschale Vorwürfe. Sie hätte Probleme mit ihrer Schulter, weil ich sie ständig geboxt hätte, hatte Laura angegeben. Außerdem hätte ich sie krank machen wollen und sie habe immer Angst gehabt vor meinen Reaktionen. Mit dem Messer hätte sie sich nur verteidigen wollen, sie hätte es nicht, wie von mir angegeben, aus einer Schublade genommen, sondern es hätte zufällig herumgelegen.

Die Anwältin las sich alles durch und versuchte mich zu beruhigen. Sie erklärte mir, sie sehe sehr viele Brüche in dieser Version der Geschichte. Für sämtliche Vorwürfe gebe es keinerlei Belege, deshalb werde das Verfahren mit Sicherheit eingestellt. Sie verstehe, dass es mir weh tue, mit derartigen Vorwürfen konfrontiert zu werden. Es sei aus ihrer Sicht ein verfälschender Akt, sagte sie zu mir, doch ich hätte mein Leben wieder und meine Tochter sei bei mir. Es sei nun wichtig, dass es Lilly und mir so gut wie möglich gehe. Alles andere sei zunächst einmal unwichtig. Meine Frau werde vermutlich nicht so schnell aufhören mit ihren Beschuldigungen, warnte sie mich. Sie wirke sehr entschlossen, mir zu schaden, und zugleich erscheine sie sehr unstrukturiert. Solche Fälle verursachten ihrer Erfahrung nach meistens viel Arbeit und hohe Kosten.

Ich fühlte mich weiterhin bedroht und fragte mich, ob es auch spezielle Unterstützungsangebote für gewaltbetroffene Männer gab. Ich suchte im Internet und stellte fest, dass bundesweit nur wenige Beratungsstellen für Männer existierten. Ich fand eine, die zwar ein Stück von meinem Wohnort entfernt war, die aber auch telefonische Beratungen anbot. Die Mitarbeiter reagierten schnell. Auch sie gingen davon aus, dass Laura so bald nicht lockerlassen würde. Vor allem das Stalking höre ihrer Erfahrung nach in solchen Fällen oft sehr lange nicht auf. Sie rieten mir, über einen neuen, offiziell angekündigten Abholtermin für weitere Sachen von Laura vorsorglich die Polizei zu informieren. Meine Frau wollte an diesem Tag gemeinsam mit ihrem Bruder kommen. Ich kannte ihn nicht näher, doch sie hatte mir immer mit ihm gedroht. Ich rufe meinen Bruder, hatte sie oft zu mir gesagt, und der wird dich fertigmachen. Ich rief bei der Polizei an, und die informierte alle Streifenwagen darüber, dass es am Abholtermin möglicherweise Ärger geben könnte.

Ich war sehr nervös an diesem Tag. Ich hatte große Angst, dass die Situation eskalieren könnte, deshalb hatte ich beschlossen, mich völlig herauszuhalten, und zwei Kollegen gebeten, als Zeugen dabei zu sein.

Meine Frau hatte zwei LKW organisiert und nahm sich sehr viel Zeit. Sie ließ einen Tisch, ein Sofa, mehrere Stühle und andere große Möbelstücke verladen, dazu unzählige schwere Kartons.

Sie schien den gesamten Hausrat mitnehmen zu wollen. Es war mir egal. Hauptsache, ich hätte danach endlich Ruhe, Hauptsache, Laura und ihre gesamte Familie würden endgültig aus meinem Leben verschwinden.

Als meine Frau merkte, dass sie keinen Zugriff auf mich mehr hatte, begann sie, unsere Tochter anzurufen, wieder und wieder. Jedes Mal sagte sie zu ihr: Ich muss dir die Wahrheit über deinen Vater erzählen. Lilly entgegnete ihr, das interessiere sie nicht, doch Laura ließ nicht locker. Also sagte Lilly eines Tages zu ihr: Ich gebe dir eine Minute Zeit. Sag mir die Wahrheit über meinen Vater, sag sie mir jetzt, sonst glaube ich dir nie wieder. Laura beschimpfte sie, dass sie so nicht mit ihrer Mutter reden dürfe, und machte weiter mit ihren Andeutungen. Es war wie eine Gehirnwäsche. Dein Vater ist Terrorist, sagte sie schließlich zu unserer Tochter, er ist Terrorist. Als Lilly ihr nicht glaubte, fing sie an, mit ihr zu streiten.

Nach dem Angriff auf mich hatten wir versucht, im Eilverfahren eine Umgangsregelung zu finden. Doch der Versuch war gescheitert, weil Lilly ihre Mutter nicht sehen wollte. Die Erziehungsberatung der Stadt sollte schließlich eine Lösung finden. Sie baten mich, Kontakt zu ihnen aufzunehmen, und eine Mitarbeiterin erzählte, auch sie werde ständig von meiner Frau angerufen. Laura frage sie permanent, warum sie noch keinen Kontakt zu ihrer Tochter habe. Sie habe zu ihr gesagt, es bestehe überhaupt kein Kontaktverbot mehr zu mir. Dabei war dieses mittlerweile um mehr als sechs Monate verlängert worden. Lilly wollte ihre Mutter nicht sehen, Laura insistierte. Für mich war es eine sehr schwierige Situation. Eine Mediation, mit Laura an einem Tisch zu sitzen, war für mich nicht mehr vorstellbar. Deshalb sagte ich meiner Tochter, ich würde ihr Schutz und Sicherheit geben. Ob sie ihre Mutter sehen wolle, müsse sie allerdings selbst entscheiden.

Unsere Anzeigen wurden nicht weiterverfolgt. Meine nicht, weil es keine Augenzeugen für den Angriff auf mich gab. Lauras nicht, weil ihre Vorwürfe nicht belegbar waren. Doch mir war klar, dass noch einige Zeit vergehen würde, bis alles endgültig vom Gericht und den Behörden geklärt sein würde.

Am Ende dieses Weges würde die Scheidung stehen. Ein Thema, das für mich immer tabu war. Es gab bis dahin keine Scheidungen in meiner Familie. Doch schon als ich Anzeige erstattet hatte, war klar gewesen, dass ich ab sofort nicht mehr das Vorbild war, das ich immer sein wollte. Stattdessen war ich ungewollt Teil einer Eskalation geworden.

Ich hatte mir mittlerweile ein verlässliches Hilfsnetzwerk geschaffen und war mir sicher, dass mich meine Anwältin, die Männerberatungsstelle und alle anderen Beteiligten auf dem weiteren Weg unterstützen würden. Das Einzige, was mir nicht gelang, war, in meinem persönlichen Umfeld über alles zu sprechen. Ich traute mich nicht, Freunden oder Kollegen zu erzählen, was passiert war. Ein Angriff mit einem Messer, das war zu gewalttätig, das ging zu tief. Und welche Ängste und Unsicherheiten es in mir ausgelöst hatte, war Außenstehenden nur sehr schwer zu vermitteln. Ich erzählte ihnen, dass wir Stress miteinander gehabt hatten und getrennt waren. Ich sprach nicht über die Fragen, die mich tatsächlich umtrieben: Warum ist das passiert, wie konnte es so weit kommen und was ist mein Anteil an der Geschichte? Als ein wenig Ruhe in die laufenden Verfahren eingekehrt war, begann ich, gründlich über alles nachzudenken.

Gedankenreise
2022

Es blitzten immer neue Erinnerungssplitter in mir auf. Sie kamen im Bad, beim Kochen, beim Autofahren. Bilder, Szenen, Worte, die genauso schnell verschwanden, wie sie erschienen waren. Es gelang mir nicht, sie festzuhalten. Manchmal konnte ich sie zeitlich nicht richtig zuordnen. Ich hatte offenbar sehr viele Bilder gespeichert, aber ich kannte den genauen Speicherort nicht und werde ihn vermutlich niemals kennen. Ich schien diese Splitter, die sich schlagartig in mein Bewusstsein drängten, verschluckt zu haben, weil ich sie als Defizite sah.

Ich beschloss, die Bilder als Hinweise darauf zu sehen, worüber ich nachdenken sollte. Ich wollte begreifen, was passiert war, und vor allem, warum es passiert war. Warum wollte Laura mich fertigmachen, warum wollte sie mich vernichten? Mir war klar, dass die Psyche immer auch etwas mit der Kindheit zu tun hat. Lag es an Lauras schwieriger Beziehung zu ihrer Mutter, daran, dass sie in einer Familie mit sehr rauem Umgangston aufgewachsen war, dass sie als Kind geschlagen worden war? Oder war ich das Problem, was war mein Anteil an dem Hass, an den Verletzungen? War ich womöglich zu sensibel? Oder war es ein Fehler, dass ich mich zu spät gewehrt hatte, weil ich mich immer korrekt verhalten wollte und Angst hatte zu scheitern? Hatte ich mich von meiner Sehnsucht nach Wärme in die Irre führen lassen? Liebe hat nicht viel mit Vernunft zu tun, wenn es so wäre, hätte ich nicht so eine Frau in meiner Nähe gehabt.

Die Situation war für sie offenbar bedrohlich geworden, als ich damit begonnen hatte, mein Leben umzustellen. Ich konnte sie nicht ändern, also fing ich an, mich zu verändern, und sie musste erkennen, dass sie mich nicht mehr unter Kontrolle hatte. Der Angriff mit dem Messer war nur das Ende einer längeren Entwicklung gewesen. Und manchmal war ich sogar dankbar für diesen Akt, für diesen Befreiungsschlag, den ich aus eigener Kraft wahrscheinlich nicht geschafft hätte.

Ich machte mir viele Gedanken darüber, welchen Anteil meine Frau und welchen Anteil ich selbst an der Eskalation gehabt hatte. Und ich dachte auch viel über das Vorgehen der Polizei und der Behörden nach, das ich erlebt hatte, und darüber, was sich daran ändern ließe.

Meistens greifen sie erst dann ein, wenn etwas Schwerwiegendes passiert, obwohl es fast immer schon lange vorher Probleme gibt. Ich fände es wichtig, eine fachlich kompetente Anlaufstelle zu haben, bevor es lebensgefährlich wird. Es bräuchte eine Art Trennungsberatung, Unterstützung dabei, dass jeder nach einer Trennung oder Scheidung seinen Weg gehen kann. Es müsste außerdem eine bessere Vernetzung von Hilfsangeboten geben, denn nicht jeder ist in der Lage, sich alles selbst zusammenzusuchen, so wie ich es tun musste. Dabei war mir aufgefallen, dass es jede Menge Projekte mit Pilot-Charakter gibt. In solche Projekte auf Zeit wird offenbar viel investiert. Doch irgendwann sollte aus meiner Sicht aus all diesen Pilotprojekten ein festes, verlässliches Hilfsnetz werden, und damit ist das Ganze auch ein politisches Thema.

Gerade für Männer scheint es schwierig zu sein, sich Hilfe zu suchen und dabei ernst genommen zu werden. Ich hatte bei der Polizei und anderen Institutionen jedenfalls das Gefühl, dass sie mir, wäre ich eine Frau, mehr Glauben geschenkt hätten. Auch von anderen betroffenen Männern hörte ich in Gesprächen, dass sie Angst hatten, nicht als glaubwürdig eingeschätzt zu werden. Denn Männer treten öffentlich meist als Gewalttätige in Erscheinung, selten als Betroffene. Durch meine eigene Erfahrung bin ich aufmerksamer geworden. Häufig höre ich in den Nachrichten, dass jemand wegen einer Beziehungstat starb. Anfangs fragte ich mich immer, ob es ein Mann oder eine Frau war. Mittlerweile interessiert es mich nicht mehr, denn jeder Fall ist schlimm. Ich fürchte, dass die Zahlen weiter steigen werden, denn die Gewalt nimmt zu in unserer Gesellschaft, unabhängig vom Geschlecht. Deshalb fände ich es wichtig, dass mehr dagegen getan wird.

Falls es in Beziehungen, so wie bei uns, Kinder gibt, sollten sie möglichst früh mit einbezogen werden, damit sich die Gewalt nicht immer weiter fortsetzt. Sie fängt in den Häusern und Wohnungen an, die Kinder beobachten psychische oder körperliche Gewalt zwischen ihren Eltern, übernehmen sie womöglich und tragen sie nach draußen in die Gesellschaft. Oder sie werden selbst zu Opfern.

Ich hatte versucht, Lilly zu einem Sozialpädagogen an ihrer Schule zu schicken, damit sie mit einer neutralen Person über ihre Erfahrungen und Sorgen sprechen konnte, doch leider wollte sie nicht. Vielleicht müsste es neutrale Beratungseinrichtungen speziell für Kinder und Jugendliche geben.

Auf jeden Fall mache ich mir viele Gedanken darüber, welche Auswirkungen die Schläge und die Erfahrung der Gewalt zwischen den Eltern und ihr gegenüber auf meine Tochter haben werden. Und auch darüber, wie sie mit der Trennung ihrer Eltern umgehen wird.

Eines Tages lud ich zwei Bekannte in ein Café ein, um mehr über das Thema Trennung zu erfahren, um mich gedanklich darauf vorbereiten zu können. Sie waren ein Paar und hatten beide Scheidungen hinter sich, als sie zusammenkamen. Darf ich euch etwas fragen, sagte ich zu ihnen. Was habt ihr mitgenommen aus euren früheren Beziehungen? Beide antworteten wie aus einem Mund: Hass. Diese Antwort bedrückte mich. Ich dachte mir, es kann doch nicht sein, dass man 15 oder 20 Jahre lang mit jemandem zusammenlebt und am Ende nur Hass mitnimmt. Es machte mich sehr traurig, so etwas zu hören. Denn Hass war für mich ein Gefühl, das ich auf keinen Fall den Rest meines Lebens mit mir herumtragen wollte.

Ich rede gegenüber anderen nicht schlecht über Laura, und ich wünsche ihr auch keine Strafe für das, was sie getan hat. Warum sollte ich der Mutter meiner Tochter so etwas wünschen? Und was würde ich damit erreichen? Ich glaube, eine Strafe würde nichts bringen. Vielmehr wünsche ich ihr, dass sie lernt, besser mit sich selbst klarzukommen, und dass sie künftig niemand anderem mehr so schaden wird wie mir. Ich hoffe, dass sie es versucht und dabei geeignete Unterstützung findet.

Ich habe immer noch Angst vor ihr und vor möglichen Racheaktionen. Auf der Straße drehe ich mich um, um mich zu vergewissern, dass sie mich nicht verfolgt. Vor allem im Dunkeln glaube ich manchmal, ihre Schritte hinter mir zu hören. Wenn ich zu meinem Auto gehe, schaue ich mehrmals nach, ob sie sich vielleicht irgendwo versteckt, um mir aufzulauern. Und ab und zu meine ich, sie abends vor dem Haus stehen zu sehen, so, als ob sie sich Zutritt verschaffen wolle.

Ich bin mir nicht sicher, wie Laura mich künftig einordnen wird, ob sie mich als ehemaligen Retter sehen wird, den sie in Ruhe lassen kann, oder als Feind, den sie weiterhin erbittert verfolgen muss. Davon wird es sicherlich abhängen, ob Lilly und ich tatsächlich in Gefahr sind oder nicht.

Seit Laura weg ist, fühlen wir uns zumindest im Haus wesentlich entspannter als vorher. Es ist Ruhe eingekehrt, eine friedliche Stimmung, verbunden mit Ungewissheit, was die Zukunft angeht. Diese Ungewissheit fühlt sich jedoch nicht bedrohlich an.

Kürzlich war ich zusammen mit anderen Kollegen bei meiner Vorgesetzten zum Essen eingeladen. Sie schaute mich den ganzen Abend über prüfend an und sagte schließlich: Sie sind sehr nachdenklich. Das brauchen Sie nicht zu sein. Sie sind ein toller Mensch. Ich antwortete, ich sei nachdenklich, weil ich das Vertrauen in andere Menschen verloren hätte oder es zumindest in Frage stellte. Sie sagte, das könne sie gut verstehen. Aber es komme etwas Besseres im Leben.

Ich hoffe, dass sie recht hat und dass nun ein neues Lebenskapitel, ein neuer Lebensabschnitt beginnen kann. Ich versuche, es als Chance zu sehen, dass ich nun nicht mehr mit einer Person zusammenlebe, die mich so viel Energie gekostet hat.

Nach dem intensiven Nachdenken kommt allmählich die verschwunden geglaubte Hoffnung zurück. Langsam, zaghaft, aber deutlich spürbar und sehr wohltuend. Es ist wie mit den Blumen, die nicht genügend gegossen werden. Sie welken und sterben mit der Zeit, sie lassen die Köpfe hängen. Doch sobald sie ein wenig Wasser bekommen, richten sie sich wieder auf. Sie haben eine Stärke, die mich schon immer beeindruckt hat. Mein Wasser ist die Hoffnung.

Bachata
2022

Die Hoffnung stirbt zuletzt, das war schon immer mein Motto. Und Hoffnung bietet Spielraum für Neues, für Entdeckungen und Erfahrungen.

Ich habe mich spontan zu einem Tanzkurs angemeldet. Lilly hat den Kurs für mich ausgesucht, es ist Bachata, ein sehr sinnlicher Tanz, eine Musik, die mir gefällt und die mich bereichert.

Als ich bei der Tanzschule anrief, wollten sie zunächst meine Größe und mein Alter wissen, dann fragten sie, ob ich eine Partnerin hätte. Nein, sagte ich, und ohne, dass ich es beabsichtigte, klang es hart und abweisend.

Zur ersten Stunde ging ich mit einem mulmigen Gefühl in der Magengegend. Partnerin, dachte ich mir, bloß nicht, ich will dieses Wort nicht mehr hören. Wir waren eine größere Gruppe, und die Tanzlehrerin wollte wissen, wer mit Partner da sei und wer ohne. Außer mir waren es lauter Frauen, die allein gekommen waren. Eine von ihnen kam sofort auf mich zu und fragte, ob sie mit mir tanzen dürfe. Ich sagte ja und dachte mir dabei: Ich bin solo und ich will auch solo bleiben, aber ich darf das nicht laut sagen. Die Frau fragte, wie ich heiße, und ich merkte, wie ich während ihrer Frage innerlich zurückzuckte wie von einer heißen Herdplatte. Eine ungewohnte Scheu befiel mich, hemmte mich, und es gelang mir nicht, unbefangen zu reagieren. Die Frau nahm meine Hände in ihre, und als sie sie berührte, sprangen in meinem Kopf Alarmglocken an und ich begann zu schwitzen. Es war mir zu nah, es ging mir zu schnell, ich wollte nicht von einer Frau an den Händen festgehalten werden, so wie damals von Laura in der Latino-Bar. Nein, ich will keine Partnerin, keine Verantwortung, keine Beziehung, schoss mir durch den Kopf. Ich will meine Ruhe und Abstand.

Nach wenigen Minuten kam die Trainerin zu uns und sagte, es gebe andere Frauen, die auch tanzen wollen. Möchten Sie wechseln, fragte sie mich. Erleichtert stimmte ich sofort zu. Meine Tanzpartnerin reagierte sehr enttäuscht. Schade, sagte sie, schaute mir dabei in die Augen und ließ meine Hände nur zögernd los. Es macht mehr Spaß solo, sagte ich freundlich zu ihr, glauben Sie mir.

Danach wechselte ich häufiger die Tanzpartnerin, und das machte es mir einfacher, mich auf die Tanzfiguren und die damit verbundene Nähe einzulassen. Ich überließ mich endlich dem Rhythmus der Musik, schaltete meine Gedanken aus und konzentrierte mich auf Schrittfolgen, auf Drehungen, lockere Hüftschwünge und Wellen, auf meinen Körper und auf den der jeweiligen Tanzpartnerin. Weiche Bewegungen begannen immer harmonischer ineinanderzufließen, und ich spürte warmes Glück und frische Energie in mir wachsen. Doch auf der Rückfahrt merkte ich, dass die wiedergefundene Hoffnung immer noch mit meinen über Jahre gewachsenen Ängsten ringen musste. Sie wollten nicht weichen. Ich versuchte, die Hoffnung mit Argumenten zu unterstützen. Ich sagte mir, die Menschen gehen in einen Kurs, um zu tanzen, um etwas zu lernen, um ein Hobby zu haben. Natürlich ist bei einem erotischen Tanz wie Bachata, einem Tanz, der mit großer körperlicher Nähe verbunden ist, immer irgendwo eine Tür zu einer Beziehung offen. Doch falls ich tatsächlich eines Tages vor so einer Tür stehen sollte, muss ich nicht durch sie hindurchgehen, machte ich mir klar. Warum dachte ich über Beziehungen nach? Ich wollte tanzen. Dieser Gedanke befreite mich.

In der nächsten Tanzstunde traf ich wieder auf die Frau, die sofort meine Hände genommen hatte und sie nicht loslassen wollte. Es gelang mir, locker zu bleiben, mich auf meine Schritte zu fokussieren, auf den Tanz und die Musik, darauf, einfach zu sein.

Ich muss das üben, dachte ich mir, ich muss es immer wieder tun, so lange, bis meine Ängste nachlassen. Ich muss jeden Tag üben, das Leben wieder genießen zu können. Das hat auch mit Bereitschaft zu tun. Hoffnung ist für mich die Bereitschaft, weiterzuleben. Ich möchte weiterleben, ich möchte noch etwas erleben und bewegen. Ich möchte wieder lernen zu träumen und dabei am liebsten nicht alleine sein.

Doch was sind meine Träume? Ich muss sie erst wiederfinden, nicht nur die Träume, sondern auch mein Vertrauen, meinen Mut und meine Werte, die durch die Beziehung zu Laura in Frage gestellt wurden. Und dafür möchte ich mir Zeit lassen. Erst danach kann ich mich wieder vorsichtig auf die Suche nach der Liebe machen. Ich glaube, ein Mensch braucht die Liebe zum Leben. Sie ist etwas Besonderes, für die Liebe gibt es keine kleine Definition. Es können große Gefühle sein oder viele kleine Gesten. Es ist etwas Schönes, das nicht beschreibbar ist. Ob ich die Liebe jemals wiederfinden werde, ob ich sie erkennen werde und ob es mir gelingen wird, mich darauf einzulassen, weiß ich nicht. Das Leben bietet viele Überraschungen, es ist eine dauerhafte Reise. Vielleicht auch ein Tanz.

Psychische Gewalt gegen Männer und ihre gesellschaftlichen Hintergründe

In der Geschichte von Anis finden sich viele typische Elemente psychischer Gewalt wieder. Wie bei Eva beginnt die Beziehung mit einer ungewöhnlich großen Intensität, um später ohne triftigen Grund zu kippen. Spätestens nach der Hochzeit von Anis und Laura ist der Alltag gekennzeichnet von anhaltenden Aggressionen gegen ihn, erst verdeckt, dann offener. Fast jeden Tag erlebt er Beleidigungen, Entwertungen und Demütigungen, die ihn in seiner Persönlichkeit und in seiner Männlichkeit treffen. Von Anfang an ist auch diese Beziehung geprägt von einem sehr starken Bedürfnis nach Kontrolle auf Lauras Seite. Was, wie bei Eva und Marco, zunächst als Fürsorglichkeit erscheint, entpuppt sich schnell als Überwachung.

Laura will von Anfang an ganz genau wissen, wo Anis sich aufhält, sie holt ihn abends sogar manchmal mit dem Taxi zu sich nach Hause. Später isoliert sie ihn nach und nach von seinen Freunden, so dass er sich am Ende niemandem mehr anvertrauen kann.

Wie bei Eva auch wird außerdem sein Helferinstinkt stark angesprochen. Seine Frau ist mit der Organisation ihrer selbständigen Arbeit überfordert und bittet ihn immer wieder, sie zu unterstützen. »Ich wurde zu ihrem Retter«, sagt er selbst, und er war es zunächst gerne. Laura betrachtet seine Hilfe als selbstverständlich und attackiert ihn weiter. Ihre permanenten, versteckten Andeutungen und offenen Demütigungen, auch vor Dritten, sind Techniken der Destabilisierung. Schließlich kommen auch körperliche Angriffe hinzu. Zwischendurch gibt es immer wieder Momente, in denen sie ihm schmeichelt und versucht, intensive Nähe herzustellen.

Anis weiß nicht, wie er mit ihrem aggressiven und widersprüchlichen Verhalten umgehen soll. Er findet, auch aufgrund seiner Erziehung und Herkunft, keine adäquate Sprache, um

Lauras Provokationen zu begegnen und ihre Angriffe gegen ihn zu stoppen. Er versucht, mit ihr zu reden, sachliche Argumente auszutauschen, wie er es gelernt hat. Doch sie weicht aus, und sein Intellekt, der ihm sonst meistens weiterhilft, kann in dieser Konstellation nichts bewirken. Er ist verwirrt, beginnt zu grübeln und die Ursachen für die Eskalation bei sich selbst zu suchen, aber er findet keine Anhaltspunkte.

Also versucht er, die andauernde Gewalt zu vermeiden, indem er in die Arbeit flüchtet. Er holt sich dort Anerkennung und Zuspruch, und er verdrängt die belastenden Probleme zu Hause eine ganze Zeit lang. Sicherlich ein Verhalten, das besonders für Männer typisch ist.

Auch die explizite Drohung seiner Frau, ihm im Falle einer Trennung seine Tochter zu entziehen, hält ihn davon ab, sich entschiedener zur Wehr zu setzen und die Ehe zu beenden. Ein typischer Mechanismus. »Kinder werden in Beziehungen, die von psychischer Gewalt geprägt sind, häufig (…) als das weitere Kampffeld genutzt. Das Kind gehört mir (…) Den Gewaltausübenden geht es auch darum, über die Kinder die Besitzverhältnisse am Partner fortzusetzen«, stellt die Rechtsanwältin Birgitta Brunner, die seit Jahrzehnten auch Betroffene psychischer Gewalt berät, immer wieder in der Praxis fest. (Das gesamte Interview mit Birgitta Brunner ab Seite 227.)

Zudem betreibt Laura Schuldumkehr. Wenn sie mit ihren Attacken nicht weiterkommt, beginnt sie zu weinen, beschuldigt Anis, sie fertigmachen zu wollen und stellt sich als Opfer dar. Nach ihrem Angriff mit einem Messer auf ihn versucht sie, ihm in einer Gegenanzeige die Schuld an ihrem Verhalten zuzuschieben.

Polizei und Behörden tun sich oft sehr schwer damit, die Muster und die Auswirkungen psychischer Gewalt zu erkennen und dafür geeignete Maßnahmen in die Wege zu leiten. Besonders der Umgang mit männlichen Betroffenen scheint für viele Institutionen noch Neuland zu sein. Fast ein Fünftel der Betroffenen häuslicher Gewalt sind Männer. Die Partnerschaftsgewalt zum Nachteil von Männern scheine von zunehmender Relevanz zu sein, stellt das Bundeskriminalamt fest, doch diese Tatsache passt offensichtlich nicht in die in unserer Gesellschaft immer noch vorherrschenden Rollenbilder.

Das macht es den Betroffenen schwer, ihre meist sehr ausgeprägte Scham zu überwinden und sich Unterstützung zu suchen. Und wenn sie diesen Schritt schließlich wagen, fühlen sie sich oft nicht ernst genommen, eine Erfahrung, die viele der betroffenen Männer gemacht haben, mit denen ich während meiner Recherchen gesprochen habe. Auch Anis ergeht es so, als er sich nach dem Angriff auf ihn an die Polizei wendet. »Ich fühlte mich nicht ernst genommen von den Polizisten und fragte mich auch, ob sie jemals eine Schulung für dieses Thema bekommen hatten«, überlegt er.

Wenn Männer über ihre Gewalterfahrungen reden, werde ihnen schnell vorgeworfen, ein Waschlappen zu sein, diese Beobachtung machen auch Beratungsstellen für Männer. Sie sollen doch einfach zurückschlagen, empfehle man den Betroffenen oft, und sich nichts gefallen lassen. Solche Erfahrungen begünstigen ein Klima des Schweigens und der Scham, sowohl hinsichtlich körperlicher als auch hinsichtlich psychischer Gewalt. »Es wird viel zu wenig anerkannt, dass Gewalt, Macht und Verletzbarkeit in einer Beziehung nicht nur mit körperlicher Stärke und körperlichen Verletzungen zu tun haben, sondern auch ganz viel mit psychischer Gewalt. Und wenn der Mann mehrmals versucht, sich zu offenbaren und sein Leid oder seine Situation zu erklären, und wenn er auch nach dem dritten Mal hört, aber du bist doch größer, du bist stärker, du kannst doch Kampfsport, dann wird natürlich die Schwelle immer höher, sich Hilfe zu suchen«, erklärt Philipp Schmuck, Leiter der Beratungsstelle Häusliche Gewalt gegen Männer beim Institut für Soziale und Kulturelle Arbeit in Nürnberg. (Das gesamte Interview mit Philipp Schmuck und seinem Kollegen Dirk Geldermann ab Seite 209.)

Bis jetzt gibt es in Deutschland nur wenige solcher Beratungsstellen für Männer, die häusliche Gewalt erfahren. Und das Angebot an Männer-Schutzwohnungen deckt den Bedarf bei Weitem nicht, oft müssen Betroffene abgewiesen werden. Auch die Nachfrage nach telefonischer Beratung ist groß. Seit April 2020 gibt es ein bundesweites Hilfetelefon für Männer, eingerichtet von den Bundesländern Nordrhein-Westfalen und Bayern, seit Frühjahr 2021 beteiligt sich auch Baden-Württemberg mit einer finanziellen Förderung daran.

Mit diesem Projekt wollen die beteiligten Bundesländer nach eigener Aussage auch das öffentliche Bewusstsein für das Thema schärfen. Genauso, wie die Länder gemeinsam Gewalt gegen Frauen bekämpfen, solle das Hilfetelefon einen Anstoß für die Bekämpfung von Gewalt gegen Männer geben. Mit einer derartigen Zusammenarbeit könnten solche tabuisierten Themen konsequent in der Gesellschaft platziert werden, so die Hoffnung. Bis dies tatsächlich erreicht ist, dürfte es allerdings noch ein sehr langer Weg sein.

Die Zusammenhänge beim Thema psychische häusliche Gewalt sind meistens komplex, und die weit verbreiteten Täter-Opfer-Schubladen bilden die dahinterstehenden Dynamiken nur unzureichend ab.

»Mir war klar, dass die Psyche immer auch etwas mit der Kindheit zu tun hat«, sagt Anis und spricht damit einen wichtigen Aspekt an. Seine Frau wuchs in einer Familie mit sehr rauem Umgangston auf und wurde als Kind geschlagen, was bei ihr offenbar zu einer hohen emotionalen Instabilität führte. Er selbst hingegen lernte in seiner Familie, sich so korrekt wie möglich zu verhalten, sich anzustrengen und gute Leistungen zu erbringen. Gewissenhafte Menschen mit einem Hang, sich schuldig zu fühlen, sind nach Ansicht mancher Psychoanalytiker ideale »Opfer« psychischer Gewalt. Ebenso Menschen, die gerne geben, vielleicht auch, um gemocht zu werden. Nach psychoanalytischem Verständnis stecken hinter den Mechanismen psychischer Gewalt oft erlernte

Rollen. Die »Täter« ahmen etwas nach, das sie in der eigenen Familie erlebt haben, die »Opfer« kommen oft nur sehr schwer aus der Berater- und Helferrolle heraus, die sie vielleicht auch schon als Kind innehatten.

Die Dynamiken psychischer Gewalt können sich also von einer auf die nächste Generation übertragen. »Die Gewalt fängt in den Häusern und Wohnungen an, die Kinder beobachten psychische oder körperliche Gewalt zwischen ihren Eltern, übernehmen sie womöglich und tragen sie auch nach draußen in die Gesellschaft«, sagt Anis. So sieht es auch der Psychiater und Gerichtsgutachter Reinhard Haller. Wenn nichts dagegen getan werde, pflanze sich psychische Gewalt inflationär fort. »In der individuellen Entwicklung glaube ich, dass psychische oder physische Gewalterfahrung eben dazu führt, dass das Opfer später in signifikanter Weise häufiger selbst zum Gewalttäter wird«, meint er. (Das gesamte Interview mit Reinhard Haller ab Seite 247.) Andere sehen für Menschen, die in ihrer Kindheit psychische Gewalt erlitten haben, nicht nur das Risiko, später zum »Täter« zu werden, sondern auch die Gefahr einer möglichen Reviktimisierung, eine Tendenz, im Laufe des Lebens erneut traumatischen Gewalterfahrungen ausgesetzt zu sein.

Es wäre also wichtig, genauer hinzuschauen, um typische Muster zu erkennen und eine mögliche Ausbreitung psychischer Gewalt zu stoppen. Doch die Hilfelandschaft in Deutschland ist sehr zersplittert. Die Gewalt wird deshalb meist erst sehr spät wahrgenommen, und viele Betroffene müssen sich, wie Anis, mühsam auf eigene Faust Unterstützung suchen.

Es gibt viele Pilotprojekte, die meisten davon zunächst einmal für eine begrenzte Zeit finanziert, jedoch keine verlässliche institutionelle Verankerung des Themas. Eine Vernetzung bestehender Strukturen, wie etwa der Frauenhäuser, der Männerberatungsstellen, der Familiengerichte, der Hausärzte, der spezialisierten Therapieeinrichtungen und anderer Beteiligter, existiert nur punktuell und aus Eigeninitiative der verschiedenen Akteure heraus, nicht flächendeckend.

Für die Betroffenen ist es letztendlich Glückssache, geeignete Unterstützung für sich selbst und für ihre Kinder zu finden. Vor allem bei gerichtlichen Auseinandersetzungen wird es für sie oft äußerst schwierig und belastend.

Immerhin existieren an einigen Gerichten mittlerweile Sonderleitfäden zum Thema Umgangsrecht im Falle häuslicher Gewalt. Doch mit der Durchführung derartiger Sonderleitfäden wäre sowohl für die Familiengerichte selbst als auch für die beteiligten Rechtsanwälte ein zeitlicher Mehraufwand verbunden. Deshalb fristen diese Leitfäden nach Erfahrung von Familienrechtlerinnen immer noch ein Schattendasein. Und viele Gerichte regen in solchen Fällen weiterhin ungeeignete oder sogar kontraindizierte Maßnahmen wie Mediation, Paartherapie oder gemeinsame Beratungen an, die die Gewaltbetroffenen noch mehr schädigen können.

Eine Erfahrung, die auch in Marias Geschichte eine Rolle spielt.

Maria: »Er hat ein Gefängnis aus Scham um mich herum gebaut.«

Maria erlebte in ihrer Beziehung und Ehe mehr als zehn Jahre lang zunächst psychische Gewalt, dann auch körperliche Übergriffe

Festhalten
Dezember 2016
Verzweifelt versuche ich, mich gegen das schier erdrückende Gewicht auf meinem Brustkorb zu wehren, das mir jede Kraft zum Atmen nimmt. Immer wieder schnappe ich vergeblich nach Luft. Ich winde mich, ich versuche, der Umklammerung seiner Beine zu entkommen, die mich wie ein Schraubstock umspannen, den Schlägen auszuweichen, die ungebremst mein Gesicht treffen. Doch ich merke, dass es aussichtslos ist. Atemnot, Beklemmung, Panik. Ein metallischer Geschmack von Blut breitet sich in meinem Mund aus. Wie lange halte ich das noch aus, wann hört es bloß auf, bitte lass es endlich aufhören.

Alexander sitzt mit seinem ganzen Gewicht auf meinem Oberkörper und meinen Armen und prügelt auf mich ein. Er ist schwer geworden, im Laufe unserer Beziehung. Ein großer, schwerer, zorniger Mann. Seine Hand, seine Faust trifft mein Gesicht, meinen Körper, wieder und wieder, mit der ungebremsten Wucht seiner Wut. Er scheint nicht aufhören zu wollen.

Ich will mich wehren, aber ich schaffe es nicht. Wegen seines Gewichtes, wegen seiner Umklammerung. Und weil ich mich innerlich wie gelähmt fühle. Alexander war den ganzen Tag über schon schlecht gelaunt gewesen und hatte am Computer gesessen.

Ich hatte mich abends, nach der Arbeit und nach Vorlesungen an der Uni, um den Haushalt gekümmert. Als ich ihn bat, mir beim Wechseln der Bettwäsche zu helfen, fing er an, mich zu beschimpfen und zu beleidigen, wie so oft. Ich nerve nur, ich sei zu blöd zu allem, psychisch krank. Ich sei eine Schlampe und gehe mit meinen Professoren ins Bett. Dann fiel ohne Vorwarnung der erste Schlag.

Seine Beschimpfungen hallen in mir nach, schneidende Wortfetzen zwischen den Schlägen, als plötzlich lautes Weinen und panische Schreie in meine Ohren dringen. Ich weiß zunächst nicht, ob es meine eigenen sind oder fremde. Mein kleiner Sohn ist im selben Raum, hier im Schlafzimmer, zuckt es mir plötzlich durch den Kopf, während die Schläge weiter auf mich einprasseln. Er ist aufgewacht, er gerät in Panik, so wie ich, doch ich kann ihn nicht in den Arm nehmen und beruhigen. Stattdessen überträgt sich meine Furcht auf ihn, springt ihn an wie ein böses Tier. Ich kann mich nicht bewegen, ich kann ihm nicht gegen die Dämonen helfen, ich kann ihn nicht schützen. Hoffentlich tut Alexander ihm nichts. Keine klaren Gedanken mehr. Angst. Nichts als kalte Angst. Todesangst. Ich verliere jegliches Zeitgefühl.

Nach einer unendlich erscheinenden Weile des Ausgeliefertseins merke ich, wie Alexander sein Gewicht verlagert. Eine minimale Bewegung, die von weit her in mein Unterbewusstsein vordringt. Ich schaffe es, einen tiefen Atemzug zu nehmen, meinen Brustkorb zu weiten, Luft in meine Lungen zu saugen. Und schließlich gelingt es mir, ein Bein zu bewegen, so weit zu bewegen, dass ich ihn treten kann.

Mein Mann lässt von mir ab und ruft die Polizei. Ich kann nicht verstehen, was er am Telefon sagt. Doch in diesem Moment zählt nur eines: Es ist vorbei. Ich kann wieder atmen, auch wenn die Angst immer noch zentnerschwer auf meine Brust drückt. Als die Polizisten kurze Zeit später ins Haus kommen, verspüre ich tiefe Erleichterung und Dankbarkeit. Sie wirken besonnen, beruhigend auf mich, so als seien ihnen solche Vorfälle gut bekannt. Sie befragen mich, protokollieren meine Aussage, sie verhören Alexander getrennt von mir und machen einen Alkoholtest mit ihm. Gut 20 Minuten muss die Prügelattacke gedauert haben, vielleicht eine knappe halbe Stunde, lässt sich rekonstruieren. Die Polizisten bieten mir an, meinen Mann des Hauses zu verweisen, damit ich in Sicherheit bin. Ich zögere, weiß nicht, ob ich diesen Schritt gehen soll. Ich habe Angst vor Alexanders Zorn, wenn ich dem Verweis zustimme. Und ich zweifle an mir selbst, wie so oft. Vielleicht bin ich ja tatsächlich mit schuld an seinem Angriff auf mich? Ich nehme das Angebot der Polizisten nicht an.

Als sie gehen, kommt die Panik zurück. Wo ist Alexander? Wird er weitermachen? Oder wird er mich in Ruhe lassen? Ich weiß nicht, wo in der Wohnung ich sicher bin, ich will ihn nicht sehen. Er scheint im Wohnzimmer zu bleiben.

Ich atme tief durch und versuche, mich selbst und meinen Sohn zu beruhigen. Während ich meine körperlichen Wunden verarzte, so gut es geht, bemühe ich mich, die Achterbahnfahrt meiner Gedanken zu unterbrechen. Wie geht es weiter, wird er so etwas wieder tun, was soll ich bloß machen?

Als mein Sohn endlich erschöpft eingeschlafen ist, setze ich mich hin und beginne aufzuschreiben, was in dieser Nacht passiert ist. Ich kämpfe darum, das Unbeschreibbare in Worte zu fassen, es so genau wie möglich festzuhalten.

Ich habe sonst nie etwas aufgeschrieben. Ich habe kein Tagebuch geführt, ich habe mir keine Notizen gemacht, aus Angst, dass er mir hinterherspionieren und es lesen könnte.

Doch in dieser Nacht schreibe ich. Es fließt aus mir heraus, und ich schreibe so lange, bis meine Erinnerungen an den Vorfall unwiderruflich festgehalten sind. Ich tue es nicht für die Polizei, sondern für mich selbst. Denn ich weiß genau, dass Alexander mich wieder für verrückt erklären wird, mir einreden wird, dass alles ganz anders gewesen sei, dass ich mir vieles nur einbilde, weil ich hysterisch und krank sei. Und ich weiß auch, dass ich mich am

Ende schuldig fühlen würde und ihm vielleicht sogar mehr glauben würde als meiner eigenen Erinnerung, gäbe es dieses Protokoll nicht. Denn nach all den Jahren, die ich mit ihm zusammen bin, traue ich mir selbst, meinem Verstand manchmal nicht mehr. Und es gelingt mir oft nur schwer, die nagenden Selbstzweifel und die lähmende Scham wenigstens ein Stück weit abzuschütteln.

Ich bin mir sicher, dass er hinterher behaupten wird, wir seien beide an dem Vorfall beteiligt gewesen. Er wird sagen, ich hätte das Gleiche gemacht wie er, ich hätte ihn auch geschlagen. Schließlich sei er es ja gewesen, der die Polizei angerufen habe, nicht ich. Und vielleicht werden sie ihm glauben.

Da ist er wieder, dieser permanente Druck, die Angst, die in den vergangenen Jahren zu meinem ständigen Begleiter geworden ist. Seit ich mit ihm zusammen bin. Seit acht Jahren.

....

Maria, Jahrgang 1984: Ich bin in einem kleinen Dorf in einer ländlichen Gegend geboren und aufgewachsen. Ich habe zwei jüngere Geschwister. Während meiner Jugend habe ich mich erfolgreich aus einer sehr konservativen Umgebung befreit. Meine Familie väterlicherseits hatte einen landwirtschaftlichen Betrieb, mein Vater hatte sich auf dem zweiten Bildungsweg hochgearbeitet und war neben der Landwirtschaft auch in einer Bank beschäftigt. Meine Mutter war während unserer gesamten Kindheit Hausfrau, danach arbeitete sie in Beschäftigungen für Geringqualifizierte. Sie hatte stark zurückgesteckt für die Familie, das war auch ihr Wunsch gewesen.
Zu meinem Vater hatte ich kein einfaches Verhältnis, gelegentlich wurde ich von ihm geschlagen.
2005 wurde mein erster Sohn geboren.
Von 2007 bis 2010 machte ich eine Ausbildung zur Hebamme und zog nach dieser Ausbildung in eine Universitätsstadt. 2011 wurde dort mein zweiter Sohn geboren. 2015 kam mein dritter Sohn zur Welt, die beiden jüngeren Söhne stammen aus der Beziehung zu Alexander.

Seit 2012 arbeite ich als Hebamme. 2016 begann ich zudem ein Medizinstudium, das ich 2023 abschließen werde. Es war immer ein Traum von mir gewesen zu studieren, und nach eineinhalb Jahren organisatorischer Vorbereitungen konnte ich diesen Traum schließlich verwirklichen. Ich hatte zwei längere Partnerschaften, in denen es keine größeren Probleme gab.
2008 traf ich Alexander. Der Beginn unserer Beziehung war anders als alles, was ich zuvor erlebt hatte. Ich war überzeugt, meinen Traumprinzen gefunden zu haben.

Traumzeit
Sommer 2008

Ich genoss den frischen Geruch des Grases und der Blüten, der sich in der Nase mit dem herben Duft des nahen Waldes und einem leichten Rauchgeruch vermischte. Mit Sonne auf der Haut, hellem Vogelgezwitscher und dem Rauschen des nahen Flusses im Ohr, lief ich mit meinem kleinen Sohn an der Hand langsam durch die wunderschöne Landschaft in der Nähe der Alpen.

Wir waren übers Wochenende auf ein Festival gefahren, es war ein Treffen in der Natur. Ein paar Tage lang gemeinsam mit anderen draußen an der frischen Luft leben, in Zelten übernachten, unter dem Sternenhimmel träumen. Eine kleine Auszeit, ganz nahe an den Pflanzen und Tieren, und weit weg vom eng getakteten Alltag und der Hektik.

Der Geruch von Rauch wurde stärker, und wir kamen zu einer kleinen Feuerstelle. Ein Mann saß dort, er schaute in die Flammen und hielt mit beiden Händen einen Becher umfasst. Er hatte sich offenbar gerade einen Kaffee gekocht. Ich ging hinüber und fragte ihn, ob wir uns zu ihm setzen könnten.

Wir kamen schnell ins Gespräch, wir begannen, über die Natur, über das Leben und über uns zu reden. Es gab kein suchendes Stocken, keine verlegenen Pausen, unsere Unterhaltung floß mit großer Intensität mühelos im Gleichklang von einem Thema zum nächsten. Es fühlte sich von Anfang an vertraut an, und ich hatte schnell den Eindruck, dass wir sehr ähnliche Vorstellungen davon hatten, wie wir unser Leben leben wollten.

Immer wieder musterte ich Alexander verstohlen von der Seite, und was ich sah, gefiel mir. Es gefiel mir sogar ausnehmend gut. Ein dunkelhaariger Mann, groß, schlank, dabei kräftig wirkend. Dreitagebart, markantes Kinn, gut aussehend. Genau der Typ Mann, der mir damals gefiel. Er hatte eine starke Ausstrahlung, ich konnte sie körperlich spüren, obwohl ich ein Stück von ihm entfernt saß. Später sollte ich feststellen, dass er diese Ausstrahlung auch auf andere Menschen hatte. Jedes Mal, wenn er irgendwo hinkam, folgten ihm die Blicke der Anwesenden. Er konnte von sich überzeugen, ohne etwas dafür zu tun.

Es gelang mir nicht, mich loszureißen von ihm und von unseren Gesprächen an der Feuerstelle, und ihm schien es genauso zu gehen. Als wir schließlich nach mehreren Stunden, immer noch miteinander im Dialog, aufstanden, blieben wir wie selbstverständlich beieinander. An diesem Tag und auch an den folgenden drei Tagen des Festivals. Es war unausgesprochen klar, dass wir uns wiedersehen würden, es schien sofort zu passen zwischen uns. Fast zu schön, um wahr zu sein, dachte ich mir. Ich war schnell verliebt, so verliebt wie nie zuvor in meinem Leben. Alles schien plötzlich rosarot. Jetzt ist es so weit, dachte ich mir. Das ist der Traumprinz, er holt mich ab.

Ich war damals gerade mitten in der Ausbildung zur Hebamme und hatte einen anstrengenden Alltag. Ich arbeitete im Schichtdienst, die Rahmenbedingungen und der Umgang mit uns während der Ausbildung waren sehr schwierig. Mein Sohn war noch nicht einmal drei Jahre alt, und meine Mutter hatte kurz zuvor eine Krebsdiagnose erhalten. Es war eine sehr kräftezehrende Zeit.

Umso deutlicher erschien es mir wie ein Geschenk des Himmels, gerade in so einer Zeit unerwartet einen derartigen Traumprinzen kennenzulernen und mit ihm eine schöne Zeit verbringen zu können. Wir führten am Anfang eine Fernbeziehung, lebten in verschiedenen Orten und sahen uns an den Wochenenden. Es waren jedes Mal wunderschöne, sehr intensive Tage, und es blieb in den ersten Monaten rosarot, ohne zu verblassen. Wenn er ankam, hatte er oft einen riesigen Blumenstrauß dabei, selbstgepflückt, in allen Farben des Regenbogens. Wir versanken in intensiver Nähe, in tiefen Gesprächen, im Zusammensein. Ich fühlte mich bedingungslos angenommen, angehimmelt, dachte mir: Das ist der Mann meines Lebens. Unter der Woche bekam ich Briefe mit sehr romantischen, selbstgeschriebenen Gedichten und Texten. Er konnte sich gut ausdrücken, er kam aus einer Akademikerfamilie, worauf er stolz war. Und er setzte seine kreative Ader ein, um mir zu zeigen, wie wichtig ich ihm war. An den Wochenenden saß er bei Kerzenschein in meiner Küche, spielte Gitarre und sang Lieder, die er extra für mich komponiert hatte. Es war sehr nah, es war sehr friedlich, es gab keinen Streit. Ich fühlte mich auf Händen getragen, verstanden, verehrt und geborgen. Eine derartige Romantik hatte ich noch nie zuvor erlebt. Auch meinem kleinen Sohn begegnete Alexander liebevoll. Er wollte später im sozialen Bereich arbeiten, ein Studium in dieser Richtung anfangen, und er konnte gut mit Kindern umgehen.

Im Winter, knapp ein halbes Jahr, nachdem wir uns kennengelernt hatten, beschloss er auf einmal, eine Weile bei mir zu wohnen. Er hatte für ein paar Wochen einen Job in der Nähe angenommen und zog ganz selbstverständlich bei mir ein, ohne das vorher mit mir zu besprechen.

Kaum war er da, in meiner Wohnung, dauerhaft nah bei mir, begann sich irgendetwas zu verändern. Leise, schleichend zunächst, kaum spürbar. Ich konnte es anfangs nicht genau benennen, nicht richtig greifen. Ein merkwürdiges Gefühl machte sich in meinem Bauch breit, es machte mich unruhig, doch ich konnte nicht erspüren, ob es Verwirrung, Ratlosigkeit oder eine Warnung war. Ich wollte diesem mahnenden Gefühl nicht zu viel Aufmerksamkeit schenken, wollte es nicht weiter ergründen, also schob ich es weg und deckte es mit meinem anstrengenden Alltag zu. Dennoch war deutlich, dass Alexanders Verhalten sich immer stärker wandelte. Ich verstand nicht, warum er zu mir zog und sich gleichzeitig stark von mir distanzierte, ohne dass etwas Konkretes vorgefallen wäre. Über die wohltuende Wärme, über die Zuwendung der Anfangszeit, über die Erinnerungen an unzählige romantische Gedichte, Lieder und Blumensträuße begann sich ein grauer Schleier zu schieben. Das knallige Rosarot fing an zu verblassen und ich wusste nicht, warum. Immer wieder suchte ich nach möglichen Gründen für die Veränderung seines Verhaltens, doch ich fand nur wenige Anhaltspunkte. Offenbar erwartete er, trotz meiner anstrengenden Ausbildung und meiner Verantwortung für mein Kind, immer im Mittelpunkt zu stehen. Wenn er sich an manchen Tagen nicht liebevoll genug umsorgt fühlte, kippte die Stimmung schlagartig. Wenn ich einmal gestresst war, durfte ich es nicht zeigen. Wenn ich das Bedürfnis nach ein wenig Ruhe äußerte, reagierte er genervt. Ich sollte funktionieren, so schien es mir, und nicht zu viele Ansprüche stellen. Nach und nach beschlich mich der Verdacht, dass er seine Bedürfnisse grundsätzlich als wichtiger ansehen könnte als meine.

Ich sehnte mich nach seinen Liebesbekundungen, nach seiner Nähe, nach dem Gefühl, füreinander bestimmt zu sein, das er mir fast ein halbes Jahr lang so intensiv vermittelt hatte. Ich wollte nicht, dass all das aufhörte. Ich war bereit, alles dafür zu tun, dass es weiterging. Ich wollte meinen Traumprinzen wiederhaben. Doch der zeigte mir immer häufiger die kalte Schulter.

Verunsicherung
2009–2010

Es wurde Frühling. Wärmende Sonnenstrahlen, frisches Hellgrün, Blütenknospen, Vogelgezwitscher. Ich bekam nicht so viel mit von der Leichtigkeit, von der fröhlichen, unbeschwerten Stimmung um mich herum. Meine Ausbildung zur Hebamme war sehr anstrengend geworden. Manchmal hatte ich zehn Nachtdienste am Stück, und ich fand nur wenig Schlaf. Der Stress der langen Nächte ließ sich nicht so schnell abstreifen. Die Müdigkeit fühlte sich an manchen Tagen bleiern an, aber ich konnte ihr nicht nachgeben. Ich musste lernen und mich um meinen knapp vierjährigen Sohn kümmern. Ich telefonierte viel mit Alexander, doch nicht immer hatte ich Zeit für längere Gespräche mit ihm. Manchmal hatte ich den Eindruck, dass er deswegen ungehalten war, doch vielleicht täuschte ich mich, bildete mir das nur ein.

Eines Tages eröffnete er mir, dass er jemanden kennengelernt habe, eine andere Frau. Er kenne sie schon seit einer Weile und er wolle sich offenhalten, ob es mit dieser Frau besser passe als mit mir, sagte er. Mit so etwas hatte ich nicht gerechnet, es zog mir den Boden unter den Füßen weg. Ich fand überhaupt keinen Schlaf mehr, denn in der kurzen Zeit, die mir dafür blieb, drehten sich meine Gedanken nun unentwegt im Kreis. Eine andere Frau. Warum? Wer ist sie? Warum hat er nichts gesagt? Bin ich nicht gut genug? Ich bin zweite Wahl, ich bin nur zweite Wahl. Was kann ich tun, um unsere Beziehung zu retten?

Ich versuchte, mit Alexander zu sprechen, doch er reagierte abweisend, kühl, und schließlich ging er nicht mehr ans Telefon. Es ist vorbei, es ist endgültig vorbei, dachte ich angstvoll. Warum, warum nur, es gab in letzter Zeit keine größeren Konflikte, was ist nur falsch mit mir, warum redet er noch nicht einmal mehr mit mir, bin ich das nicht wert?

Nach einem der langen Nachtdienste stieg ich frühmorgens ins Auto und fuhr zu ihm, mehrere Stunden, ohne Schlaf, stattdessen mit starkem Kaffee in einer Thermoskanne auf dem Beifahrersitz. Ich wollte diese Beziehung retten, ich wollte sie um jeden Preis retten. Ich fuhr zu ihm und bettelte ihn an, bei mir zu bleiben, es noch einmal mit mir zu versuchen. Ich versprach ihm, alles dafür zu tun.

Ich machte mich klein, ich warf meine Werte und meine Selbstachtung über Bord, ich unterwarf mich. Nur, damit der Traumprinz, der schon seit einer Weile keiner mehr war, zurückkam.

Für eine kurze Zeit schien danach alles gut zu sein. Alexander wirkte in manchen Momenten wieder liebevoll, er schien sich um mich und um unsere Beziehung zu bemühen. Doch ich war auf der Hut. Ich befürchtete, dass er sich weiterhin nach anderen Frauen umschauen könnte, jetzt im Frühling, in der Stadt, in die er gezogen war, um zu studieren. Dieser Vorfall hatte einen Stachel der Unsicherheit in mich gesetzt, der hartnäckig haften blieb.

Und Alexander schien erkannt zu haben, dass er ein wirkungsvolles Druckmittel gegen mich in der Hand hatte. Wenn es Meinungsverschiedenheiten oder Konflikte gab, drohte er mir nun schnell damit, zu gehen, mich zu verlassen, anstatt sich inhaltlich damit auseinanderzusetzen.

Die vorsichtige Ruhe, die zwischen uns eingekehrt war, hielt nicht lange an. Zwei Monate später erzählte mir Alexander erneut, dass er eine Frau kennengelernt habe, die er sehr interessant finde. Er schwärmte von ihr, von ihrem Aussehen, von ihrer Art. Wenn ich nachfragte, wiegelte er ab und sagte, da sei nichts, ich bilde mir das nur ein, es sei nur platonisch. Ich glaubte ihm nicht. Meine Unsicherheit wuchs weiter, immer weiter. Mir fiel auf, wie intensiv er sich umschaute, wenn wir gemeinsam weggingen. Ich nahm wahr, wie häufig er Blickkontakt zu anderen Frauen aufnahm und anfing, in meinem Beisein zu flirten. Nicht verborgen, sondern offensiv. Ich sprach ihn darauf an, er stritt es ab. Es sei nichts gewesen, sagte er jedes Mal hinterher, so etwas sei doch völlig normal. Ich solle nicht so empfindlich reagieren. Er brauchte offensichtlich viel Bestätigung von außen und er holte sie sich, ohne Rücksicht auf meine Gefühle zu nehmen. Es tat mir weh, das zu beobachten, es fiel mir schwer, es hinzunehmen, denn ich empfand sein Verhalten als respektlos mir gegenüber. Doch ich schluckte es hinunter und tat so, als mache es mir nichts aus. Denn ich wollte den Teilzeit-Traumprinzen behalten. Und mittlerweile bestimmte er die Regeln und Bedingungen dafür, nicht ich.

Er fing an mir einzureden, dass es schwierig sei, mit mir zu sprechen. Ich sei sehr empfindlich, überempfindlich, manchmal gar hysterisch. Er sagte es mir immer wieder, und ich begann mich zu fragen, ob er Recht haben könnte. Ich zweifelte, grübelte, beobachtete mich selbst sehr genau und verlor meine ohnehin schon beschädigte Unbefangenheit. Noch nie zuvor hatte jemand so etwas zu mir gesagt, doch vielleicht hatten die anderen es nicht gesehen oder nur aus Höflichkeit geschwiegen. Alexander hatte in seinem Studium gerade einen Psychologie-Block, der ihn sehr interessierte. Vielleicht wusste er einfach besser, wie sich psychische Erkrankungen äußern, konnte es besser erkennen. Die Unsicherheit, die sich in mir eingenistet hatte, wuchs noch einmal ein Stück weiter.

Sobald sich ein Konflikt abzeichnete, richtete ich den Blick nach unten, schaute an mir herunter und sagte mir, wahrscheinlich bin ich schuld. Du bist schuld, sagte ich mir, du dumme Kuh, jetzt hast du wieder etwas falsch gemacht, du bist schuld. Ich begann innerlich zu schrumpfen. Und Alexander mit Samthandschuhen anzufassen, ihn bloß nicht zu provozieren, damit es ruhig blieb zwischen uns. Ich wusste, dass jede noch so leise Kritik an seinem Verhalten einen Wutausbruch nach sich ziehen würde, deshalb begann ich sehr genau abzuwägen, ob es das wert war. Jedes Mal, wenn ich es wagte, etwas anzusprechen, was mich störte, konnte ich in seinen Augen sehen, wie sich ein Schalter umlegte. Es passierte schlagartig. Klack. Und dann: drohend aufgerichteter Oberkörper, starke Anspannung, zusammengebissene Zähne, Hass im Blick. Es folgte eine Flut von Beleidigungen und Beschimpfungen. Ich sei dumm, kein Wunder, ich komme ja auch nur vom Dorf, mit mir könne man nicht vernünftig reden. Ich sei hysterisch, ich würde ständig überreagieren, ich sei psychisch krank.

Die Spirale der Abwertung drehte sich immer weiter, und ich war nirgends sicher vor seinen Beschimpfungen. Manchmal fand ich sie schriftlich auf Notizzetteln, wenn ich nach Hause kam und er schon wieder abgereist war. An anderen Tagen bekam ich Fotos mit Kommentaren geschickt, etwa nach einer schönen Wanderung, die wir unternommen hatten. Wir waren in die Berge gefahren, hatten die Natur genossen und die Aussicht, wir hatten uns gut verstanden. Am nächsten Tag schickte er mir ein Foto, das er auf dieser Wanderung von mir gemacht hatte. Darunter stand: Schau mal, wie hässlich du bist.

Es kamen immer mehr solcher schmerzhaften Nadelstiche. Sie kamen unerwartet, plötzlich, hinterrücks. Dazwischen gab es schöne Momente, fast so, als sei nichts gewesen. Ich merkte, wie diese permanenten Wechsel mich mehr und mehr aus dem Gleichgewicht brachten. Doch jedes Mal hoffte ich sehnsuchtsvoll auf den nächsten schönen Moment. Ich klammerte mich mit meinem ganzen Willen an diese Hoffnung, aber Sicherheit gab es keine mehr, weder im Äußeren noch im Inneren. Ich hatte verlernt, in mir zu ruhen, weil ich ständig in Sorge war, Alexander zu verlieren. Ich fühlte mich abhängig von ihm, ich wollte diese Beziehung unbedingt weiterführen, obwohl sie mir immer mehr Kraft raubte. Wieder und wieder hielt er mir vor Augen, was aus seiner Sicht mit mir alles nicht stimmte. Hysterisch, blöd, nervig, hässlich, empfindlich. Was ist bloß alles falsch mit mir? Diese Frage wurde zu meiner ständigen Begleiterin, zur innerlichen Daueranalyse.

Immer, wenn ich gerade aufgeben wollte, kam wieder ein Moment der Entspannung. Manchmal saßen wir abends nach dem Essen friedlich zusammen. Wir tranken Wein, wir hörten Musik, wir redeten miteinander, und es fühlte sich wieder ein bisschen rosarot an. Ich schaffte es allerdings nicht mehr, solchen Situationen zu vertrauen, mich unbefangen in sie fallen zu lassen. Ich fühlte mich selbst an solchen ruhigen, harmonischen Abenden wie auf einem Pulverfass. Und irgendwo, auf den ersten Blick nicht erkennbar, lag meistens eine Lunte verborgen.

Meine Ausbildung ging zu Ende, die langen Tage, die vielen Nachtdienste. Ich war froh darüber, hoffte, dass das auch unserer Beziehung guttun könnte, mehr Ruhe hineinbringen könnte. Schon seit einer Weile wollte ich weg aus der ländlichen, konservativen Gegend, in der ich aufgewachsen war und in der ich immer noch lebte. Ich zog zu Alexander in die Universitätsstadt. Er hatte bereits nach einer passenden Wohnung für uns gesucht, für uns beide, für meinen Sohn und für unser gemeinsames Kind, das in wenigen Monaten zur Welt kommen sollte.

Ich hoffte, dass wir in dieser neuen Umgebung zusammenwachsen könnten, als Paar und als Familie. Und dass aus dem anfänglichen intensiven Rosarot und den darauffolgenden schnellen Wechseln aus Blassrosa und verschiedenen Grauschattierungen ein warmes, sanftes Orangerot werden könnte.

Schatten
2011–2013

Die Geburt unseres Sohnes rückte näher. Mein zweiter Sohn, unser erstes gemeinsames Kind. Ich hatte mir immer viele Kinder gewünscht, doch während dieser Schwangerschaft fühlte ich mich sehr verunsichert. Wir hatten Verantwortung für unseren Sohn, seine Geburt würde uns als Eltern aneinander binden, obwohl nach wie vor Schatten über unserer Beziehung lagen. Alexander schien nicht überzeugt davon zu sein, ein gemeinsames Kind zu haben. Vielleicht bildete ich mir das nur ein, doch an manchen Tagen meinte ich bei ihm deutliche Zweifel zu spüren, während mein Bauch weiter wuchs. Ich schob diese Eindrücke beiseite, freute mich auf mein Kind und sagte mir, es wird schon funktionieren, als Familie. Es wird klappen, wenn ich mich nur genug anstrenge. Es liegt an mir, das Beste daraus zu machen.

Unser Sohn kam an einem kalten, klaren Januartag auf die Welt. Warme Glücksgefühle, Liebe auf den ersten Blick. Unser wunderschönes Kind. Und Alexanders Skepsis wandelte sich schnell in bedingungslose Liebe. Diese Liebe war spürbar inniger und tiefer als die Zuneigung zu meinem ersten Sohn, den ich in die Beziehung mitgebracht hatte. Alexander ging auf in seiner Vaterrolle und schien sehr glücklich. Wir verbrachten eine schöne, friedliche und liebevolle Zeit miteinander, zu viert, und ich schöpfte neue Hoffnung. Es schien eine gute Entscheidung gewesen zu sein, zusammenzuziehen, als Familie einen gemeinsamen Alltag zu teilen. Alexander studierte, er verbrachte viel Zeit an der Uni, während ich die meiste Arbeit im Haushalt erledigte. Ich fühlte mich dafür verantwortlich, weil ich ein Kind mit in die Beziehung gebracht hatte.

Als unser gemeinsamer Sohn ein Jahr alt war, begannen wir beide zeitgleich zu arbeiten, ich in meinem erlernten Beruf als Hebamme, Alexander in Teilzeit. Er beteiligte sich an der Kinderbetreuung und bereitete abends ab und zu das Essen zu. Kochen war ein Hobby von ihm, die meisten anderen Arbeiten im Haushalt erledigte ich. Wenn ich ihn an besonders vollen Tagen, die mir wenig Luft zum Durchatmen ließen, darum bat, mich zu unterstützen, nach dem Kochen und Essen beim Aufräumen und beim Abwasch zu helfen, reagierte er ungehalten.

Die Stimmung verschlechterte sich schleichend, die Schatten kehrten zurück und die Selbstzweifel erwachten wieder. Waren es meine Ansprüche, mein Bedürfnis, eine saubere und aufgeräumte Wohnung zu haben, mein Perfektionismus, die schuld an dieser Verfinsterung waren? Hatte er recht, wenn er das behauptete? Ich war allein mit diesen Fragen, konnte mir keine Meinung von außen dazu einholen. Denn ich war neu in der Stadt und hatte aufgrund des Umzugs, der Schwangerschaft und der Geburt noch nicht viele Kontakte knüpfen können. Ich war angewiesen auf Alexander, auf sein Wohlwollen, darauf, dass wir Zeit miteinander verbrachten, eine möglichst gute Zeit miteinander verbrachten. Ich war bereit, mich dafür zu verbiegen und mich notfalls auch kleinzumachen. Und er fing an, mich wieder häufiger zu kritisieren und seine Sichtweise über meine zu stellen. Ich merkte, dass ich anfing sprachlos zu werden. Wenn es Konflikte gab, biss ich mir immer öfter auf die Zunge und sagte nichts. Ich sagte nichts, weil ich Angst hatte, mich falsch auszudrücken, Angst hatte vor den Konsequenzen.

Es war eine dunkle Zeit. Dunkel, weil ich, weil unsere Beziehung erneut in einen Strudel aus Beschimpfungen und Entwertungen geraten war. Dunkel, weil ich die Schuld an dieser Entwicklung bei mir suchte, weil ich mich falsch fühlte und es mir nicht mehr gelang, die tiefe Verunsicherung abzuschütteln. Es war der Einstieg in eine noch tiefere Abwärtsspirale als vor der Geburt unseres Sohnes.

Diese Zeit war auch dunkel, weil es meiner Mutter immer schlechter ging. Der Krebs fraß an ihr, er schwächte sie zusehends, und es schmerzte sehr, ihren Zustand mit ansehen zu müssen, ohne etwas für sie tun zu können. Hilflos zu sein. Verzweifelt, handlungsunfähig und dem Schicksal ausgeliefert. Zu spüren, zu wissen, dass sie ihren Kampf gegen die heimtückische Krankheit bald verlieren würde. Dieses Wissen machte mich verletzlich. Und meine Trauer, meine Verzweiflung, meine Schwäche machten es Alexander leicht, jeden Versuch, mich gegen seine Beschimpfungen und Demütigungen zu wehren, im Keim zu ersticken. Er konnte seine Machtposition in unserer Beziehung weiter ausbauen, und ich hatte ihm nicht mehr viel entgegenzusetzen. Ich fühlte mich gefangen in dieser Situation, ich sah keinen Ausweg mehr, ich war wie gelähmt. Ich verfiel in eine innere Starre, konnte nicht vor, nicht zurück. Manchmal kochte Wut in mir hoch. Ich schluckte sie herunter, ich schämte mich für meine Wut, für meine Unzufriedenheit, und ich versuchte sie mit aller Kraft zurückzuhalten, um ihn nicht zu provozieren, um nichts zu tun, was er mir hinterher vorwerfen konnte. Ich wollte die Beziehung retten, die Familie erhalten und meine Selbstachtung wiederfinden. Aber die Beleidigungen, die Entwertungen wiederholten sich wieder und wieder.

Ich konnte mit niemandem darüber sprechen. Mit meiner Mutter nicht, mit der ich mich immer gut verstanden hatte. Mit meiner Schwester nicht, zu der ich immer eine sehr enge Beziehung gehabt hatte. Ich zweifelte mittlerweile so stark an meiner eigenen Wahrnehmung, dass es mir nicht gelang, mich ihnen gegenüber zu öffnen. Ich hatte Angst, etwas preiszugeben, was sie vielleicht schon vermutet hatten. Ich dachte, wenn ich meiner Schwester von Alexanders Beleidigungen erzählen würde, von seinen wiederkehrenden Behauptungen, ich sei zu empfindlich, hysterisch und psychisch krank, dann könnte sie sagen: Ja, das ist mir auch schon aufgefallen, das habe ich mir auch schon oft gedacht. Ich schämte mich, ich hatte Angst, möglicherweise der Realität ins Gesicht sehen zu müssen, einer unangenehmen Realität, seiner Realität. Mittlerweile war ich selbst oft davon überzeugt, dass es stimmen müsse, was er sagte. Auch, weil ich ihm niemals zugetraut hätte, ihm immer noch nicht zutraute, solche verletzenden Bemerkungen absichtlich zu machen, um mich aus dem Gleichgewicht zu bringen. Eine derartige Boshaftigkeit konnte ich mir einfach nicht vorstellen. Also, dachte ich, muss es doch an mir liegen. Ich bin schuld, ich bin falsch, ich bin zu empfindlich. Und mein Umfeld hat das wahrscheinlich längst bemerkt. Wer sollte mir schon glauben und nicht ihm, mit seiner starken Ausstrahlung. Er kam in einen Raum, und alle dachten: Wow, was für ein toller Mann. Also schwieg ich. Die Schlinge des vermeintlichen Verrücktseins – du spinnst, du bist hysterisch, du hast irgendeine Persönlichkeitsstörung – hatte sich so eng um mich gezogen, dass ich hoffnungslos darin gefangen war.

Ich steckte zurück, ich verlor meine Energie, ich verabschiedete mich von meinen Träumen. Schon länger hatte ich den großen Wunsch, eines Tages Medizin zu studieren. Er fing an zu verblassen. Das wird nichts mehr in diesem Leben, dachte ich mir, das schaffe ich nicht. Ich muss es mir für das nächste Leben aufheben. Ähnlich war es mit meiner Beziehung. Es lief nicht gut, es lief gar nicht gut, doch ich versuchte mich damit zu arrangieren. Ich war überzeugt, dass Alexander recht hatte: Etwas Besseres als mich findest du nicht. Etwas Besseres wird es für dich nie mehr geben.

Ich hatte keine Zeit, intensiver darüber nachzudenken, mir fehlte die Kraft dazu. 2012 starb meine Mutter. Es war absehbar gewesen, es war eine Erlösung für sie auf ihrem langen, schmerzvollen Weg durch die Krankheit. Für mich war es ein langer und sehr schwieriger Abschied, denn meine Mutter war meine engste Bezugsperson gewesen. Ihr Tod riss ein großes Loch in mein Herz und in mein Leben.

Um nicht ganz alleine in der Dunkelheit zu bleiben, suchte ich mir Unterstützung bei einer Psychotherapeutin. Ich wollte Halt und Orientierung finden, eine Begleitung durch die Schatten, und wieder einen Lichtstreifen sehen, der mir zeigte, in welche Richtung ich gehen konnte. Die Therapeutin stellte fest, dass ich eine depressive Episode hatte. Sie führte es auf die hohe Arbeitsbelastung zurück, durch meinen Beruf und den Haushalt mit zwei Kindern, und auf die jahrelange schwere Krankheit und den Tod meiner Mutter. Das eigentliche Problem, meine Beziehung, die wiederkehrenden Beschimpfungen, Entwertungen und die Zweifel an mir selbst, sprach ich nicht an. Ich schaffte es nicht. Auch in der Paarberatung, in die wir seit einer Weile gingen, gelang es mir nicht. Die Beraterin fragte nach einzelnen Konflikten: Aha, am Sonntag war ein Streit, was war da genau los. Könnte man vielleicht manches anders organisieren oder sich einen Babysitter nehmen, um mehr Zeit zu zweit zu haben, fragte sie und konzentrierte sich auf die Alltagsprobleme. Wie häufig es grundlose Beleidigungen, Beschimpfungen und Demütigungen gab, die Spirale der Abwertung, diese Struktur der Gewalt, kam nicht auf den Tisch. Ich traute mich nicht, dieses Thema anzusprechen, ich konnte es ja selbst nicht richtig greifen. Und Alexander begann nach wenigen Sitzungen damit, der Beraterin Blicke zuzuwerfen, die Art Blicke, die ich gut kannte, die er so oft anderen Frauen zuwarf, wenn wir zusammen weggingen. Ich fühlte mich allein. Noch einsamer als zuvor. Und ich war wieder schuld. Ich kam nicht heraus aus der Schuldfalle, sondern geriet noch tiefer hinein. Es gab Termine bei der Paarberatung, an denen ich nicht weitermachen konnte, weil mich eine abgrundtiefe Scham befiel, weil ich kurz vor dem Zusammenbruch stand.

Alexander suchte weiterhin viel Bestätigung von außen, nicht nur bei der Paarberaterin. Auch auf dem Spielplatz versuchte er ständig, die Blicke und die Aufmerksamkeit anderer Mütter zu gewinnen. In der Notaufnahme des Krankenhauses, in die wir mit unserem Sohn einmal gehen mussten, flirtete er offensiv im Wartebereich. Überall schien er Kontakt zu anderen Frauen zu suchen. Es verletzte mich, es schmerzte, doch er behauptete weiterhin, ich interpretiere das alles falsch, ich bilde es mir nur ein.

Nicht nur meine Seele schwächelte, sondern neuerdings auch mein sonst so zuverlässiger Körper, mein Immunsystem. Immer öfter wurde ich krank, ich hatte wiederkehrende Herpes-Infektionen, außerdem Stirnhöhlenbeschwerden, die chronisch wurden, und dadurch ständige Kopfschmerzen.

Doch ich klammerte mich immer noch verzweifelt an den letzten Rest Hoffnung. Immer wieder rief ich mir die schönen Momente ins Gedächtnis, die es auch jetzt noch manchmal gab. Momente, in denen sich Alexander fürsorglich zeigte, sich liebevoll um seinen Sohn kümmerte, stolz auf seine Familie zu sein schien. Wir können es schaffen, wir müssen es schaffen, wenn ich mich nur mehr anstrenge, sagte ich mir.

Dass er schon mehrmals aus Wut Glasscheiben von Türen eingeschlagen hatte, wenn etwas nicht so lief, wie er es sich vorstellte, wenn ich nicht so funktionierte, wie er es wollte, blendete ich aus. Ich bat meinen Vater, uns dabei zu helfen, diese Türen zu reparieren. Es war ein Kind, es war der Wind, erzählte ich ihm, und er glaubte es.

Einer dieser Wutanfälle fiel stärker aus als alles, was ich bisher erlebt hatte. Eine kleine Meinungsverschiedenheit, mehr nicht, doch ich sah in seinen Augen, wie sich wieder einmal der Schalter umlegte und der Hass aufblitzte. Instinktiv versuchte ich, mich in Sicherheit zu bringen. Ich wich ihm aus und ging ins Wohnzimmer, schloss die Tür ab, um meinen Atem und meinen Herzschlag zu beruhigen, meine Angst zu besänftigen. Er stand vor der Tür und beschimpfte mich, verlangte, ich solle sofort mit ihm reden. Als ich ihm schließlich die Tür öffnete, schlug er mir ohne ein Wort mit voller Wucht, mit geballter Kraft, seinen Kopf ins Gesicht. Mitten auf meine Nase. Es krachte laut, Schmerz explodierte in meinem Kopf, ein Schwall hellroten Blutes schoss aus meiner Nase. Ich konnte mich nicht bewegen, ich war erstarrt, wie eingefroren. Nicht wegen der unerträglichen Schmerzen, sondern wegen des Schocks. Noch nie zuvor hatte ich in einer Beziehung Gewalt erlebt. Schläge, das kannte ich nur aus der Kindheit von meinem Vater. Nie hätte ich gedacht, dass Alexander mich eines Tages, nach den immer wiederkehrenden Attacken auf meine Psyche, auch körperlich angreifen könnte. Er, der Mensch, den ich so nah an mich herangelassen hatte wie niemanden sonst bisher, mit dem es zu Anfang so intensiv gewesen war wie nie zuvor. Es war eine Grenzüberschreitung, die mich völlig unvorbereitet traf. Die jahrelangen seelischen Schläge hatten tiefe, aber unsichtbare Spuren hinterlassen. Nun waren die Verletzungen zum ersten Mal äußerlich sichtbar geworden.

Ich versuchte, das Blut zu stoppen, das mit unverminderter Geschwindigkeit aus der Nase lief, ich kühlte meine Verletzungen, ich legte mich hin. Schmerzen, Panik, Gedankenkarussell. Wohin war Alexander gegangen, würde er es nochmal tun, was sollte ich bloß machen. Ich hatte auf einmal große Angst vor ihm. Ich fand keine Ruhe, konnte die ganze Nacht nicht schlafen. Am nächsten Tag hatte ich einen Termin bei meiner Psychotherapeutin. Sie wirkte geschockt, als sie mich sah, sie fragte nach den Verletzungen, nach dem riesigen Bluterguss auf meiner Nase, sie wollte wissen, was passiert war. Ich antwortete ausweichend. Ich schaffte es trotz dieses Angriffs auf mich, trotz dieser massiven Grenzüberschreitung nicht, mich zu befreien. Im Gegenteil. Ich hatte das Gefühl, noch viel tiefer in das Gefängnis aus Scham zu rutschen, das er fünf Jahre lang nach und nach um mich herum aufgebaut hatte.

Trotz allem
2013–2015

Meine Verletzungen heilten nur langsam, und wenn mich jemand danach fragte, fand ich Ausreden. Ich bin gegen eine Schranktür gelaufen, ich bin auf der Treppe gestürzt, ich hatte einen Unfall. Alexander verhielt sich ruhig. Es kam keine Entschuldigung von ihm, doch offenbar hatte er sich vorgenommen, sich künftig zusammenzureißen. Unser Alltag entspannte sich ein wenig. Er kümmerte sich liebevoll um die Kinder und zeigte mir gegenüber nach längerer Zeit wieder häufiger seine rosarote Seite. Es war der Beginn einer guten Phase in unserer Beziehung.

Nach dem Tod meiner Mutter hatte Alexander mich gefragt, ob ich ihn heiraten wolle. Jetzt sagte ich ja. Ich glaubte daran, an uns, immer noch. Ich hoffte, dass die körperliche Gewalt sich nicht wiederholen würde, dass es ein einmaliger Ausrutscher war. Und ich redete mir ein, dass auch die seelischen Verletzungen, die Beschimpfungen und die Beleidigungen seltener werden würden. Ich schloss die Augen, atmete tief durch und sagte voller Hoffnung ja.

Im Herbst 2014 feierten wir unsere Hochzeit. Es war keine ausgelassene, fröhliche Feier. Zu verschieden waren die Gäste. Es lag eine Anspannung in der Luft, ein gegenseitiges Beobachten und ein innerliches Kopfschütteln. An diesem Tag prallten zwei sehr unterschiedliche Welten aufeinander: seine Familie und meine Familie. Alexanders Vater trat sehr arrogant auf, es wirkte, als ob er und die gesamte Familie sich für etwas Besseres hielten. Mein Vater war sichtlich genervt von diesem Verhalten, und er gab es mir hinterher auch deutlich zu verstehen. Ich machte gute Miene zum bösen Spiel. Ich wollte nicht wahrhaben, wie verfahren die Situation zwischen unseren Familien von Anfang an war, wie wenig gegenseitige Sympathie es gab. Das schlechte Bauchgefühl, das sich bei diesem Aufeinandertreffen sehr deutlich zu Wort meldete, schob ich weg, ich wollte nicht darauf hören. Ich wollte keine Zweifel, keine Warnungen, nicht an diesem Tag, an dem ich mich offiziell an meinen Traumprinzen binden wollte, vielleicht für immer.

Als wir heirateten, war ich schwanger mit meinem dritten Sohn, unserem zweiten gemeinsamen Kind, er sollte wenige Monate später zur Welt kommen. Auch nach unserer Hochzeit blieb die Stimmung friedlich, doch ich war auf der Hut, konnte die Furcht vor einer erneuten Eskalation nie ganz abschalten.

Nach und nach lernte ich Alexanders Familie näher kennen. Er hatte immer betont, dass seine Eltern Akademiker seien, das schien sehr wichtig für ihn zu sein und auch für sie selbst. Sie vermittelten mir von Anfang an das Gefühl, sie fühlten sich besser als meine Familie, sie ließen es mich spüren und sie sprachen es auch offen aus. Fast jedes Mal, wenn wir bei ihnen zu Besuch waren, sprachen sie über die Freundinnen und Ex-Freundinnen von Alexanders Bruder, sie sprachen sehr negativ und abwertend über sie. Anfangs fand ich es seltsam, dass sein Bruder offenbar so großes Pech in der Liebe hatte, dass er anscheinend immer besonders schwierige Partnerinnen gewählt hatte. Irgendwann beschlich mich der Verdacht, dass es vielleicht gar nicht an seinen Freundinnen lag, sondern dass Alexanders Eltern möglicherweise über alle Partnerinnen ihrer Söhne so schlecht sprachen, auch über mich.

Mir wurde bewusst, dass ich über Alexanders frühere Beziehungen nur sehr wenig wusste. Er hatte kaum etwas darüber erzählt, nur von einer längeren Verbindung. Zu dieser Frau hatte er offenbar keinen Kontakt mehr, mir war nicht klar, was die Gründe dafür waren. Er hatte wohl versucht, mit dieser Ex-Freundin Kontakt aufzunehmen, doch sie war nicht darauf eingegangen. Offenbar war es eine problematische Beziehung gewesen, und manchmal fragte ich mich, ob sie womöglich Ähnliches erlebt hatte wie ich.

Alexander hatte mehrere Therapien begonnen, seit wir zusammen waren. Er hatte sie allerdings jedes Mal recht schnell wieder abgebrochen und teilweise hinterher schlecht über die Therapeuten geredet. Ich wusste nicht, um was es in den Sitzungen gegangen war, um seine Beziehungen, um seine Familie oder um andere Themen.

Schon vor meiner ersten Begegnung mit Alexander hatte ich seinen Bruder kennengelernt. Seine Erscheinung war mir über all die Jahre eindrücklich in Erinnerung geblieben. Er hatte ein sehr dominantes, ein latent aggressives Auftreten, das mir von Anfang an Furcht eingeflößt hatte. Sein Aggressionspotential war im Gegensatz zu dem von Alexander schon auf den ersten Blick deutlich spürbar.

Aber für seine Eltern waren offenbar immer die Partnerinnen ihrer Söhne schuld, wenn etwas schiefging. Sie redeten häufig schlecht über andere, sie mischten sich ungefragt in vieles ein, auch bei mir: in die Erziehung unserer Kinder, in Haushaltfragen, in berufliche Themen. Als sie erfuhren, dass ich von einem Medizinstudium träumte und dass ich fest vorhatte, mich um einen Studienplatz zu bewerben, kritisierten sie diese Pläne vehement. Wie zufällig begannen sie, schlecht über Ärztinnen und Ärzte zu sprechen. Eine der Ex-Freundinnen von Alexanders Bruder sei traumatisiert, erzählten sie, und das liege daran, dass ihre Mutter Ärztin sei. Ärztinnen und Ärzte seien aufgrund ihrer Arbeit für ihre Kinder nicht verfügbar, sie vernachlässigten sie sträflich. Wenn man Kinder habe und sich dennoch entscheide, Medizin zu studieren und Ärztin zu werden, sei das eine bewusste Kindeswohlgefährdung. Ich empfand solche harten Bemerkungen als unangenehme Angriffe und wusste nicht, wie ich darauf reagieren konnte. Wenn ich mich offen gegen diese indirekte Kritik zu Wehr setzen würde, würde ich schnell wieder als zu empfindlich, als hysterisch gelten. Wir haben dich doch gar nicht gemeint, warum regst du dich denn auf, würden sie sagen. Also schweig ich.

Zu Hause, in unserer Kleinfamilie, blieb es weiterhin relativ friedlich. Im Januar 2015 wurde unser zweiter gemeinsamer Sohn geboren. Kurz danach begann ich intensiver mit den Vorbereitungen für mein Medizinstudium, das ich eineinhalb Jahre später, im Herbst 2016, beginnen wollte. Ich hatte beschlossen, mich endlich dafür zu bewerben, und wollte die Erfüllung dieses so lange gehegten Wunsches so verlässlich wie möglich absichern. Finanziell, organisatorisch und auch gegen eine mögliche Einflussnahme durch Alexander. Ich wollte alles so planen, dass mir von keiner Seite etwas vorgeworfen werden konnte, auch von meinem Mann und seiner Familie nicht. Ich begann, mich um Bafög und um ein Stipendium zu kümmern, ich prüfte, wie ich meine Arbeit als Hebamme und die Uni zeitlich aufeinander abstimmen konnte. Ich hielt Ausschau nach einer Kinderfrau. Manchmal fragte ich mich bange: Wie sollte ich mit drei Kindern diesen Weg schaffen? Was würde es für unsere Ehe bedeuten, wenn ich noch weniger Zeit hätte? Würde alles tatsächlich so klappen, wie ich es mir ausrechnete? All diese Fragen konnten mich jedoch nicht mehr von meinem Weg abbringen. Ich war entschlossen, mit Anfang 30 endlich meinen Traum vom Studium zu verwirklichen.

Und es sah so aus, als unterstütze Alexander meine Pläne. Er bestärkte mich sogar ab und zu ausdrücklich darin, mein Studium zu planen. Doch ich traute dem Frieden nicht.

Zerstörung
2016
Draußen begann zartes Grün zu sprießen, die Tage wurden länger, heller und milder, und ich freute mich auf das Osterfest. Ich fing an, Eier zu färben, Osterzöpfe und Osterlämmer zu backen, die Wohnung zu dekorieren. Ich kannte das so aus meiner Kindheit, an Ostern und an Weihnachten. Ich hatte diese Feste immer sehr

geliebt, und dieses Gefühl wollte ich an meine Kinder weitergeben. Alexander wurde unruhig, ungehalten, es schien ihm nicht zu gefallen, dass ich so viel Energie in die Ostervorbereitungen steckte. Er fing an zu nörgeln, mich zu kritisieren. Ich mache zu viele Dinge gleichzeitig, erklärte er mir, ich setze meine Energie falsch ein. So war es schon an Weihnachten gewesen und bei den vorherigen Osterfesten. Er beschwerte sich, er bekam schlechte Laune, und am Ende gab es Streit. Auch dieses Mal wurde er laut. Und schließlich sprang er auf, rannte hinaus und warf wutentbrannt die Wohnungstür hinter sich ins Schloss. Ich wusste nicht, wo er hinging, ich wusste nicht, wann er wiederkam. Manchmal blieb er den ganzen Tag weg, manchmal auch über Nacht, manchmal waren es mehrere Tage. Wir aßen das Osterlamm, wir suchten bunte Ostereier und wir machten unseren Osterspaziergang – ohne ihn.

Je konkreter meine Studienpläne wurden, desto schwieriger wurde es zwischen uns. Die Schatten kehrten zurück, die Beschimpfungen und die Beleidigungen. Eines Tages schickte er mir ein Foto von einem Brotteig, den ich kurz zuvor gemacht hatte. Er war übergelaufen, während ich mit den Kindern unterwegs war. Schau mal, du Schlampe, hatte er zu dem Foto dazugeschrieben, du Sau, du bist noch nicht einmal in der Lage, dich normal zu verhalten. Du kannst dich nicht ordentlich benehmen, du treibst dich nur in der Gegend herum. An anderen Tagen beschimpfte er mich nun auch wieder als blöd, als hässlich, als psychisch krank. Er steigerte sich immer weiter hinein.

Das erste Semester begann, und ich war aufgeregt und glücklich, dass endlich wahr wurde, worauf ich so lange hingearbeitet hatte. In das warme Glücksgefühl mischte sich jedoch schnell eine große Unsicherheit. Ich merkte, dass ich mich an der Uni nicht traute, aus mir herauszugehen.

Das Bild, das mir Alexander in den Kopf gebrannt hatte, ließ sich auch in der neuen Umgebung nicht verscheuchen. Du bist blöd, du kommst vom Dorf, du bist gestört, und jetzt willst du in deinem Alter auch noch ein Studium anfangen. Das ist doch lächerlich. Ich merkte, dass die 18-Jährigen, die direkt von der Schule kamen, ein bisschen schneller waren als ich. Ich begann mich selbst unter Druck zu setzen, mich abzuwerten, mich zu schämen. Schau dich an, wie dumm du bist, was für eine blöde Idee, studieren zu wollen, es war doch von vornherein klar, dass du das nie im Leben hinkriegst. Doch ich blieb dabei und stellte nach einer Weile überrascht fest, dass es gut lief. Dass auch andere in meinem Semester nicht auf direktem Weg von der Schule an die Uni gekommen waren und älter waren. Ich lernte neue Menschen kennen, ging mit ihnen Kaffee trinken, hörte ihre Geschichten, konnte von mir erzählen. Ich begann mich zu öffnen. Ganz tief in mir konnte ich mein seit vielen Jahren verschüttetes Selbstbewusstsein wieder erahnen. Es war ein zaghafter Schritt hinaus aus dem Gefängnis der Scham, der Schuld, der Entwertungen. Ein neuer Horizont, ein gutes Gefühl für mich. Nicht allerdings für Alexander. Er kam mit der veränderten Situation offensichtlich nicht zurecht, damit, dass ich nun studierte. Obwohl er selbst sehr viele Jahre an der Uni verbracht hatte.

Seine Angriffe auf meine Psyche wurden massiver. Ich hätte eine schwere Persönlichkeitsstörung, unterstellte er mir immer wieder, vermutlich sei es eine Borderline-Störung. Ich vernachlässige meine Kinder. Ich treibe mich mit anderen Studenten herum und mit Lehrkräften, ich gehe mit ihnen ins Bett. Er wurde plötzlich eifersüchtig, sehr eifersüchtig. Er kontrollierte meine Termine, wollte genau wissen, wo ich hinging. Eines Tages knackte er meinen Handycode und las meine Nachrichten, vermutete, dass ich mit einem Kommilitonen mehr als nur befreundet sei, und überschüttete mich mit Beschimpfungen. Schau dich doch an, wie hässlich du bist, dich will doch sowieso keiner, bilde dir bloß nichts ein auf dich und deine Medizinerfreunde. Er wurde immer ausfallender, immer beleidigender. Dass er eines Tages wieder zuschlagen könnte, hätte ich allerdings nicht gedacht. Es war mittlerweile mehr als drei Jahre her, dass er mich einmal körperlich angegriffen hatte. Seither war er nicht mehr handgreiflich geworden.

Doch dann prügelte er in dieser dunklen Winternacht wie ein Besessener auf mich ein, gegen Ende des Jahres, in dem ich mein Studium begonnen hatte. Mit der vollen Wucht seiner Wut und seines Hasses, immer weiter, nicht enden wollend, in Gegenwart unseres kleinen Sohnes. Diese Prügelattacke half mir letztendlich dabei, Schritte aus dem Gefängnis heraus zu wagen, was ich ohne diesen Übergriff wohl nicht geschafft hätte.

Am nächsten Tag kam eine E-Mail von Alexander, in der er sich teilweise entschuldigte. Er sei bestürzt, dass so etwas passieren konnte, stand darin. Er entschuldigte sich nicht dafür, dass er wie von Sinnen auf mich eingedroschen hatte. Er fragte vielmehr, wie wir nur an diesen Punkt gelangen konnten.

Der Polizei hatte er wie erwartet noch in der Nacht gesagt, er sei nicht der alleinige Täter. Ich hätte ihn auch verletzt, ich hätte meinen Anteil an der Prügelattacke gehabt, deshalb habe er angerufen. Es stand Aussage gegen Aussage, und es gab keine Zeugen. Später, in einer Selbsthilfegruppe, sollte ich erfahren, dass gewaltausübende Männer offenbar häufiger selbst die Polizei anrufen. Es machte mich sprachlos, dass er seinen gewalttätigen Angriff auf mich als gegenseitige Prügelei darstellen wollte.

Ich bekam ein Schreiben, in dem seine Behauptung festgehalten war, mit dem Hinweis, ich könne rechtlich dagegen vorgehen. Doch ich hatte gerade mein Studium begonnen und wollte nicht aktenkundig werden. Außerdem hoffte ich immer noch, dass wir unsere Ehe in andere Bahnen lenken und weiterführen könnten. Der Schritt vor Gericht oder zu einer Anzeige mit Platzverweis erschien mir zu groß, zu zerstörerisch für unser Familienleben. Ich ging ihn nicht.

Ich ging stattdessen kurz danach wieder an die Uni, um im Studium nichts zu verpassen. Eine Kommilitonin sprach mich auf mein blau verfärbtes, geschwollenes Gesicht, auf die aufgeplatzte Lippe und das große Hämatom auf der Backe an. Ich sagte ihr, dass ich mit meinem Sohn beim Spielen heftig zusammengestoßen sei. Sie wirkte ungläubig, fragte aber nicht weiter nach.

Ich machte wegen meiner Verletzungen einen Termin in der Praxis meiner Hausärztin aus. Zum ersten Mal gelang es mir hier, einer Vertretungsärztin zu erzählen, was wirklich passiert war. Es brach aus mir heraus. Ich redete es mir von der Seele, die Schläge, die Verletzungen, die Beschimpfungen, die Entwertungen. Die Ärztin schaute sich meine Blutergüsse an, ließ mich erzählen und schien das Ausmaß dessen, was sie sah und hörte, zu begreifen. Sie schickte mich sofort weiter zu einer Psychotherapeutin, einer Expertin für häusliche Gewalt.

Aus der ersten Sitzung wurden mehrere Jahre. Die Therapeutin versuchte von Anfang an sehr intensiv, mir die rosarote Brille zu nehmen. Sie half mir dabei, allmählich wieder die Realität greifen zu können, die Alexander mir über Jahre hinweg deformiert hatte. Es ging zunächst einmal lange darum, die rosa Wolke zu zerschmettern, sie mit einem Hammer zu zerschlagen, weil sie äußerst hartnäckig war. Es wird wieder so schön, so rosarot wie am Anfang, wenn ich mich nur genug anstrenge, es liegt an mir, ich muss alles dafür geben. Diese Überzeugung in mir war so groß, so felsenfest, dass es viel Zeit brauchte, sie Steinchen für Steinchen abzutragen. Ich musste wieder lernen, mir selbst zu vertrauen, auf mich selbst zu hören, auf mich zu achten anstatt nur auf andere. Sicherlich war der harte Überzeugungsfelsen in mir während der Beziehung zu Alexander gewaltig gewachsen. Doch mein Elternhaus, die Probleme mit meinem Vater, hatten vermutlich bereits in meiner Kindheit einen Grundstein dafür gelegt.

Es war keine einfache Aufgabe für meine Psychotherapeutin. Ich war sehr froh, sie gefunden zu haben, denn sie kannte sich gut aus mit den Mechanismen psychischer Gewalt. Sie gab mir sehr deutlich zu verstehen, dass ich ihrer Meinung nach unter dem

Stockholm-Syndrom leide. Sie interpretieren alles, was passiert ist, so, dass Sie Ihren Mann damit schützen, sagte sie zu mir, als sie wieder einmal energisch mit dem Hammer auf die rosarote Wolke und den großen Überzeugungsfelsen einschlug. Sie möchten ihn schützen, und deshalb nehmen Sie die gesamte Schuld für das, was geschehen ist, auf sich. Immer wieder konfrontierte sie mich damit, immer wieder verschloss ich meine Augen fest vor dieser Perspektive, kniff sie zusammen, um die andere Realität nicht sehen zu müssen. Nur langsam gelang es mir, sie einen schmalen Spalt weit zu öffnen und auszuhalten, was ich sah. Ich schaffte es, die Glaubenssätze, die Alexander mir jahrelang eingeimpft hatte, ein Stück weit abzustreifen. Deine Herkunft ist falsch, du bist falsch, du bist zu empfindlich und zu hysterisch. Aber du kannst dich ja ändern, du musst dich ändern, es liegt alles an dir, das war seine Kernbotschaft. Und ich hatte sie verinnerlicht.

Parallel zur Therapie war ich bei mehreren Beratungsterminen bei einer Interventionsstelle gegen häusliche Gewalt. Dort konnte ich einfach hingehen, so oft ich wollte. Ich konnte über meine Probleme, Fragen und Zweifel sprechen und dabei anonym bleiben. Auch das war für mich eine hilfreiche Begleitung.

Mir war klar, dass die Therapie ein längerer Weg werden würde. Noch fühlte ich mich, trotz der ersten zaghaften Schritte aus meinem Gefängnis heraus, abhängig von Alexander. Ich finanzierte mein Medizinstudium selbst, ich konnte meine drei Kinder versorgen, ich arbeitete. Finanziell war ich selbstständig und unabhängig von meinem Mann. Emotional allerdings noch lange nicht.

Vorwärts
2017–2018
Ich war fest entschlossen, etwas zu ändern an meiner Situation. Endlich war die jahrelange Erstarrung, die Lähmung von mir abgefallen. Mit seiner Prügelattacke hatte Alexander eine tragende Wand meines Gefängnisses eingeschlagen. Kurz nach dieser

Nacht voller Panik und Schmerzen hatte er mir gegenüber beteuert, so etwas werde nie wieder vorkommen. Ich wollte ihm glauben, dem schmalen rosaroten Lichtstreif vertrauen, den er in die Zukunft malte. Doch ich spürte, dass ich es nicht mehr konnte. Ich bat Alexander, sich bei einer Täterberatung anzumelden. In der Universitätsstadt, in der wir lebten, gab es solche Angebote für gewalttätige Männer. Er wollte nichts davon hören. Stattdessen wurde er wütend. Er sei kein Täter. Das alles habe nur passieren können, weil ich es verursacht hätte. Ich sei schuld. Ich hätte ihn provoziert, ich hätte ihn durch mein Verhalten dazu getrieben, zuzuschlagen. Schließlich komme ich ja selbst aus einer Familie, in der geschlagen wurde. Wir könnten in eine Paarberatung gehen. Aber er werde sich nicht als Täter darstellen lassen.

Er begann sich wieder Mühe zu geben, rosarote Momente aufblitzen zu lassen. Er half viel im Haushalt, er kümmerte sich um die Kinder, er umschmeichelte mich. Er versuchte offenbar, in mir den Hoffnungsfunken zu wecken, dass vielleicht doch noch alles gut werden könnte. Wieder sah ich weit entfernt einen kleinen Lichtstreif am Horizont. Ich zögerte, ich hielt inne auf meinem Weg.

Und wir gingen wieder einmal in eine Paarberatung. Wieder einmal wurden nur Symptome besprochen, keine Ursachen. Wer kocht, wer räumt auf, wie lässt sich die Kinderbetreuung so organisieren, dass mehr Zeit füreinander bleibt. Es änderte sich nichts, es ging nichts vorwärts. Immer, wenn er mich vor anderen kritisierte und ich versuchte, mein Erleben zu schildern, ging er sofort dazwischen. Das ist nicht passiert. So war es gar nicht. Das bildest du dir nur ein. Er versuchte, es so darzustellen, als dächte ich mir alles nur aus, weil ich ihm schaden wollte.

Als ich das erkannte, setzte ich innerlich meinen Weg fort. Wenn die Unsicherheit zurückkam, wenn die Selbstzweifel zu nagen begannen, holte ich meine Protokolle aus einer gut versteckten Kiste im Keller. Ich las, was ich aufgeschrieben hatte, nach der

Prügelattacke und nach ein paar anderen Situationen, in denen mir seine Angriffe auf meine Psyche den Boden unter den Füßen weggezogen hatten. Es war nicht viel, weil ich immer Angst hatte, er könnte es finden. Doch es half mir dabei, mich nicht länger beirren zu lassen. Er kann sich mir in den Weg stellen, er kann versuchen, ihn mir mit seiner ganzen Körperfülle, die er sich in den letzten Jahren angegessen hatte, zu versperren. Doch ich gehe trotzdem weiter. Immer weiter. Vorwärts.

Eines Tages nahm ich meinen ganzen Mut zusammen, schluckte die aufkommende Panik herunter und schilderte in der Paarberatung die Beleidigungen und Beschimpfungen, die jahrelangen Entwertungen und Demütigungen, die permanenten Schuldzuweisungen. Du bist zu blöd, du bist falsch, du bist zu empfindlich, schau dich doch an, du bist psychisch krank. Endlich schaffte ich es, all das klar anzusprechen, die anhaltenden Prügelattacken auf meine Seele offen auf den Tisch zu legen. Noch während ich erzählte und dabei immer wieder nach passenden Worten suchen musste, sprang Alexander abrupt auf. Ohne etwas zu sagen, rannte er wutentbrannt aus dem Beratungsraum und knallte die Tür hinter sich zu. Das war das Ende unserer Paarberatungen.

Unser Alltag wurde immer schwieriger und unberechenbarer. Schon Kleinigkeiten konnten zu einer Eskalation führen. Eines Samstags kam ich aus der Unibibliothek nach Hause, ich musste sehr viel lernen zu dieser Zeit, auch an den Wochenenden. Im Flur stolperte ich über einen Korb Wäsche. Ich hatte Alexander gebeten, sie zu waschen, und fragte ihn, warum der Korb dort stand. Er explodierte, warf mit Beleidigungen um sich, und der Streit über den Wäschekorb hörte tagelang nicht auf. Ich hatte das Gefühl, zu Hause nur noch leise auf Zehenspitzen herumlaufen zu können. Im Studium kam ich dennoch gut voran und ging ab und zu mit Kommilitoninnen und Kommilitonen weg, unternahm abends etwas. Alexander reagierte jedes Mal aggressiv darauf. Ich solle mich nicht so weit aus dem Fenster lehnen, drohte er mir. Und falls ich jemals in Erwägung ziehen sollte, mich von ihm zu trennen, dann sollte ich immer daran denken: So eine Frau wie mich wolle ohnehin niemand haben, so wie ich aussähe, so wie ich sei, und dazu noch mit drei Kindern. Diese Sätze fielen häufig, und sie spukten nachhaltig in meinem Kopf herum. Ich glaube, sie werden mich noch sehr lange auf meinem Weg begleiten. Doch ich war nicht mehr bereit, umzukehren.

Die Angriffe auf mich wurden heftiger, die Auseinandersetzungen lauter. Mehrmals spuckte er mich während unserer Wortwechsel an, er spuckte mir ohne Vorwarnung mitten ins Gesicht. Es werde nie wieder vorkommen, hatte er nach seiner Prügelattacke im Winter beteuert. Nicht im Beisein der Polizei oder der Paarberaterin, aber immerhin mir gegenüber, unter vier Augen. Es wird nicht mehr vorkommen, hatte er gesagt. Und nach einer kurzen Pause hinzugefügt: Du wirst mich nicht mehr so weit bringen. Eine erneute Schuldzuweisung, doch ich hatte ihm ohnehin nicht mehr geglaubt. Und ich hatte recht gehabt. Jetzt, noch nicht einmal ein halbes Jahr später, sollte es sich wiederholen. Nicht so heftig wie in der dunklen, angsterfüllten Winternacht, aber stark genug, um die Erinnerungen daran, den Horror und die Panik, sofort wieder in mir wachzurufen.

Er war nach einem Streit verschwunden. Als er nachts um zwei noch nicht zurück war, rief ich ihn an, denn ich machte mir Sorgen, dass ihm etwas zugestoßen sein könnte. Bereits am Telefon fing er an, mich zu beschimpfen und wirkte äußerst aggressiv. Als er schließlich nach Hause kam, brüllte er im Treppenhaus herum, beleidigte mich weiter, schimpfte lautstark. Ich bat ihn, im Wohnzimmer zu schlafen, denn ich roch Alkohol in seinem Atem. Doch er weigerte sich. Er kam wutentbrannt ins Schlafzimmer, spuckte mich mehrmals an und schlug mir schließlich mit voller Kraft ins Gesicht.

Ich ging zum Arzt, um meine Verletzungen behandeln zu lassen, und zu meiner Psychotherapeutin, um die wieder aufgerissenen

Wunden auf meiner Seele versorgen zu lassen. Es war der endgültige Abschied von der leisen, immer wieder aufkeimenden Hoffnung, dass unsere Ehe, unser Familienleben, vielleicht doch noch eine Zukunft haben könnte. Ich erstickte den Hoffnungsfunken, den Alexander nach der letzten Prügelattacke in mir zu entfachen versucht hatte. Ich löschte ihn ein für alle Mal aus.

Immer noch suchte ich die Schuld für alles bei mir, doch durch die Gespräche mit anderen Menschen, mit meiner Ärztin, mit meiner Therapeutin und in der Interventionsstelle, war mir klargeworden, dass es nur eine Möglichkeit gab. Den Weg hinaus aus dieser Beziehung konsequent weiterzugehen, die sich immer weiter drehenden Gewaltspirale zu verlassen. Ich durfte mich der körperlichen Gewalt nicht länger ausliefern und auch der psychischen Gewalt nicht, die mich noch viel nachhaltiger beschädigt hatte als die Prügel.

Er unterstellte mir weiterhin eine psychische Erkrankung, eine Borderline-Störung. Ich hatte Angst, dass er mir mit so einer Begründung die Kinder wegnehmen könnte, falls wir uns trennen sollten. Ich ging zu einer Psychiaterin und bat sie um eine Diagnose. Ich wollte wissen, ob ich tatsächlich psychisch krank war, wie er es mir seit Jahren unterstellte, oder nicht. Ich fürchte, ich könnte unter einer Borderline-Störung leiden, sagte ich zu der Psychiaterin. Sie fand diese Vermutung völlig abwegig.

Ich war erleichtert. Nun hatte ich es schwarz auf weiß. Ich war nicht verrückt, ich war es nie gewesen. Der undurchdringliche innere Nebel lichtete sich weiter. Ich hatte mich trotz Alexanders Störmanövern nicht von meinem Weg abbringen lassen. Doch ich wusste nicht, wie ich die nächsten Schritte gehen könnte, ohne weitere Verletzungen zu riskieren.

Die bloße Anwesenheit meines Mannes versetzte mich mittlerweile in Angst, in körperlich spürbare Angst. Ich war froh, wenn er nicht da war und ich mich ein wenig entspannen konnte. Zweimal war er bereits für eine Weile ausgezogen, seit ich mit dem Studium begonnen hatte, und später wieder eingezogen. Jedes Mal, wenn er gegangen war, war ich in ein Loch der Verzweiflung gestürzt. Er war weg, ich wusste nicht wo, ich konnte ihn nicht erreichen. Wo war er, was sollte ich tun, wie sollte ich das alles schaffen? Ich war allein zu Hause mit den Kindern, musste den Alltag in den Griff kriegen und jeden Morgen um sieben Uhr beim Praktikum sein. Er stellte seine Auszüge als Deeskalationsversuche dar. Er war nicht mehr greifbar für seine Familie, nur dann, wenn er es wollte, zu seinen Bedingungen. Eines Tages wollte er nachmittags die Kinder sehen. Wir kamen ein klein wenig später, denn wir hatten vorher einen Ausflug mit der Tagesmutter gemacht und uns dabei verlaufen. Schon von Weitem war seine Wut an seiner Körperhaltung erkennbar. Er brüllte uns entgegen, dann sei er eben nicht wie abgemacht am Abend für die Kinder da, setzte sich ins Auto und fuhr davon. Später sollte er versuchen, solche Situationen vor Gericht gegen mich zu verwenden, zu behaupten, ich hätte ihm systematisch die Kinder vorenthalten wollen.

Irgendwann zog er wieder bei uns ein. Danach noch einmal aus, während ich gerade mitten in den Vorbereitungen für das erste Staatsexamen steckte. Und dann wieder ein, dieses Mal allerdings nicht mehr ins gemeinsame Schlafzimmer. Er verbrachte die Nächte im Keller, ich unter dem Dach. Ich war froh über diesen Abstand, der mich ein wenig ruhiger schlafen ließ. Öfter schreckte ich allerdings hoch, wenn er spät nachts nach Hause kam, angetrunken, polternd und Türen knallend. Sofort griff wieder die Angst nach mir und ließ mich nicht los, bis die Kellertür zufiel und im Hausflur endlich Ruhe einkehrte.

Immer intensiver dachte ich darüber nach, wie ich mich am besten aus der Beziehung lösen könnte, wie ich mich trennen könnte, ohne meine Kinder zu verlieren und ohne selbst in Gefahr zu geraten. Während sich meine Gedanken wieder einmal angstvoll im Kreis drehten und keinen Ausweg fanden, spielte mir das Schicksal in die Hände.

Eines Tages fand ich im Flur ein offenes Päckchen mit Marihuana. Unser kleiner Sohn konnte damals schon laufen und war überall im Haus unterwegs, deshalb nahm ich es und legte es weg. Zwei Wochen später lag ein neues Päckchen herum, direkt neben der Haustür. Dieses Mal platzte mir der Kragen. Ich nahm es, ging zur Polizei und gab es dort ab. Ich sagte, dass ich es im Rucksack meines Mannes gefunden hätte. Mir war klar, dass mit diesem Schritt eine gemeinsame Zukunft, undenkbar geworden war. Schon zuvor hatte ich eine Wohnung für mich und meine Kinder gesucht. Ich hatte ihm davon erzählt, und er hatte mir gedroht. Wenn du das machst, dann ist es vorbei, hatte er gesagt. Nun war es also vorbei, bevor ich auszog. Nachdem ich das Drogenpäckchen bei der Polizei abgegeben hatte, verließ Alexander mich. Er packte seine Sachen und ging. Ich war erleichtert darüber, denn ich war mir nicht sicher, ob ich den Schritt von ihm weg, in eine neue Wohnung, tatsächlich geschafft hätte.

Unverhofft war ich ein großes Stück weitergekommen auf meinem langen Weg heraus aus meinem seelischen Gefängnis. Doch mir war klar, dass die räumliche Trennung wahrscheinlich noch längst nicht das Ende seiner Angriffe auf meine Psyche bedeuten würde.

Fallstricke
2018–2020

Ich zog mit den Kindern, die mittlerweile drei, sieben und dreizehn Jahre alt waren, in unsere neue Wohnung ein. Eine helle und freundliche Umgebung, unbelastet von den Schatten. Ein guter Platz, um zur Ruhe kommen und Kraft für die nächsten Schritte zu sammeln. Ein Hauch von Freiheit, so hoffte ich, doch ich täuschte mich. Schnell zog sich die Schlinge wieder ein Stück zu.

Alexander schickte mir Nachrichten. Nachrichten, die für mich bestimmt waren und Mitteilungen, die angeblich nur aus Versehen bei mir landeten. Wie aus Versehen erreichte mich eine Nachricht an eine Arbeitskollegin, von der er mir schon früher vorgeschwärmt hatte. Daraus ging sehr deutlich hervor, dass er bei ihr übernachtet hatte. Kaum war ich ausgezogen, schon wurde ich ausgewechselt. Austauschbar, nichts wert, dumm und hässlich. Ein bitterer Beigeschmack legte sich über das neugewonnene Gefühl der Unabhängigkeit. Ich merkte, dass die Probleme durch meinen Umzug noch lange nicht gelöst waren.

Wir gingen zusammen zu einer Mediation. Ich hatte diesen Schritt angestoßen, in der Hoffnung, ein Gerichtsverfahren vermeiden zu können. Alexander trat dort nach außen hin sehr abgeklärt auf, so als gehe es ihm nur noch darum, das Beste für sich herauszuholen. Es war in diesem Rahmen weder ein Austausch noch eine Klärung möglich, und ich fühlte mich sehr unwohl. In seiner Gegenwart kam vieles in mir hoch, die Angst, die Zweifel, die Schmerzen, die Scham.

Und schnell stellte sich heraus, dass sein Auftreten nur eine Maske für die Außenwelt war. Hinter dieser Maske versuchte er, mein Umfeld gegen mich aufzubringen. Er erzählte den Kindern, dass mir das Studium wichtiger sei als sie, sie kämen nur an zweiter Stelle. Er versuchte, auch die Tagesmutter auf seine Seite zu ziehen. Sie arbeitete unter der Woche einen Tag bei ihm und zwei Tage bei mir. Die Finanzierung lief über mich, denn er weigerte sich, seinen Anteil zu zahlen. Stattdessen machte er mich schlecht, erzählte ihr, ich sei verrückt und hysterisch, unberechenbar. Er begann sie gegen mich zu mobilisieren, und ein Stück weit gelang es ihm zunächst auch. Es war eine schwierige Zeit. Alexander versuchte, die Fäden in der Hand zu behalten, die gelockerte Schlinge um mich herum wieder fester anzuziehen – bis mir auch hier das Schicksal in die Hände spielte. Wir mussten weiterhin unser Auto miteinander teilen, und eines Tages wollte er mir im Beisein der Tagesmutter weismachen, er habe mir den Autoschlüssel in den Briefkasten geworfen. Der Schlüssel war nicht da, nicht im Briefkasten, nirgendwo. Alexander bestand darauf, dass er ihn eingeworfen hätte. Ich würde lügen, ich sei nun wohl völlig durchgedreht. Die Tagesmutter hatte allerdings mitbekommen, dass er den Autoschlüssel definitiv nicht in den Kasten geworfen hatte. Sie kam hinterher zu mir und sagte, sie wisse schon, dass er es mit der Wahrheit nicht so genau nehme. Ich war erleichtert: Ich war nicht verrückt, und endlich hatte jemand einen seiner meist erfolgreich getarnten Angriffe auf meine Psyche miterlebt.

Ich versuchte, den Abstand zu vergrößern. Ich verbot meinem Mann, die neue Wohnung zu betreten, wenn er die Kinder abholte. Ein paarmal brüllte er im Treppenhaus herum, benahm sich wie ein Wahnsinniger, drohte mir, tobte. Daraufhin verbot ich ihm, ins Haus zu kommen. Ich schaffte mir einen sicheren Raum. Und ich begann mich abzulenken. Ich traf Freunde und Bekannte, ich lud sie ein und kochte für sie. Ich konnte nicht alleine sein, denn dann kamen die Angst, die Schuld, die Scham und die Selbstzweifel zu Besuch. Ungebetene, hartnäckige Gäste.

Es war nicht möglich, Alexander völlig aus dem Weg zu gehen. Wir mussten nach der Trennung vieles klären und wir hatten gemeinsame Kinder. Da wir es nicht geschafft hatten, selbst eine Umgangsregelung zu finden, musste nun gerichtlich geklärt werden, wie der Kontakt zwischen unseren Söhnen und ihren Eltern künftig gestaltet werden sollte. Eine sehr hohe Belastung für mich, eine permanente Anspannung. Ich fühlte mich unter Druck gesetzt. Alexander hatte sich eine junge, erfolgreiche Anwältin aus einer sehr bekannten Kanzlei genommen. Sie und die Richterin waren im selben Alter und kannten sich. Von meinem Noch-Ehemann und seiner Anwältin kamen mündliche Drohungen dazu, was alles gegen mich verwendet werden könnte. Wir haben sehr viel in der Hand, signalisierten sie mir, deine Chancen stehen schlecht. Es sei wechselseitige Beziehungsgewalt gewesen, wollten sie geltend machen. Alexander schien sich als Opfer zu inszenieren. Außerdem versuchten sie, es so aussehen zu lassen, als sei ich nicht in der Lage, mich um meine Kinder zu kümmern.

Es wurde ein langes Gerichtsverfahren, es dauerte mit Berufung eineinhalb Jahre, eine dunkle und sorgenvolle Zeit, und ich hatte große Angst vor der Entscheidung.

Wir hatten als Verfahrensbeistand eine Frau, die die Interessen der Kinder herausfinden und wahrnehmen sollte. Sie sprach mit ihnen alleine, im Protokoll konnte ich hinterher nachlesen, dass sie ihnen viele Suggestivfragen gestellt hatte. Ihr habt euren Papa schon auch gleich lieb wie die Mama, hatte sie gefragt. Oder: Ihr wollt ja schon auch gleich viel Zeit mit dem Papa verbringen wie mit der Mama. Was sollten die Kinder, die damals vier und acht Jahre alt waren, anderes sagen als: Ja, ich habe meinen Papa auch lieb.

Ich wollte meine Söhne weiterhin gerne etwas mehr bei mir haben, so wie vorher. Auch in Hinblick auf die manipulativen Verhaltensweisen ihres Vaters. Doch die psychische und die körperliche Gewalt, die stattgefunden hatten, interessierten die Richterin überhaupt nicht. Sie kamen nicht zur Sprache, sie wurden unter den Teppich gekehrt, und es wurde einfach knallhart das Wechselmodell durchgeboxt. Die Kinder sollten künftig abwechselnd bei mir und bei Alexander wohnen. Wir müssten uns arrangieren, wurde uns mitgegeben, und gemeinsam zur Erziehungsberatung gehen. Auch in der Beratungsstelle schien es niemanden zu interessieren, was in unserer Ehe alles vorgefallen war an Entwertungen, an Demütigungen, an Gewalt. Niemand dort schien diese Problematik zur Kenntnis nehmen zu wollen, niemand ging darauf ein. Vor jedem Termin überfiel mich die Angst. Nicht als leises Hintergrundrauschen, sondern mit lauter, beklemmender Wucht. Während der Beratungen musste ich Alexander gegenübersitzen, obwohl alles in mir laut schrie: Nein! Es geht nicht. Ich muss hier weg. Sofort. Obwohl meine Hände zittrig wurden, meine Knie weich und mein Herz anfing, unkontrolliert zu rasen. Jedes Mal musste ich vorher versuchen, meine Nerven wenigstens halbwegs zu beruhigen, konzentriert gegen die Panik anzuatmen.

Manchmal gelang es mir, manchmal nicht. Mehr als zwei quälende Jahre lang gingen wir in die Erziehungsberatungsstelle, in der für mich das Unverständnis und die Angst zu Hause waren.

Eines Tages tauschte ich mich in einem Internetforum darüber aus, wie schwierig ich das Vorgehen der Beratungsstelle fand. Daraufhin schrieb mir eine Erziehungsberaterin, die offenbar selbst in so einer Einrichtung tätig war. Ich solle einmal darüber nachdenken, schrieb sie, ob diese Methode der lösungsorientierten Beratung nicht sinnvoll sei. Sinnvoll, um meinem Mann das Gefühl zu vermitteln, er werde ernst genommen, er sitze als Vater gleichberechtigt mit am Tisch. Das mache es wahrscheinlicher, dass er sich nicht querstelle, sondern kooperiere. Und letztlich diene das den Kindern, darum ginge es ja schließlich. Ich antwortete ihr, dass ich den Ansatz, die Absicht dahinter, verstünde. Doch als Gewaltbetroffene gehe ein solches Vorgehen auf meine Kosten und verschlechtere meinen Zustand weiter.

Ich unterhielt mich mit einer fachkundigen Person über diese Form der Beratung, und sie erklärte mir, wenn häuslicher Gewalt im Spiel sei, sei so ein Prozedere nicht angezeigt. Denn in solchen Fällen sei von vornherein klar, dass es nicht funktionieren könne und den Betroffenen noch zusätzlich schade.

Mit den Behörden und den Beratungsstellen, mit denen ich bis dahin zu tun gehabt hatte, hatte ich sehr unterschiedliche Erfahrungen gemacht. Manche schienen sich auszukennen mit psychischer Gewalt, mit häuslicher Gewalt und ihren Folgen. Die Polizei etwa, die Beamtinnen und Beamten, die ich getroffen hatte, schienen geschult zu sein für diese Thematik. Sie hatten besonnen und unterstützend reagiert, zumindest hier, in der Universitätsstadt, schien ihr Bewusstsein dafür geschärft zu sein.

Die Paarberatungen, die wir besucht hatten, konzentrierten sich dagegen auf unseren Alltag, auf Organisatorisches, sie schauten nicht hinter die Fassade und ließen strukturelle Fragen außen vor.

Auch mit dem Jugendamt hatte ich keine guten Erfahrungen gemacht, weder nach Alexanders Prügelattacke im Beisein meines Sohnes noch während des Gerichtsverfahrens zum Sorgerecht und zum Umgang. Während des Verfahrens kamen sie manchmal einfach nicht zu den vereinbarten Terminen und sie schienen sich mit dem Thema häusliche Gewalt nicht gut auszukennen.

Im Sommer 2020 wurden wir schließlich geschieden. Es war ein nüchterner, unspektakulärer Akt. Und dennoch eine große Erleichterung. Mein ältester Sohn wollte keinerlei Kontakt mehr zu seinem Stiefvater. Für die beiden Kleineren hatten wir eine Umgangsregelung gefunden.

Immer deutlicher sah ich Licht am Ende des langen Beziehungstunnels. Ich konnte meine Kraft und meine Liebe künftig wieder für mich selbst und für meine Kinder einsetzen. Und für meine Träume. Mein Studium hatte ich so präzise geplant, dass mir niemand etwas anhaben konnte. Ich war finanziell unabhängig und konnte nun, nach der Scheidung, unbeschwerter vorwärts gehen. Und dabei auch die emotionale Hypothek weiter abarbeiten, die auf mir lastete. Schritt für Schritt.

Ich dachte viel nach über mich, über unsere Ehe, über Alexander und seine Familie. Was ich erlebt hatte, ließ mir keine Ruhe, und eines Tages rief ich die Freundin seines Bruders an. Schon öfter hatte ich die Vermutung gehabt, dass es in dieser Beziehung Parallelen zu unserer geben könnte. Ich schilderte ihr den jahrelangen psychischen Druck auf mich, die Gewalt. Ich sagte ihr, dass ich nicht schlecht über Alexander reden wolle, sondern ihr einfach nur erzählen wolle, was vorgefallen war. Und dass ich hoffe, es laufe bei ihr und seinem Bruder nicht ähnlich. Hinterher schämte ich mich wegen des Anrufs, fragte mich, ob ich das Richtige getan hatte. Sie ließ danach nichts mehr von sich hören.

Ich machte mich auf die Suche nach anderen, die ähnliche Erfahrungen wie ich gemacht hatten, und wollte mich bei einer Selbsthilfegruppe anmelden. Die Gruppe existierte nicht mehr, also gründete ich mit Unterstützung der Interventionsstelle gegen häusliche Gewalt eine neue. Der Austausch mit Menschen, die wie ich psychische und körperliche Gewalt erfahren hatten, half mir auf einer anderen Ebene als meine Psychotherapeutin, zu der ich auch weiterhin ging. In vielen Geschichten aus der Gruppe fand ich mich selbst wieder, und ich erkannte dabei immer klarer die Systematik, die dahintersteckte. Eine Frau verspürte sehr große Scham, zu den Treffen zu kommen. Ihr Mann war eine bekannte Persönlichkeit, und sie hatte Angst, dass ihre Probleme bekannt werden könnten. Sie war seit 30 Jahren mit diesem Mann zusammen und erlebte genau dasselbe wie ich. Sie wurde von ihm ständig für verrückt erklärt, für hysterisch und gestört, ihr wurden immer wieder psychische Erkrankungen unterstellt. Er war im medizinischen Bereich tätig, also war sie überzeugt, es müsse etwas dran sein, er war schließlich Fachmann. Es ging ihr sehr schlecht, psychisch und körperlich. Sie wurde so klein gemacht, dass am Ende fast nichts von ihr als Person übrig war. Sie erkannte sich selbst nicht mehr wieder, dennoch hatte sie große Angst, aus dieser zerstörerischen Ehe auszusteigen. Auch viele andere Teilnehmerinnen waren schon sehr lange in gewaltgeprägten Beziehungen voller Psychoterror gefangen und schafften es nicht, sich daraus zu lösen. Ich war nicht mehr allein, auf meinem Weg.

Gewissheit
2021–2022

Zu den Treffen der Gruppe nehme ich häufig Bücher mit. Es ist mir sehr wichtig, dass wir nicht nur persönliche Erfahrungen austauschen, sondern auch lernen, die Systematik psychischer Gewalt zu verstehen. Und dass wir uns mit den gesellschaftlichen Hintergründen beschäftigen. Wir hatten schon Vorträge zur Gewaltspirale, zum »Gaslighting«, also der gezielten Verunsicherung und Deformierung des Realitätssinns, welche viele aus der Gruppe in ihren Partnerschaften erlebt haben. Und zur projektiven Identifizierung, einem unbewussten Abwehrmechanismus bei Konflikten, der sich in solchen Beziehungen häufig findet. Die Gewaltausübenden verlagern eigene Spannungen und Gefühle in die Partnerin oder den Partner und bekämpfen sie dort quasi stellvertretend.

Ich möchte all diese Zusammenhänge besser begreifen und bekannter machen. Sicherlich hat meine Kindheit, haben die Erfahrungen mit meinem Vater dazu beigetragen, dass ich anfällig war für so eine Art von Beziehung. Sicherlich gibt es immer einen eigenen Anteil. Doch diese Erklärung finde ich allein nicht ausreichend. Es gibt Strukturen, die psychische Gewalt zulassen und sie begünstigen, und ich erkenne sie immer deutlicher. Es sind nicht nur familiäre Strukturen. Es ist auch ein bestimmtes Frauenbild und ein bestimmtes Männerbild und eine Verunsicherung darüber.

Eine Teilnehmerin der Gruppe erzählt öfter von ihrer jungen Hausärztin. Diese sagt, das Thema psychische und häusliche Gewalt komme gerade sehr häufig auf sie zu und sie wisse gar nicht so recht, was sie tun solle. Ich finde es sehr wichtig, ein größeres Bewusstsein dafür zu schaffen und den Betroffenen mehr Unterstützung für einen früheren Ausstieg anzubieten. Das geht sicherlich nur über eine stärkere Vernetzung von unterschiedlichen Hilfsangeboten, und dafür möchte ich mich zusammen mit anderen engagieren, zumindest in der Stadt, in der ich lebe. Wir müssen die Betroffenen so früh wie möglich erreichen, schon bevor das Gefängnis aus Scham und Schuld um sie herum so weit aufgebaut ist, dass sie die Mauern aus eigener Kraft nicht mehr überwinden oder einreißen können. Auch ich hätte ohne Unterstützung wahrscheinlich niemals einen Ausweg gefunden, oder erst viele Jahre später. Und die tiefen Verletzungen, die die lange Gefangenschaft hinterlassen hat, spüre ich noch immer, in den unterschiedlichsten Situationen.

Ein Jahr nach der Trennung von Alexander hatte ich einen Mann kennengelernt. Es wurde eine Fernbeziehung daraus.

Schnell merkte ich, dass es mir sehr schwerfiel, mich tiefer darauf einzulassen, ihn an mich heranzulassen. Ich brauchte Abstand, Raum für mich. Wir sahen uns in den Ferien, ansonsten nur alle vier Wochen, er kam übers Wochenende zu mir. Es gelang mir kaum, Vertrauen zu ihm zu fassen. Es war einfach zu früh, nach zehn Jahren Psychoterror.

Immer wieder hörte ich Alexanders Stimme abfällig sagen: Du wirst ohnehin niemanden finden, der sich ernsthaft für dich interessiert. Schau dich doch an. Und dann noch mit drei Kindern. Diese Sätze schossen in mir hoch, wie eine Fontäne, so dass ich keine Chance hatte, sie zu stoppen. Und auch die Angst lag ständig lauernd hinter dem Vorhang der Verliebtheit. Als wir einmal einen Streit hatten, schleuderte mein neuer Freund einen Stein vom Tisch. Eine schnelle Handbewegung. Nicht in meine Richtung. Doch diese Bewegung, die Wucht der Emotion, löste in mir eine mächtige Erinnerungsflut aus. Ich musste sofort hinaus, Hals über Kopf, die Nase über Wasser bekommen, atmen, die Panik wieder einfangen. In diesem Moment merkte ich sehr deutlich, wie viel in meinem Inneren noch pflegebedürftig ist.

Ich versuche das auch meinen Söhnen zu vermitteln. Es ist schwierig. Ich kann nicht einschätzen, wie viel die beiden Kleinen mitbekommen haben, ich bin unsicher. Ich möchte vermeiden, sie gegen ihren Vater aufzubringen. Aber irgendwann, wenn sie groß genug sind, um es zu verstehen, werde ich mit ihnen über alles sprechen. Die meisten Gewaltausübenden sind männlich. Aus meinen Söhnen werden Männer, und damit habe ich auch eine Verantwortung. Ich kann als Mutter dazu beitragen, dass sich Geschichten wie meine nicht wiederholen.

Mein ältester Sohn ist inzwischen einen Kopf größer als ich und kräftig. Einmal baute er sich während eines Wortwechsels vor mir auf. Ich merkte, wie mir in diesem Moment die Panik mit scharfen Krallen hinterrücks ins Genick sprang. Daraufhin redete ich mit ihm. Ich erzählte ihm vom »Gaslighting«, von den ständigen Abwertungen und von den Prügeln. Nicht alle Details, aber einiges. Ich wollte ihm klarmachen, warum ich sensibel auf seine drohende Pose reagierte. Und ihn darauf hinweisen, dass es keine Option ist, sich in einem Konflikt so zu verhalten. An diesem Tag erzählte ich ihm auch, welche Folgen Alexanders Verhalten für mich hatte und immer noch hat.

Die nagenden Zweifel und die schwankende Unsicherheit verblassen. Langsam, aber stetig. Vor einem Jahr begleiteten sie mich mindestens die Hälfte meiner Zeit. An der Uni, zu Hause, unterwegs. Jetzt kommen sie seltener, aber immer noch zu oft.

Ich lasse mich von ihnen nicht mehr abhalten, meinen Weg zu gehen. Es gibt noch viel zu tun. Ich hatte die meisten meiner Erlebnisse tief im Keller vergraben und den Schlüssel versteckt. Jetzt ist es an der Zeit, alles Stück für Stück wieder herauszuholen. Ich fühle mich stark genug dafür, in den dunklen Keller hinabzusteigen und es hoch ans Licht zu bringen. Für mich selbst und für andere.

Vor Kurzem hatte ich ein Erlebnis, das mich sehr darin bestärkt hat. Die Freundin von Alexanders Bruder meldete sich bei mir, drei Jahre nachdem ich sie angerufen hatte, um ihr von meinen Erfahrungen zu erzählen. Wir hatten seither keinerlei Kontakt mehr gehabt. Sie habe sich mittlerweile getrennt, sagte sie nun. Es sei das Gleiche vorgefallen wie bei mir. Sie habe massive psychische Gewalt erlebt, ebenfalls über zehn Jahre hinweg, nach demselben Muster wie bei mir. Sie sei beschimpft, beleidigt, abgewertet, verunsichert und für verrückt erklärt worden. Alexanders Bruder mache ihr auch nach der Trennung noch das Leben zur Hölle, erzählte sie, er lasse nicht von ihr ab. Sie habe mich schon seit einer Weile anrufen wollen, aber sie habe sich nicht getraut, große Angst gehabt, deshalb habe sie es monatelang vor sich hergeschoben.

Eine traurige Geschichte. Sie zeigt mir einmal mehr, dass ich auf dem richtigen Weg bin. Ich werde ihn weitergehen. Ich werde nicht mehr länger schweigen zum Thema psychische Gewalt.

Die Suche nach Unterstützung

Marias Beziehung beginnt schnell und sehr romantisch und sie hat zunächst eine hohe Intensität. Alexander ist der vermeintliche Traumprinz. Nach knapp einem halben Jahr schleichen sich zunächst Mikroangriffe, dann stärkere Aggressionen auf verschiedenen Ebenen ein. Marias Herkunft, ihr Aussehen und ihr Intellekt werden von Alexander ins Visier genommen. Mit permanenten Angriffen auf ihr Selbstwertgefühl versucht er, sie kleinzuhalten. Es sind typische Elemente psychischer Gewalt, die auch Eva und Anis erlebt haben.

Später kommen weitere Techniken der Destabilisierung hinzu, etwa sogenannte Double-Bind-Kommunikation. Auf unterschiedlichen Ebenen der Kommunikation werden zwei Botschaften gleichzeitig vermittelt, die sich widersprechen. Dies führt beim Gegenüber zu Verwirrung, dazu, die eigene Wahrnehmung infrage zu stellen. Außerdem betreibt Alexander ausgeprägtes »Gaslighting«. Er erklärt Maria für verrückt, er will ihr einreden, sie bilde sich Dinge nur ein. Er tut es so lange, bis sie schließlich selbst anfängt, an ihrem Verstand zu zweifeln. Auch eine typische Gummiband-Dynamik ist in Marias Geschichte klar erkennbar, ähnlich wie bei Eva. Alexander zieht aus der gemeinsamen Wohnung aus, dann wieder ein, dann wieder aus. Er lässt Maria im Ungewissen darüber, wo er ist und wann er wiederkommt. So sorgt er für Verunsicherung bei ihr. Seine Angriffe werden immer stärker, zwischendurch gibt es jedoch auch schöne Momente, die sie in der emotionalen Abhängigkeit von ihm festhalten. »Meine Psychotherapeutin gab mir sehr deutlich zu verstehen, dass ich ihrer Meinung nach unter dem Stockholm-Syndrom leide. Sie sagte: Sie interpretieren alles, was passiert ist, so, dass Sie Ihren Mann damit schützen«, erzählt Maria. Alexander gibt ihr die Schuld an den wiederkehrenden Konflikten, und sie nimmt diese Schuldzuweisung mit der Zeit an.

Gefährlich wird es für Maria, als sie sich schließlich ein Stück weit seiner Kontrolle entzieht. Sie beginnt ihr lange geplantes Studium, und das stellt für ihn eine Bedrohung dar, denn er verliert an Einfluss. Er reagiert zunächst mit noch stärkerer psychischer Gewalt darauf, dann mit Kontrollversuchen wie der Überwachung ihres Handys und schließlich mit einer Prügelattacke. Nach acht Jahren deutlich erkennbarer psychischer Gewalt schlägt er zu, als ihm die Kontrolle über Maria zu entgleiten droht. Und erst an diesem Punkt, als ein schwerer körperlicher Übergriff passiert und es aktenkundig wird, wird von außen hingeschaut. Nicht immer mit professionellem Blick.

In der Universitätsstadt, in der Maria lebt, ist das Thema psychische und häusliche Gewalt bereits besser im Hilfesystem verankert als an vielen anderen Orten. Ihre Ärztin, ihre Psychotherapeutin, die örtliche Interventionsstelle gegen häusliche Gewalt und in ihrem Fall auch die Polizei sind geschult und sensibilisiert. Hingegen wird während der Gerichtsverfahren zum Sorgerecht und zum Umgang, bei den Paarberatungen und in der Erziehungsberatungsstelle nach gewohnten und vermeintlich bewährten Verfahrensabläufen vorgegangen.

Das Umgangsrecht hat dabei ganz offensichtlich Vorrang vor der körperlichen Unversehrtheit der Eltern, die im Grundgesetz verankert ist und auch für psychische Beeinträchtigungen gilt. Der psychische Zustand der beiden Elternteile ist zudem für das Kindeswohl von entscheidender Bedeutung. Diese Tatsache wird bei den Familiengerichten jedoch fast immer übergangen. Auf die spezifischen Erfordernisse, die im Falle psychischer Gewalt in einer Beziehung vorliegen, wird in der Regel keine Rücksicht genommen, sei es, weil den Familienrichterinnen und Familienrichtern die nötigen Fachkenntnisse dafür fehlen, sei es, weil an gewohnten Standardabläufen festgehalten wird. Ein derartiges Vorgehen kann zu einer weiteren, massiven Destabilisierung der Betroffenen führen.

Die Rechtsanwältin Birgitta Brunner, die viele von ihnen vertreten hat, kennt das weit verbreitete Prozedere aus eigener Erfahrung. »Die Eltern sollen sich wieder an einen Tisch setzen und gemeinsam zur Erziehungsberatung gehen. Und dann sollen sie dem Gericht quasi präsentieren, was sie gemeinsam erarbeitet haben. Das ist ein Muster, das noch heute meistens über alle Situationen, über alle Familienverhältnisse übergestülpt wird. Wenn die Mutter dabei nicht mitmachen will, gilt sie als kooperationsunwillig. Und als bindungsintolerant. (…) Es wird den Eltern immer gesagt: Sie müssen die Elternebene von der Paarebene trennen. Da kann man sich vielleicht bei normalen Trennungen etwas daran entlanghangeln. Aber wie soll das funktionieren bei Beziehungen, die von psychischer Gewalt geprägt sind? Das geht nicht, es ist nicht möglich.« (Das gesamte Interview mit Birgitta Brunner ab Seite 227.)

Maria gründet schließlich eine Selbsthilfegruppe. Der Austausch mit anderen Betroffenen in einem geschützten Raum ist für sie ein wichtiger Schritt heraus aus der Isolation, aus der Scham und den Schuldgefühlen. Immer wieder hört sie in der Gruppe von ähnlichen Erfahrungen mit Gerichten und mit Behörden. Manche Teilnehmerinnen erzählen von einer wahren Odyssee bei der Suche nach adäquater Unterstützung.

Stückwerk in der Hilfelandschaft, in Forschung und Politik

Personalengpässe und fehlende Vernetzung
Für Betroffene bleibt es oft Glückssache, fachkundige Unterstützung zu finden. Die Hilfelandschaft ist unübersichtlich und zersplittert, und die Einrichtungen haben zudem häufig eine dünne Personaldecke. Viele Hilfetelefone sind unterbesetzt, da dort in der Regel überwiegend Ehrenamtliche arbeiten. Die Frauenhäuser, die Männerberatungsstellen und die Interventionsstellen gegen häusliche Gewalt leisten eine sehr wichtige und oft auch sehr fachkundige Arbeit an der Basis, und es besteht sicherlich Bedarf am weiteren Ausbau dieser Strukturen. Die Qualifikation der Mitarbeiterinnen und Mitarbeiter für den Umgang mit psychischer Partnerschaftsgewalt und ihren Folgen ist unterschiedlich. Im Idealfall besteht vor Ort ein Netzwerk verschiedener Einrichtungen, so dass Betroffene bei Bedarf an geeignete Stellen weiterverwiesen werden können, etwa an Expertinnen und Experten für posttraumatische Belastungsstörungen.

Derartige Netzwerke haben sich mittlerweile an einigen Orten in Deutschland gebildet. Sie entstehen fast immer aus Eigeninitiative heraus, und es ist meistens ein jahrelanger und mühsamer Weg. Das stellt auch die Ärztin und Psychotherapeutin Julia Schellong fest, die seit 2007 in Dresden und Sachsen versucht, bestehende Hilfsangebote besser miteinander zu verbinden. »Es gibt wenig Extra-Ressourcen für Vernetzung. Das ist sehr aufwendig und zeitaufwendig, und die Strukturen sind teilweise unübersichtlich. Es gibt beispielsweise eine Landesarbeitsgemeinschaft der Interventionsstellen zur Bekämpfung häuslicher Gewalt. Und es gibt eine Landesarbeitsgemeinschaft der Präventionsstellen. Das sind wieder andere, obwohl sie am selben Thema arbeiten. Ich glaube, man kommt nicht umhin, sich selbst auf die Socken zu machen und Kontakte zu knüpfen. Aber es braucht auch von übergeordneter Stelle eine Person, die bezahlt wird und sich wirklich um die Vernetzung kümmert.« (Das gesamte Interview mit Julia Schellong ab Seite 187.)

Es fehlt von staatlicher Seite an gezielter Förderung und an finanzieller Unterstützung solcher Vernetzungen. Und nicht selten gibt es zudem auch noch ideologisch bedingte Berührungsängste der Akteure untereinander, die sich nur allmählich auflösen. Viele Frauenhäuser und Frauengruppen beschäftigen sich bereits seit mehr als 40 Jahren mit dem Thema. Sie verfügen über einen entsprechend breiten und wichtigen Erfahrungsschatz, oft ist der Blickwinkel allerdings stärker frauenspezifisch als gesamtgesellschaftlich ausgerichtet. Viele Männerberatungsstellen, mit denen ich während der Recherchen in Kontakt war, agieren hingegen erstaunlich öffentlichkeitsscheu. Natürlich ist ihnen der Schutz ihrer Klienten bei diesem sensiblen Thema vorrangig wichtig. Doch eine gezieltere Öffentlichkeitsarbeit könnte der Transparenz und damit auch der Akzeptanz ihrer Arbeit dienen. Auch hier setzt jedoch die finanzielle und personelle Ausstattung vieler Beratungsstellen Grenzen.

Trotz aller Anstrengungen an der Basis bestehen weiterhin große Lücken bei der Unterstützung von Menschen, die in Partnerschaften unter psychischer Gewalt und ihren Folgen leiden. Und die Hilfelandschaft wird zersplittert bleiben, solange eine gezielte staatliche Unterstützung und verlässliche Förderung für einen flächendeckenden Aufbau entsprechender Strukturen fehlt.

In der Lücke

Die bestehenden Lücken in der unübersichtlichen Hilfelandschaft hat die Coaching-Szene für sich entdeckt und besetzt. Eine florierende Branche, die mit plakativen Labels wie »toxische Beziehungen« und »Narzissmus« sehr gute Geschäfte macht. Ihre Kundschaft besteht sowohl aus Menschen mit alltäglichen Beziehungsunsicherheiten als auch aus Menschen, die psychische Gewalt in ihrer Partnerschaft erlitten haben und nicht mehr weiterwissen. Die wenigsten Coaches haben den fachlichen Background, diesen Unterschied verlässlich zu erkennen, und sie sehen es meistens auch nicht als ihre Aufgabe an. Dabei haben sie äußerst selten die Qualifikation für eine Beratung von Menschen, die durch das jahrelange Erleben psychischer Gewalt unter schweren Depressionen oder posttraumatischen Belastungsstörungen leiden. »Coach« ist in Deutschland keine gesetzlich geschützte Berufsbezeichnung, es gibt keine einheitlichen Qualitätsstandards, weder für diese Tätigkeit noch für die Ausbildung. Viele, die in diesem Bereich tätig sind, sind Quereinsteiger aus anderen Branchen. Oft haben sie verschiedene punktuelle Weiterbildungen oder Kurse absolviert, meistens fehlt die breite psychologisch-medizinische Grundlage. Häufig wird versucht, dies nach außen hin durch ebenfalls gesetzlich nicht geschützte Berufsbezeichnungen wie »psychologische Beraterin« oder »Therapeut« zu kaschieren. Manche haben eine Ausbildung zum Heilpraktiker für Psychotherapie, nur sehr wenige sind Psychologen oder Psychotherapeuten.

Allen gemeinsam ist, dass sie den Fokus ihrer Beratungen sehr stark, oft auch ausschließlich und schablonenartig, auf den Selbstwert und die Selbstliebe der Betroffenen legen. Dies ist zwar ein wichtiger Aspekt für die Heilung, doch längst nicht der einzige und immer abhängig vom Einzelfall. Wenn Coaches in ihren Beratungen, im Internet und zum Teil auf Bühnen vor großem Publikum Selbstliebe als Allheilmittel predigen, dann verharmlosen sie damit die Mechanismen und die Auswirkungen psychischer Misshandlung. Sie delegieren die Verantwortung für die erlittenen Verletzungen an den Einzelnen, sowohl aufseiten der »Opfer«, denen pauschal mangelnde Selbstliebe unterstellt wird, als auch aufseiten der »Täter«, denen ebenso pauschal und undifferenziert »Narzissmus« unterstellt wird. Unter dem Deckmantel der Selbstliebe tragen solche Angebote dazu bei, dass psychische Gewalt in der öffentlichen Wahrnehmung verharmlost wird. Die gesellschaftlichen Hintergründe bleiben außen vor, psychischer Missbrauch wird entpolitisiert und als privates Problem verkauft, anstatt in seiner zerstörerischen Wirkung und als häufige Vorstufe körperlicher Gewalt ernst genommen zu werden. Und Betroffene, die in der Regel ohnehin schon unter Scham und Schuldgefühlen leiden, unter den gefühlten Verlust ihrer Würde, können durch solche Ansätze noch weiter destabilisiert werden.

Einfache Erklärungsmodelle, vermeintliche Patentrezepte und eine schnelle Heilung, das sind die Versprechen vieler Coaches. Eine »Umprogrammierung des Liebeschips« propagiert etwa der Paarberater und Coach Christian Hemschemeier. Wer in einer »toxischen Beziehung« lande und dabei psychische Gewalt erfahre, sei selbst schuld, so eine seiner Botschaften. »Leere innere Eimer ziehen eben Menschen mit narzisstischer Thematik oder Egozentrik an«, wird er in einem Zeitungsartikel zitiert.[1] Hemschemeier ist einer der wenigen Psychologen in der Coaching-Szene und genießt im Bereich »toxische Beziehungen« fast schon Kultstatus. Preise von mehr als 200 Euro für 50 Minuten Telefonberatung, unzählige YouTube-Clips sowie ausgiebiges Merchandising im »Liebeschip-Store« inklusive. Offenbar ist er ein Vorbild für viele andere Coaches, jedenfalls fiel sein Name bei den Recherchen in dieser Szene häufiger.

Die plakativen Versprechen schneller Machbarkeit und effizienter Lösungen für Partnerschaftsprobleme aller Art erscheinen vielen verlockend, scheint es doch auf den ersten Blick einfacher, sich mal schnell in einem Coaching »umzuprogrammieren«, als sich auf eine langwierige und möglicherweise unbequeme Psychotherapie einzulassen.

Wenn Coaches jedoch in Fällen psychischer Gewalt komplexe Ursachen und Wechselwirkungen außer Acht lassen und stattdessen Selbstliebe predigen, dann ziehen sie eher neue Narzisstinnen und Narzissten heran, als die erlittenen Wunden in der Tiefe zu heilen.

Bei den Recherchen für dieses Buch bin ich auch ehemals Betroffenen begegnet, die anbieten, anderen zu helfen. Sie sind meist sehr aktiv in den Sozialen Medien und untermauern ihre Angebote mit unzähligen Fotos von sich selbst. Ihre Kernbotschaft lautet: Seht her, ich habe es geschafft, mich zu befreien, also könnt ihr es auch. Ihre Geschichten bleiben im persönlichen Gespräch oft plakativ an der Oberfläche, und manche versuchen, erstaunliche Honorare für ihre Berichte zu fordern.

Die Coaching-Szene im Bereich »toxische Beziehungen« treibt immer neue, oft fragwürdige Blüten. Das ist möglich, weil einerseits eine große Nachfrage besteht und andererseits eine große Lücke im Hilfesystem klafft. Solange diese Lücke bestehen bleibt, werden die vielen, sehr unterschiedlich qualifizierten Coaches auch in Zukunft sehr gut an ihrem derzeitigen Modethema verdienen. Und wenn psychische Gewalt in Partnerschaften weiterhin nicht als strukturelles Problem gesehen wird, sondern als toxisches Beziehungsmuster verharmlost, dann bleibt sie Privatsache hinter verschlossenen Türen. Ihre Folgen geraten dann höchstens gelegentlich als »Beziehungstat« an die Öffentlichkeit. Jedes Mal schockierend und jedes Mal vermeintlich unerklärlich.

Keine Privatsache

Mit der Corona-Pandemie wurden Warnungen lauter, die häusliche Gewalt könne sich aufgrund der Isolation der Menschen verstärken. In Wirklichkeit wurde jedoch vor dem Hintergrund der

Krise nur ein bereits davor gravierendes gesellschaftliches Problem noch deutlicher: das hohe Ausmaß an häuslicher Gewalt und die fehlenden Präventions-Bemühungen auf politischer Seite. Partnerschaften sollen für die meisten Menschen ein Rückzugsort sein, ein Hort der Sicherheit und des Verständnisses, gerade in unsicheren Zeiten. Doch mit dieser Erwartungshaltung werden Beziehungen heutzutage stark überfrachtet. Wer sich draußen, in seinem Arbeitsumfeld oder in seinem sonstigen sozialen Umfeld, in hohem Maße als fremd, gefährdet oder gedemütigt wahrnimmt, hat ein erhöhtes Risiko für emotionale Instabilität bis hin zu psychischen Erkrankungen wie Depressionen. Auch bereits bestehende Persönlichkeitsstörungen können durch solche äußeren Belastungsfaktoren aufrechterhalten und verstärkt werden. Die Prävalenz, die Häufigkeit von Persönlichkeitsstörungen in der Allgemeinbevölkerung, ist laut Studien höher als diejenige sogenannter Volkskrankheiten wie Diabetes oder kardiovaskuläre Erkrankungen.[2] Sowohl Persönlichkeitsstörungen als auch psychische Erkrankungen wie Depressionen werden in die Partnerschaften hineingetragen und verändern sie. Es fällt auf, dass Menschen, die psychische Gewalt in Beziehungen ausüben, häufig eine hohe emotionale Instabilität aufweisen, wie etwa Laura, die Frau von Anis. Weitere Forschungen über Zusammenhänge und Wechselwirkungen zwischen äußeren Stressoren, psychischen Erkrankungen und Beziehungen wären sicherlich in Hinblick auf Prävention und Therapie sinnvoll.

Doch Forschung, Politik und Gesetzgebung in Deutschland nehmen sich des Themas psychische Gewalt in Partnerschaften nur sehr zögerlich an.

Flickenteppich in Forschung und Politik
Die Bundesregierung hat 2004 zwei große Studien zu Gewalt gegen Frauen und zu Gewalt gegen Männer in Deutschland veröffentlicht.[3] Ebenfalls in diese Zeit fällt die Begleitforschung zum

Gewaltschutzgesetz. Seither haben die Forschungsaktivitäten deutlich nachgelassen.

Fast 20 Jahre sind seit diesen letzten großen Studien vergangen. Die Untersuchung zu Gewalt gegen Frauen wurde mehrfach sekundäranalytisch ausgewertet und wird bei Presseanfragen zum Thema von offizieller Seite immer noch zitiert. Es stellt sich die Frage, wie repräsentativ fast 20 Jahre alte Daten noch sein können, auch in Anbetracht der Tatsache, dass sich die Ausprägungen psychischer und häuslicher Gewalt seither verändert haben. Neue Formen, wie etwa die digitale Gewalt, spielen seit einigen Jahren eine immer bedeutendere Rolle.

Auf Nachfrage zu aktuellen Erhebungen verweist das Bundesministerium für Familie, Senioren, Frauen und Jugend auf die jährliche Kriminalstatistik des Bundeskriminalamtes. Dieses erstellt seit 2015 Auswertungen zur Partnerschaftsgewalt, in denen verschiedene Formen häuslicher Gewalt erfasst werden.[4] Es handelt sich bei dieser Statistik um eine rein quantitative Erhebung im sogenannten Hellfeld, die auf den der Polizei bekannt gewordenen, angezeigten Taten basiert. Aus kriminologischer Sicht betrachtet stellen derartige Hellfeld-Daten zunächst einmal eine reine Verdachtsstatistik dar. Zur Einschätzung der Aussagekraft müssten weitere Daten aus anderen Quellen hinzugezogen werden.[5] Dennoch dient die jährliche BKA-Statistik seit Jahren als alleinige aktuelle Datenbasis zum Thema Partnerschaftsgewalt in Deutschland.

»Es gibt die Istanbul-Konvention, das Übereinkommen des Europarats zur Verhütung und Bekämpfung von Gewalt gegen Frauen und häuslicher Gewalt«[6], stellt die Rechtsanwältin Birgitta Brunner fest. »Es steht zum Beispiel in der Istanbul-Konvention, dass Daten zu erheben sind. (…) Die Datenlage ist katastrophal, dabei ist das ein expliziter Auftrag und der sollte jetzt endlich umgesetzt werden.«

Die Istanbul-Konvention ist für Deutschland am 1. Februar 2018 in Kraft getreten. Damit hat sich die Bundesregierung unter anderem auch dazu verpflichtet, auf allen staatlichen Ebenen, also in Bund, Ländern und Kommunen, Gewalt gegen Frauen zu verhüten, sie zu bekämpfen und den Betroffenen häuslicher Gewalt Schutz und Hilfe zu gewähren. Ziel der Istanbul-Konvention, die in nationales Recht umgesetzt wurde, ist die Bereitstellung umfassender und koordinierter Maßnahmen und Hilfsangebote, wie etwa einer bundesweit flächendeckenden psychologischen Beratung oder Rechtsberatung. Auch die Erhebung von Daten gehört dazu. Ob die Vertragsstaaten der Istanbul-Konvention ihren Verpflichtungen nachkommen, überprüft in regelmäßigen Abständen ein unabhängiges Fachgremium des Europarats, genannt GREVIO (Group of Experts on Action against Violence). Im September 2020 legte die Bundesregierung einen ersten Staatenbericht vor,[7] im September 2021 war erstmals eine GREVIO-Delegation zur Evaluation in Deutschland. Ihr Bericht soll im September 2022 veröffentlicht werden.

Zwischenzeitlich haben das Bundesfamilienministerium und das Bundesinnenministerium eine sogenannte Dunkelfeld-Studie angekündigt, die gemeinsam mit dem Bundeskriminalamt erstellt werden soll. In der Studie solle es »um Gewalt gegen Frauen und Männer insbesondere im Bereich von Paarbeziehungen und sexualisierter Gewalt gehen«, so eine Sprecherin des Ministeriums. Mit dieser Studie löse die Bundesregierung zugleich Vorgaben aus der Istanbul-Konvention ein. Im Februar 2021 habe sich erstmals ein wissenschaftlicher Beirat getroffen. Dieser solle die Bundesregierung hinsichtlich methodischer Fragen und der Gestaltung des Fragebogens beraten. Durch eine repräsentative Befragung versuche man zu ermitteln, wie viele Menschen insgesamt betroffen seien, denn es sei davon auszugehen, dass ein Großteil der Betroffenen keine Anzeige erstatte. Ergebnisse der Studie wurden zunächst für 2024 angekündigt. Auf Nachfrage wurde dies auf »voraussichtlich 2025« korrigiert.

In das Design der Untersuchung sollen Erkenntnisse und Erfahrungen aus repräsentativen Untersuchungen zu Gewalt gegen Frauen und Männer anderer europäischer Staaten sowie aus der Studie von 2004 einbezogen werden, heißt es weiterhin aus dem Ministerium. Es stellen sich in diesem Zusammenhang die Fragen, inwieweit Erkenntnisse aus anderen Ländern auf die aktuelle Situation in Deutschland übertragbar sind. Und weshalb nicht häufiger zum Instrument der Bevölkerungsbefragung gegriffen wird, das sich in anderen Ländern bewährt hat. Die Verbreitung häuslicher Gewalt kann mit Bevölkerungsbefragungen, sogenannten Prävalenzstudien, oft umfassender und differenzierter erfasst werden als in Kriminalstatistiken. In einigen Ländern gibt es regelmäßige Bevölkerungsbefragungen zu diesem Thema, etwa in Großbritannien, in den USA oder Kanada.

Bei der angekündigten Dunkelfeld-Studie handelt es sich um eine quantitative Untersuchung, die mehr Erkenntnisse über das Ausmaß und die Verbreitung von Partnerschaftsgewalt bringen kann. Inwieweit psychische Gewalt in dieser Studie gesondert erfasst werden soll, war nicht in Erfahrung zu bringen. Auf die Frage nach qualitativen wissenschaftlichen Studien, die Ursachen, Hintergründe und Auswirkungen psychischer Gewalt genauer erforschen könnten, erklärt das Ministerium: »Derzeit sind keine qualitativen Studien mit Universitäten geplant.«

Neben qualitativen wissenschaftlichen Studien fehlen in Deutschland auch umfangreichere empirische Untersuchungen und Befragungen, die wissenschaftlich aufgearbeitet werden könnten, zumal es aus der Basisarbeit viele Erfahrungen und Hinweise auf mögliche Risikofaktoren für psychische Gewalt gibt, die sich genauer identifizieren und für Forschungszwecke nutzen ließen.

Solange im Bereich der Datenerhebung und der Forschung erhebliche Lücken klaffen und diese nicht geschlossen werden, fehlt die entscheidende Grundlage für sinnvolle Präventions-Ansätze und für mögliche Änderungen in der Gesetzgebung, wie sie in anderen Ländern vorgenommen wurden.

Das Konzept der Coercive Control

Psychische Gewalt ist für Forschungszwecke zweifelsohne schwierig zu erfassen. Eine vielversprechende Möglichkeit, diese Form der Gewalt greifbarer und messbarer zu machen, stellt das Konzept der Coercive Control dar. Es wurde 2007 von Evans Stark eingeführt[8] und beschreibt Gewalt in intimen Beziehungen als zwischenmenschliche, missbräuchliche Dynamik. Gekennzeichnet ist diese Dynamik durch Einschüchterung, durch kleine, kaum sichtbare, aber wirkungsvolle Verhaltensweisen und durch unvorhersehbare, strafende und erniedrigende Taktiken. Mit Hilfe dieser Methoden wird Kontrolle über die Partnerin oder den Partner ausgeübt. Der Begriff stammt ursprünglich aus der Forschung über Gehirnwäsche und Geiselnahmen. Er umfasst Verhaltensweisen, die Täter anwenden, um den Willen des Opfers zu beschränken, es seiner Autonomie und Entscheidungsfähigkeit zu berauben, es zu »verfangen«, so wie Eva, die sich wie in einem Spinnennetz gefangen fühlt. Es sind keine Einzeltaten, es ist ein Verhaltensmuster. Betroffene, so wie Maria, Anis und Eva, berichten von einer Kombination aus Einschüchterung, Isolation, Kontrolle und Angriffen sowie permanenter Angst. Nach dem Konzept der Coercive Control ist Partnerschaftsgewalt eine Straftat gegen die Freiheit einer Person und nicht nur gegen ihre körperliche Unversehrtheit. Stark fordert, die Definition von Partnergewalt, bei der der Fokus meist stark auf der körperlichen Gewalt liegt, durch das Konzept der Coercive Control zu ersetzen. Damit wurde vor allem in Großbritannien und in den USA eine Diskussion in der Fachliteratur angeregt. In Großbritannien fand das Konzept der Coercive Control Eingang in neue Gesetze, ebenso in Österreich. »In England und Wales wird die sogenannte Zwangskontrolle, Coercive Control, als Form der häuslichen Gewalt anerkannt und wurde 2015 kriminalisiert. 2019 hat Irland den Domestic Violence Act 2018 erlassen, demzufolge psychische Gewalt wie Coercive Control in Beziehungen strafbar wurde. Im April 2019 unterzeichnete Schottland einen härteren Domestic Violence Abuse Act 2018, der Freiheitsstrafen bis zu 14 Jahren vorsieht. Hier in Deutschland gibt es sicherlich noch viel zu tun«, erklärt die Ärztin und Psychotherapeutin Julia Schellong. Auch Juristinnen und Juristen halten den Ansatz der Coercive Control für sehr interessant und für strafrechtlich umsetzbar.

Er sei »auch in Deutschland lange bekannt« und finde im Hilfesystem seinen Niederschlag, heißt es aus dem Bundesministerium für Familie, Senioren, Frauen und Jugend auf Anfrage. Zudem sei er in den Stalking-Paragraphen mit eingeflossen.[9]

Es sieht derzeit nicht so aus, als solle dieser vielversprechende Ansatz hierzulande auf politischer oder gesetzgeberischer Ebene eine weitergehende Berücksichtigung finden.

Dabei könnte er für Präventions-Zwecke äußerst hilfreich sein. Viele Geschichten von Betroffenen legen einen Zusammenhang zwischen einem erlebten Kontrollverlust der Gewaltausübenden und darauffolgenden körperlichen Übergriffen nahe, auch die Geschichten von Maria und Anis. Als Anis durch deutliche Änderungen in seinem Leben der Kontrolle von Laura zu entkommen droht, geht sie mit einem Messer auf ihn los. Als Maria ihr Studium beginnt, dadurch neue Menschen kennenlernt und so Alexanders Einfluss schwindet, verprügelt er sie massiv.

Vorausgegangen sind diesen Attacken in beiden Fällen viele Jahre voller psychischer Gewalt. Würde man bereits an dieser Stelle mit geschultem Blick genauer hinschauen, würde man die psychische Gewalt als möglichen Indikator und Risikofaktor für körperliche Gewalt oder gar Morde begreifen, ließen sich vermutlich so manche Fälle schwerer körperlicher Partnerschaftsgewalt verhindern, die die Öffentlichkeit immer wieder schockieren.

Präventionsmöglichkeiten

Die britische Kriminologin Jane Monckton Smith zeigt anschaulich, wie das Konzept der Coercive Control für die Prävention genutzt werden kann.[10] Die Professorin der University of Gloucestershire analysierte Muster in Mordfällen und entwickelte ein Acht-Phasen-Modell, mit dem sie Risikopartnerschaften bis hin zum Mord beschreibt. Dieses Modell hilft der Polizei dabei, solche Beziehungen zu erkennen und frühzeitig einzugreifen. Sogenannte »Verbrechen aus Leidenschaft«, ein spontanes Töten, gibt es aus Sicht von Jane Monckton Smith nicht, sondern es gehen immer klare Anzeichen voraus. Das auffälligste Merkmal in allen von ihr untersuchten Mordfällen ist das Verlangen des Partners nach Kontrolle, also ein typisches Element psychischer Gewalt. Gefährlich wird es dann, wenn das Kontroll-Regime in sich zusammenstürzt.

Das genaue Wechselspiel von psychischer Gewalt, physischer Gewalt und Coercive Control ist noch nicht detaillierter erforscht. Die französische Psychoanalytikerin Marie-France Hirigoyen[11] geht davon aus, dass sich bei einem funktionierenden, stabilen System aus psychischer Gewalt und Kontrolle die Betroffenen am Ende eher selbst umbringen, wohingegen sie im Falle eines Kontrollverlusts beim Gewaltausübenden in Gefahr geraten, von ihm angegriffen oder umgebracht zu werden. Dies deckt sich mit den Erfahrungen der Betroffenen in diesem Buch. Bei Eva funktioniert Marcos Kontrollsystem, er behält die Macht, sie entwickelt schwere Depressionen bis hin zu Selbstmordgedanken. Bei Maria und Anis hingegen wird das Kontrollsystem von Alexander und Laura geschwächt, daraufhin erfolgen massive körperliche Angriffe.

Solange in Deutschland nicht mehr Forschung zum Thema psychische Gewalt geleistet wird und die Muster dieser Gewaltform nicht getrennt von anderen Formen der häuslichen Gewalt vertiefend analysiert werden, wird eine gezielte Prävention solcher Taten nicht möglich sein.

Dabei sind neben den schwerwiegenden Folgen für die Betroffenen auch die finanziellen Auswirkungen psychischer und häuslicher Gewalt erheblich. »Die gesellschaftlichen Kosten für die Auswirkungen psychischer Gewalt sind enorm, sie übersteigen bei weitem die Ausgaben für konstruktive Präventions-Ansätze«, sagt der Kriminologe Helmut Kury. Mit dieser Einschätzung ist er nicht alleine. Eine deutschlandweite Erhebung der Folgekosten häuslicher Gewalt insgesamt aus dem Jahr 2017 zeigt, wie groß die finanziellen Auswirkungen auf Individuen, Staat und Gesellschaft sind.[12] Die Studie erfasst Kosten für Polizeieinsätze, Verhandlungskosten, durch häusliche Gewalt verursachte Arbeitslosigkeit oder Traumata, Folgekosten bei Kindern sowie den Verlust an Lebensqualität durch Krankheit. Sie kommt auf Gesamtkosten von mindestens 3,8 Milliarden Euro pro Jahr. Zudem zeigt die Studie auf, dass eine Weiterbildung zum Thema häusliche Gewalt in vielen Bereichen langfristig Kosten einsparen könnte. Bedenkt man die erhebliche Dunkelziffer, vor allem bei der nicht sichtbaren psychischen Gewalt und ihren oft psychosomatischen Folgen, dürften die tatsächlichen Folgekosten häuslicher Gewalt vermutlich noch höher liegen.

Vom bestehenden Stückwerk in der Hilfelandschaft, in Forschung, Gesetzgebung und Politik hin zu einer strukturellen, gesamtgesellschaftlich orientierten und koordinierten Herangehensweise an das Thema psychische Gewalt in Partnerschaften ist es noch ein sehr weiter Weg. Dabei gibt es bereits viel Fachwissen an Universitäten und viele Erfahrungen und Erkenntnisse aus der Basisarbeit und aus Projekten, die sich dafür nutzen ließen.

Und es gibt sowohl im praktischen Bereich als auch in der Wissenschaft sehr fachkundige und engagierte Expertinnen und Experten, die dabei helfen könnten, diesen Weg zu beschreiten.

Das zeigen die folgenden Gespräche mit der Ärztin und Psychoanalytikerin Julia Schellong aus Dresden, mit den Mitarbeitern der Beratungsstelle Häusliche Gewalt gegen Männer in Nürnberg, Philipp Schmuck und Dirk Geldermann, mit der Rechtsanwältin und Fachanwältin für Familienrecht Birgitta Brunner aus Mölln und mit dem Psychiater und Gerichtsgutachter Reinhard Haller aus Feldkirch in Österreich.

Gespräche mit Expertinnen und Experten
Julia Schellong, Ärztin und Psychoanalytikerin

Julia Schellong ist Ärztin, ärztliche Psychotherapeutin und Psychoanalytikerin. Sie arbeitet als leitende Oberärztin für Psychotraumatologie und stellvertretende Klinikdirektorin der Klinik für Psychotherapie und Psychosomatik am Universitätsklinikum Dresden. Seit 2007 koordiniert sie das »Traumanetz Seelische Gesundheit« in Sachsen und engagiert sich für eine stärkere Vernetzung von Hilfsangeboten. Psychische Gewalt in Partnerschaften und ihre Auswirkungen werden Julia Schellongs Erfahrung nach oft nicht erkannt und meistens unterschätzt.

— Bitte geben Sie mir eine Definition von psychischer Gewalt in Partnerschaften.

— Psychische Gewalt ist eine spezielle Form des Umgangs miteinander und sie hat sehr, sehr häufig ein typisches strukturelles Muster. Jemanden regelmäßig herabzuwürdigen und abzuwerten gehört dazu. Doch es geht viel weiter, es kommt zu systematischen Einschränkungen und Beschneidungen, etwa bei der finanziellen Hoheit. Oft werden Betroffene nach und nach isoliert, die Gewaltausübenden verhindern den Austausch mit anderen und Kontakte zu Freunden oder zur Familie. Auch Bedrohung gehört dazu, etwa: Ich tue den Kindern etwas an. Sehr häufig ist es das Spiel mit der Abhängigkeit und das Spiel mit Macht und Kontrolle, das starke Langzeitwirkungen auf die Betroffenen hat. Laut verschiedener Studien sind Männer und Frauen etwa gleich häufig psychisch gewalttätig.

— Was ist der Unterschied zwischen »normalen« Paarkonflikten und psychischer Gewalt?

— Streiten gehört zu Paarbeziehungen dazu. Natürlich wäre es günstig, wenn sich alles im Gespräch miteinander klären ließe, und selbstverständlich ist es wichtig, dass verschiedene Positionen Platz haben. Das ist schon ein Punkt, an dem der Unterschied deutlich wird: Darf meine Position bestehen bleiben? Vielleicht in einem Streit für den Moment gerade nicht, aber wer wie oft Recht hat, gleicht sich letztlich übers Jahr aus. In Beziehungen, in denen es um psychische Gewalt geht, darf meine Meinung nicht bestehen bleiben. Da geht es nicht mehr um die Sache, sondern an den Persönlichkeitskern. Wohingegen man in einem »normalen« Streit in einer Partnerschaft nicht an den Grundfesten rüttelt. Vielleicht kann es passieren, dass einer der Beteiligten ab und zu etwas sagt, das er oder sie später bereut. Oder vielleicht gibt es ein paar Punkte, an denen beide immer wieder aneinandergeraten. Aber im Wesentlichen bleibt die Achtung vor der anderen Person bestehen. Das ist bei psychischer Gewalt nicht der Fall.

— Sie arbeiten in einer Trauma-Ambulanz. Können Sie mir Beispiele psychischer Gewalt schildern, die Ihnen dort begegnet sind?

— Eine junge Frau fällt mir ein, die extremen Terror erlebte, als sie sich trennte. Es ging um das Umgangsrecht für die gemeinsamen Kinder. Das ist ein sehr schwieriges, ein sehr häufiges Problem, der Streit um das Umgangsrecht. Und so ein massiver Terror ist wirklich auch psychische Gewalt.

Ich erinnere mich an ein älteres Ehepaar, die Frau durfte nirgends alleine hingehen oder Freunde treffen. Wenn sie gemeinsam unterwegs waren und sie etwas gesagt hat, fuhr ihr Mann ihr regelmäßig sehr fies über den Mund. Das kratzt am Selbstwert. Ich arbeite in einer Trauma-Ambulanz und in einer Station für Trauma-Folgestörungen. Solche permanenten sprachlichen Abwertungen sind da oft ein Thema. Diese Frau hatte das über Jahrzehnte hinweg erlebt. Wir fragen uns sehr oft: Wie halten die Betroffenen so etwas so lange aus?

Es gab eine andere Frau, die immer wieder eingesperrt wurde. Das war eine Frau, die in einer sehr guten Position gearbeitet hat. Die psychische Gewalt dauerte fünf Jahre lang an und sie hat trotzdem die ganze Zeit weitergearbeitet. Bei ihr kam es auch zu finanziellen Einschränkungen und zu sozialer Isolierung. Das Ganze mündete schließlich in schwerer körperlicher Gewalt, und sie wurde ins Krankenhaus gebracht. Sie hat Glück gehabt. Es hätte auch sein können, dass sie es nicht überlebt.

— Aus welchen Bevölkerungsschichten kommen denn die Betroffenen? Man hört ja öfter das Klischee, dass häusliche Gewalt in manchen sozialen Milieus häufiger vorkomme als in anderen.

— Psychische Gewalt kommt in allen Bevölkerungsschichten vor. Wir haben hier in Dresden 2008, 2009 und 2010 an den Kliniken die Beschäftigten zum Thema häusliche Gewalt geschult. Und dann wollten wir auch die niedergelassenen Mediziner erreichen und sind zu den knapp 20 Ärzte-Stammtischen in Dresden gegangen. Anfangs wollten wir erklären, worum es überhaupt geht. Doch wir stellten schnell fest, dass bei jedem Stammtisch mindestens ein oder zwei Betroffene dabei waren – entweder selbst betroffen oder mit Fällen im persönlichen Umfeld. Damit hatten wir nicht gerechnet.

— Ich habe bei den Recherchen auch Geschichten von Gewalt ausübenden Chefärzten, Bankern oder hochrangigen Militärangehörigen gehört.

- Zu uns kam einmal eine Frau von weiter her, die sagte: Ich kann zu Hause nirgends hingehen, um mich beraten zu lassen. Mein Mann ist im Tennisverein, er ist befreundet mit allen möglichen einflussreichen Menschen. Er war in allen wichtigen Kreisen mit drin, und sie konnte nicht erzählen, dass er ihr psychische Gewalt angetan und sie verletzt hat. Sie hat sich nicht getraut. Es war ein mühsamer Weg, sie dabei zu begleiten.

- Welche Studien gibt es denn zum Thema psychische häusliche Gewalt?

- Eine bekannte Studie ist die repräsentative Untersuchung zur Gewalt gegen Frauen in Deutschland von 2004, die im Auftrag des Bundesministeriums für Familie, Senioren, Frauen und Jugend erstellt wurde.[13] Für diese Studie wurden mehr als 10.000 Frauen befragt. Es gibt regelmäßig auch von der Weltgesundheitsorganisation WHO Untersuchungen. In der großen FRA-Studie von 2014 ging es neben anderen Themen auch um psychische Gewalt. In dieser Studie wurden in den 28 Mitgliedsstaaten der Europäischen Union 42.000 Frauen befragt.[14] Außerdem gibt es interessante Fragebögen, wir übersetzen gerade einen aus England, der das kontrollierende Verhalten erfasst. CCB, Checklist of Controlling Behaviours heißt er.[15]

- Ich habe den Eindruck, dass es nicht so viele neuere Studien gibt. Oder dass an der häuslichen Gewalt insgesamt geforscht wird, aber nicht explizit an der psychischen Gewalt. Wie groß ist der Forschungsbedarf?

- Es besteht auf jeden Fall ein hoher Bedarf, allerdings ist das Thema für Forschungszwecke nicht so einfach zu fassen. Wir machen gerade eine Studie, in der wir Frauen, die ein Kind zur Welt gebracht haben, fragen, welche Beratung sie gerne gehabt hätten. Da haben wir einen kleinen Fragebogen über psychische Gewalt mit drin.

Ich denke aber, das Thema psychische Gewalt wird auf jeden Fall relevant werden. Das Opferentschädigungsgesetz wird ja neu gefasst. Zum 1. Januar 2024 kommt das neue Soziale Entschädigungsrecht,[16] und darin soll auch psychische Gewalt ein großes Thema sein, auf jeden Fall schwere psychische Gewalt und Stalking. Da wird es dann sicherlich mehr Definitionen dazu geben und vielleicht auch mehr Gerichtsurteile.

Schon seit dem 1. Januar 2021 hat jede und jeder, die/der Opfer einer Gewalttat geworden ist, das Anrecht darauf, 15 Stunden in einer Trauma-Ambulanz beraten und behandelt zu werden. Wir mussten ganz schön dafür kämpfen, dass das auch dann gilt, wenn der Partner oder die Partnerin Gewalt ausübt. Das Versorgungsamt hat das zunächst anders gesehen. Das war unfassbar, aber es war so. Ab 2024 wird dann auch psychische Gewalt, schwere psychische Gewalt steht dort, ein Grund sein, sich an eine Trauma-Ambulanz wenden zu dürfen. Da wird noch viel definitorische Abgrenzung nötig sein, was genau dazu zählt. Aber es ist auf jeden Fall ein großer Fortschritt. Ich glaube, es ist sehr wichtig, sich mit diesem Thema zu beschäftigen. Auch, weil psychische Gewalt die stärksten Langzeitschäden verursacht. Wenn psychische Gewalt im Spiel ist, ist die psychische Folgestörung sehr viel schwerer. Das sehen wir in der Praxis, und es gibt es einige Untersuchungen dazu.

- Außenstehende sagen zu Menschen, die in einer Beziehung mit psychischer Gewalt sind, oft: Dann trenn dich halt einfach.
- Das ist aus verschiedenen Gründen nicht hilfreich. Die wissen nicht, wie gefährlich diese Aussage ist. Die meisten Gewalttaten oder Morde geschehen im Rahmen der Trennung, auch Morde an Kindern. Das ist ein Grund, warum ich sage: Der Zeitraum der Trennung ist sehr, sehr gefährlich.

Der zweite Grund ist, dass es nicht so einfach ist. Die Person, die die psychische Gewalt ausübt, ist ja die, die ich liebe. Es kann nicht sein, dass diese Person, für die ich mich entschieden habe und der ich vertraut habe, mir so etwas antut. Das ist unerträglich, das macht sehr hilflos. Und deshalb wird es häufig ausgeblendet.

Der dritte Grund ist, dass es so eine Art Spirale oder Wellenbewegung gibt, das erzählen zumindest viele Betroffene. Es schaukelt sich hoch, dann kommt es zu gewalttätigen Äußerungen. Und danach gibt es sehr häufig eine Versöhnungsphase, die besonders intensiv ist und wieder bindet. Die Betroffenen schaffen es nicht, sich zu lösen. Sie suchen nach Erklärungen, sagen: Naja, da war jetzt vielleicht Alkohol im Spiel, oder: Der andere ist gerade überlastet, oder so etwas. Und die Spirale oder Wellenbewegung geht weiter. Ich kenne Menschen, die zehn, 20 Jahre lang in solchen Beziehungen festhängen.

- Das ist auch bei den Betroffenen in diesem Buch so. Bei Maria dauerte die Beziehung zehn Jahre, bei Eva 15 Jahre und bei Anis 18 Jahre. Am Anfang ist es oft ein ganz besonderer Honeymoon, etwa nach einem halben Jahr kommen dann die ersten Mikroangriffe, Verwirrung entsteht, die Angriffe werden stärker. Ich habe den Eindruck, es steigert sich. Und irgendwann setzt bei den Betroffenen eine Art Erstarrung ein.

- Das mit der Erstarrung darf man nicht unterschätzen. Diese innere Erstarrung, um sich selbst zu schützen. Das kennen wir bei traumatisierten Menschen, die das dann wirklich ausblenden und nicht an sich herankommen lassen, um weiter funktionieren zu können. Manche gehen der Partnerschaftsgewalt irgendwann aus dem Weg, aber manche ertragen sie immer weiter. Auch deswegen, weil dieses kleine bisschen Hoffnung immer wieder kommt: Es ist ja ein Mensch, der manchmal nett sein kann. Und oft sind da auch Zweifel: Vielleicht habe ich es ja provoziert. Das ist auch ein Grund, warum Menschen in solchen Beziehungen bleiben. Sie denken: Möglicherweise habe ich die Gewalt ausgelöst, weil ich mich so und so verhalten habe. Aber niemand kann sich so verhalten, dass er misshandelt wird. Es gibt keine Begründung dafür, geschlagen zu werden. Und es gibt keine Begründung dafür, herabgewürdigt zu werden. Für Erniedrigung gibt es keinen Grund.

— Welche Rolle spielt denn das Internet beim Thema psychische Gewalt? Es ist ja einfacher, jemanden über Soziale Medien anzugreifen als persönlich.

— Eine dramatische Rolle. Oft ist ja Stalking mit dabei, vor allem nach einer Trennung. Und dann kommen über alle Kanäle der Sozialen Medien Nachrichten. Das ist das eine. Das andere ist, dass die Betroffenen schlechtgemacht werden, richtig herabgewürdigt. Und dass auf deren Social-Media-Kanälen schlecht über sie gesprochen wird. Das ist sehr häufig, beeindruckend häufig. Und dementsprechend auch beeindruckend schädigend. Wir hatten eine Patientin, da hatte der Partner Nacktfotos gemacht und die dann im Netz weiterverbreitet. Das ist auch nicht selten. Es kann ja sein, dass manche solche Fotos einvernehmlich machen, solange die Beziehung noch intakt ist. Wenn die Bilder dann hinterher überall auftauchen, kriegt man es nicht mehr eingegrenzt. Das ist massive psychische Gewalt. Es gibt einige, die kommen da nur raus, indem sie ihren Namen ändern. Das ist kein leichtes Verfahren, denn die Änderung muss ja in allen Bereichen stattfinden. Da werden ganze Biografien annulliert.

Wir behandelten vor längerer Zeit eine Patientin, deren Partner hat den Kindern zehn Jahre lang immer zu Weihnachten einen großen Stapel Schmähbriefe, Beleidigungen und Beschuldigungen vor die Haustür gelegt. Darin stand, was die Mutter angeblich alles schlecht gemacht habe, was sie für eine schlechte Person sei. Das ist psychische Gewalt. Mit den heutigen Möglichkeiten im Internet ist so etwas noch viel einfacher geworden. Und es wird gemacht.

- Die Zahlen der Partnerschaftsgewalt insgesamt, also körperlicher, sexueller und psychischer Gewalt, steigen seit Jahren kontinuierlich an, zuletzt laut Statistik des Bundeskriminalamtes um 4,9 Prozent.[17] Was sind aus Ihrer Sicht Gründe für diese Zunahme, einmal abgesehen von den Einschränkungen wegen Corona?
- Ich glaube, ein Grund ist auf jeden Fall das genauere Hinsehen und die steigende Bewusstheit zum Thema. Außerdem werden Frauen selbstbewusster, sie trauen sich eher, ihre Rechte einzufordern und stoßen dann auf Grenzen. Wie groß dieser Zusammenhang ist, weiß ich nicht, aber ich denke darüber nach, dass es, je mehr Frauen zu ihren Rechten stehen, zu mehr Gewalt kommen kann. Man kann es natürlich auch andersherum sehen. Je mehr Frauen ihre Rechte wahrnehmen, umso machtbewusster sind sie dann auch und gleichzeitig kränkbarer und können deshalb selbst Gewalt ausüben. Auch denkbar.

- Es gibt also eine Rollenverschiebung in der Gesellschaft, es entstehen Rollenunsicherheiten, und das kann ein Nährboden für Partnerschaftsgewalt sein?
- Ja, vor allem jüngere Männer sind sehr unsicher, wie sie sich verhalten sollen. Junge Frauen probieren sich aus, das finde ich sehr gut. Aber das macht es den jungen Männern nicht immer einfach. Die geraten dann manchmal auf eine andere Schiene, schließen sich etwa Internet-Subkulturen wie den sogenannten Incels an, die sich ganz auf Frauenfeindlichkeit einschießen. Diese Gruppierung hat in den letzten Jahren im Netz immer mehr an Bedeutung gewonnen. Also da kann es wirklich sein, dass sie einen starken Frauenhass entwickeln. Ich finde das nicht zu unterschätzen, die Computerwelt der jungen Männer. Ich arbeite ja auch im digitalen Bereich. Und da sehe ich gelegentlich junge Männer, die Schwierigkeiten in der Kommunikation haben.

— Welche Rolle spielen denn Persönlichkeitsstörungen bei der psychischen Gewalt, bei den Gewaltausübenden? In einer Studie der Universität Mainz heißt es, Persönlichkeitsstörungen seien häufiger als sogenannte Volkskrankheiten wie Diabetes, kardiovaskuläre Erkrankungen, Depressionen und Angststörungen.[18]

— Ich glaube, eine große Rolle. Die Einengung der Gedanken durch eine schwere Persönlichkeitsstörung wirkt sich natürlich auf Beziehungen aus. Zur Frage, ob damit die Schuldfähigkeit beeinträchtigt ist, würde ich allerdings sagen: Nein. Die Verantwortung, dass ich keinen anderen verletzte, habe ich auch bei einer schweren Persönlichkeitsstörung. Natürlich kommt es leichter zu häuslicher Gewalt, wenn jemand sehr narzisstisch ist. Auf jeden Fall. Wenn diese starke persönliche Kränkbarkeit da ist, diese starke persönliche Verletzlichkeit, die typisch ist für Narzissten. Aber in vielen Fällen ist das nicht so klar. Es gibt auch Gewaltausübende, da würden Sie es nicht erkennen. Wir haben genug Leute, bei denen ich denke: Das hätte ich von außen nicht gesehen.

— Ich habe den Eindruck, der Narzissmus-Begriff wird in vielen Selbsthilfeforen im Internet sehr inflationär verwendet. Da ist jeder gleich ein Narzisst, das ist in solchen Foren ein sehr pauschales Etikett.

— Ja, da sind die Frauen schnell histrionisch, legen also sehr viel Wert auf ihre äußere Erscheinung und brauchen viel Aufmerksamkeit, und die Männer narzisstisch. Selbst wenn ein Gewaltausübender tatsächlich persönlichkeitsgestört sein sollte, finde ich: Es gibt Grenzen. Das gilt für einen Menschen mit einer Persönlichkeitsstörung genauso wie für alle anderen auch. Narzisst zu sein ist keine Entschuldigung dafür, psychische Gewalt auszuüben. Und eine Borderline-Störung auch nicht. Und Alkoholkonsum auch nicht. Deswegen bin ich sehr dafür zu sagen: Wir haben Gesetze. Es gibt das Gewaltschutzgesetz und es gibt das Strafrecht. Und egal, welche Diagnose jemand hat – psychische Gewalt ist immer eine Grenzüberschreitung. Es ist eine Gewalttat. Und das müssen wir den sogenannten narzisstischen Menschen auch beibringen, zum Beispiel in der Täterberatung.

— Welche Folgen hat psychische Gewalt für die Betroffenen? Bei den beiden Frauen und dem Mann in diesem Buch sind es unter anderem Depressionen, Panikattacken, Magengeschwüre, psychosomatische Beschwerden, Unsicherheit, Grübeln, das Gefühl, »falsch« zu sein, selbst schuld zu sein, Selbstwertprobleme. Wie typisch ist das?

— All das ist typisch. Eine depressive Reaktion ist sehr, sehr häufig. Depressionen, Verunsicherung, vermindertes Selbstwertgefühl. Wir wissen recht genau, dass eine längere Gewaltbeziehung zu einer komplexen posttraumatischen Belastungsstörung führen kann. Da kommen dann zur posttraumatischen Belastungsstörung noch drei Komponenten dazu: verminderter Selbstwert, Störungen in Beziehungen und in der Affektkontrolle. Die Selbstwertproblematik ist dabei ganz massiv. Das sehen wir häufig, wenn jemand lange in so einer Beziehung war.

— Wie lang können die Folgen so einer Beziehung anhalten?

— Die Folgen einer psychischen Gewaltbeziehung können sehr lange anhalten. Es kann sein, dass man in der ersten Zeit der Trennung gar nicht so stark psychisch beeinträchtigt ist. Doch dann schießt es plötzlich wieder ein. Ereignisse können wieder aufflackern, wieder ins Gedächtnis kommen, wenn ich irgendetwas Ähnliches erlebe. Wenn ich etwa eine neue Stelle habe, und der Chef ähnelt dem Partner, der misshandelt hat. Dann kommen mir plötzlich Ereignisse aus der Gewaltbeziehung wieder vor Augen und es fühlt sich so an, als ob es hier und jetzt wäre. Das haben wir ein paarmal erlebt, dass es dann dekompensiert ist, die Symptome offen zu Tage traten. Sie können Jahre andauern, manchmal auch ein Leben lang. Auf jeden Fall brauchen die meisten sehr lange, bis sie sich davon erholen. Eine Patientin von mir, die viele Jahre lang psychische Gewalt erlebt hat, hört immer wieder, was er gesagt hat. Diese abwertenden Worte begleiten sie die ganze Zeit. Sie kriegt sie nicht aus ihrem Kopf heraus. So etwas kann natürlich auch die Beziehungsgestaltung zu einem neuen Partner oder zu Freunden stark beeinflussen.

- Wie oft erkennen Psychotherapeuten dieses Ausmaß? Evas Therapeut zum Beispiel hat offenbar manchmal das Gefühl, er käme nicht richtig weiter, obwohl sie schon seit Jahren zu ihm geht. Es gibt immer wieder Rückschläge.
- Natürlich ist eine psychotherapeutische Begleitung gut und wichtig. Es ist zunächst einmal wichtig, dass eine zweite Person davon erfährt. Aber es gibt einen Unterschied zwischen dem Umgang mit akuter Gewalt und dem Umgang mit den Folgen von Gewalt. Falls Betroffene zum Zeitpunkt des Therapiebeginns noch in der Gewaltbeziehung sind, dann sollte unbedingt eine Interventionsstelle gegen häusliche Gewalt mit einbezogen werden, damit sie ganz gezielt und begleitet aus so einer Situation herausgehen können. Nur wenige Psychotherapeuten kennen sich da gut aus. Oft dauert die psychische Gewalt auch über die Trennung hinaus an, in Form von Stalking, bösen Briefen, dem Kampf um die Kinder. Wenn das alles vorbei und geklärt ist, dann geht es darum, das Ganze so zu bearbeiten und zu verarbeiten, dass wieder ein Blick in die Zukunft möglich ist. Dabei helfen traumaspezifische oder traumafokussierte Verfahren deutlich besser als eine übliche Psychotherapie. Wenn Depressionen und Panikattacken traumabedingt sind, dann würde ich traumafokussiert arbeiten.

- Manchmal wird Betroffenen, die noch in der von psychischer Gewalt geprägten Beziehung sind, eine Paartherapie nahegelegt. Maria beispielsweise war in drei Paarberatungen und sagt: Dort wurde nur an Symptomen gearbeitet. Sie war nicht in der Lage, das eigentliche Thema anzusprechen, weil ihr Mann dabei war. Was bringt eine Paartherapie bei psychischer Gewalt?

— Wenn wir zum Thema häusliche Gewalt schulen, dann sagen wir den Ärzten: Achten Sie darauf, dass Sie eine unbeobachtete Situation finden, dass Sie einen Moment finden, wo der Partner oder die Partnerin nicht dabei ist. Das haben wir öfter, dass Frauen nur erzählen, wenn sie beim Röntgen sind. Oder wenn sie danach alleine in der Sprechstunde sind. Wenn ein Partner nicht von der Seite einer Frau weicht, dann sollte man schon Verdacht schöpfen. Das ist eine von diesen sogenannten red flags, von diesen Warnsignalen, bei denen man sagt: Achtung, Achtung! Da sollte man schon sehr hellhörig werden.

Wenn es Gewalt gegeben hat, dann ist Paarberatung nicht mehr das richtige Instrument. Es geht dann vielmehr darum zu sagen: Das war eine schwere psychische Gewalttat und es war eine klare Grenzüberschreitung. Damit ist es kein Thema mehr für eine Paarberatung. Ich muss in solchen Fällen vielmehr schauen, was sind die Konsequenzen und wie kann ich erreichen, dass das nicht mehr stattfindet. Wie kann ich ein eigenes Konto eröffnen, wie kann ich dafür sorgen, dass er den Schlüssel für meine Wohnung nicht hat, wie kann ich mich schützen, etwa mit einer Taschenlampe, die so stark blendet, dass ich ihn sicher auf Abstand halten kann. Die Interventionsstellen können da wirklich sehr gut beraten. Wir holen die extra zu uns in die Klinik, weil die jungen Therapeuten, die bei mir arbeiten, deren Möglichkeiten oft nicht kennen. Denen steht immer der Mund offen, was für Beratungen da kommen und wie viel da weitergeht. Und dann kann man vielleicht trotzdem einmal ein Gespräch mit dem Partner machen. Aber das muss man sehr gut verstehen, was man da macht. Außerdem gibt es in ganz Deutschland hervorragende Täterberatungsstellen.[19] Für Partnerschaftsgewalt ist Paartherapie definitiv nicht das geeignete Instrument.

- Manche »klassischen« Therapiemethoden sind also in solchen Fällen nicht angezeigt, am besten hilft eine traumafokussierte Therapie plus Unterstützung durch eine Interventionsstelle. Im Internet habe ich jede Menge Coaches mit unterschiedlichem Background gefunden, die Hilfe bei »toxischen Beziehungen« anbieten und zum Teil schnelle Heilung versprechen. Was sagen Sie zu solchen Versprechen?
- Von all diesen Unternehmungen, die auf Geld ausgerichtet sind, halte ich nicht besonders viel. Natürlich lohnt es sich, sich mit sich selbst zu beschäftigen und seine Beziehungen und die Beziehungsgestaltung zu überdenken. Und natürlich lohnt es sich, mit dem Selbstwert zu arbeiten, das lohnt sich immer. Aber das ist auf anderen Wegen möglich.
- Ich habe Menschen getroffen, die seit Jahren zu solchen Coaches gingen. Die schwere psychische Gewalt, zum Teil auch schwere körperliche oder sexuelle Gewalt erlebt haben und eindeutig unter einer posttraumatischen Belastungsstörung und Depressionen litten. Was halten Sie davon, wenn solchen Menschen Hilfe versprochen wird von Leuten, die keine Psychotherapeuten sind?
- Müssen sie dann zahlen dafür?
- Ja, in der Regel deutlich höhere Sätze als für Psychotherapie.
- Dann ist das Missbrauch mit dem Missbrauch. Auf jeden Fall. Denn wir haben ein sehr gutes Gesundheitssystem, in dem Psychotherapie über die Krankenkassen bezahlt wird. Und nach dem Opferentschädigungsgesetz hat jeder Mensch, der Gewalt erlebt hat, Anspruch auf 15 Stunden kostenfreie Beratung in einer Trauma-Ambulanz. Da muss nicht einmal eine Diagnose gestellt werden. Wenn diese Angebote Geld kosten, dann ist es Missbrauch mit Misshandlung. Und das ist unredlich.

- Das ist ein Riesenmarkt. Da tummeln sich Coaches, die aus völlig anderen Bereichen kommen, dann Kurse in einzelnen Therapietechniken oder eine Heilpraktikerausbildung gemacht haben. Kaum jemand hat einen psychologischen oder gar psychotherapeutischen Background. Jemand ohne diesen Background sagte zu mir: Meine Klientinnen haben alle eine komplexe posttraumatische Belastungsstörung.

- Wenn sie eine komplexe posttraumatische Belastungsstörung (K-PTBS) haben, dann muss man sie in eine korrekte Behandlung schicken, nach einer korrekten Diagnosestellung. Wenn ein Chirurg festgestellt hat, dass jemand einen gebrochenen Arm hat, und dann kommt ein »Coach« und sagt, wenn du die und die Übung machst, ist das Problem weggezaubert, dann ist das Pfusch. Auf jeden Fall dürfen sie den Betroffenen kein Geld abknöpfen. All diese Menschen haben einen Anspruch auf Psychotherapie, sie haben Anspruch auf eine fachgerechte Diagnose und auf eine fachgerechte Behandlung. Natürlich können sie darüber hinaus Kurse machen, die etwa den Selbstwert stärken. Solche Kurse kosten dann aber nicht mehr als zehn Euro die Stunde. Viele Männer- oder Frauenförderungsvereine bieten zum Beispiel so etwas an.

- Ich habe den Eindruck, dass das Thema psychische Gewalt massiv unterschätzt wird, manchmal auch bagatellisiert. Nicht nur in der Bevölkerung, sondern auch bei vielen Institutionen. Was sind Ihre Erfahrungen?

- Das Thema wird deutlich unterschätzt. Alleine schon dadurch, dass psychische Gewalt noch nicht als anrechnungsfähiges Ereignis gilt. Wenn ich bedroht werde, zählt das nur dann als Verletzung, wenn ich einen körperlichen Schaden habe. Da sind wir noch gar nicht bei den Aspekten Herabwürdigung, Freiheitsberaubung oder Einschränkung der finanziellen Möglichkeiten. Wie starke Auswirkungen das hat, wird ebenfalls unterschätzt.

Wir versuchen auch, Richter zu schulen. Gerade im Sorgerecht und Umgangsrecht sollten sich Familienrichter unbedingt mit den Mechanismen und Folgen häuslicher und psychischer Gewalt auskennen. Das ist ein ganz, ganz großes Problem. Das Thema Umgangsrecht lässt uns immer wieder fassungslos zurück, weil das Auftreten häuslicher Gewalt dabei oft überhaupt nicht ernst genommen wird. Das ist ein Thema, das uns sehr stark umtreibt.

- Viele der Betroffenen, mit denen ich gesprochen habe, fühlen sich nicht verstanden von Behörden, von Polizei, von Gerichten. Sie fühlen sich alleingelassen und haben sich zum Teil selbst Unterstützung suchen müssen, sind manchmal an fachkompetente Leute geraten, manchmal nicht. Wie steht es aus Ihrer Sicht um das Fachwissen bei Polizei, Richtern, Ämtern?

- Bei der Polizei gibt es mittlerweile ein recht gutes Fachwissen, auch weil die Interventionsstellen zur Bekämpfung häuslicher Gewalt versuchen zu schulen, möglichst breit zu schulen. Und immer wenn gerade eine Schulung gewesen ist, gibt es mehr Meldungen häuslicher Gewalt. Hier in Sachsen und in anderen Bundesländern ist es so, dass die Polizei bei Partnerschaftsgewalt die Betroffenen fragt, ob sie eine Beratungsstelle informieren können. Die Beratungsstelle macht dann aufsuchende Beratung. Das ist ein sehr, sehr wichtiges Element. Es findet momentan vor allem dann statt, wenn es Verletzungen gegeben hat, und es wäre sehr, sehr wichtig, das auch bei psychischer Gewalt zu machen. Soweit ich weiß, schulen die Interventionsstellen auch zum Thema psychische Gewalt, aber nichtsdestotrotz kann da sicherlich noch viel, viel mehr gemacht werden. Und in den Dienststellen sind natürlich sehr unterschiedliche Leute, von sehr kompetenten Menschen bis hin zu solchen, die wenig Zugang zu dem Thema haben.

- Anis, der Betroffene hier im Buch, hat sich als Mann bei der Polizei nicht ernst genommen gefühlt. Er war nach einer Messerattacke nachts dorthin gegangen und hatte den Eindruck, als wolle ihm einer der Polizisten signalisieren: Du bist doch ein Mann. Dann hau deine Frau halt zurück. Er hat keinen Tipp oder Flyer bekommen, wo er sich beraten lassen kann, wo er Unterstützung findet. Er hat sich das alles selbst zusammengesucht.

— Das ist wirklich tragisch, und ich glaube, das ist auch ein Grund, warum die häusliche Gewalt bei betroffenen Männern oft unterschätzt wird. Weil diese Sichtweise da ist, das sehen wir auch immer wieder. Ich glaube, dass da drauf geschaut werden sollte. Die meisten Frauenberatungsstellen beraten auch Männer, zehn bis 20 Prozent der Hilfesuchenden dort sind Männer. Interventionsstellen heißen sie ja eigentlich. Aber in diesem Bereich war die Frauenbewegung halt sehr stark aktiv. Inzwischen gibt es auch einige sehr gute Männer-Netzwerke und Männer-Schutzhäuser. Es ist sehr wichtig, dass gezielt daran gearbeitet wird, dass auch Männer in eine Beratung kommen.

— Was müsste sich noch tun? Die baden-württembergische Justizministerin, die selbst Opfer-Anwältin ist, hat in einer Talkshow zum Thema häusliche Gewalt gesagt: Ich musste mir mein ganzes Wissen darüber selbst aneignen. Ich habe das alles in meinem Studium nicht gelernt.

— Das lernen im Studium weder die Richter noch die Ärzte. Ich bin nicht sicher, ob die Polizisten das in ihrer Ausbildung lernen. Das sollte auf jeden Fall eingeführt werden. Es wird auch schon lange gefordert, dass dieses Thema auch ins Medizinstudium hineinkommt. Und dass es in die Facharztausbildungen kommt wie Unfallchirurgie, Allgemeinmedizin, Gynäkologie. Es müsste eine Selbstverständlichkeit sein. Auch bei Notärzten, überall müsste das mit dabei sein.

Es gibt eine interessante Untersuchung aus England. Hausarztpraxen wurden dafür in zwei Gruppen eingeteilt. Zwölf Praxen wurden zum Thema häusliche Gewalt geschult, die anderen zwölf nicht. Die, die geschult wurden, haben viel, viel mehr Fälle gemeldet als die, die nicht geschult waren. Man kann es messen. Wir haben hier in Sachsen etwas Ähnliches gemacht. Wir haben Dresden versus Chemnitz geschult. Und es war tatsächlich so, dass in Dresden danach auch mehr Meldungen waren als in Chemnitz. Es ist ganz klar: Je mehr wir zu dem Thema schulen, je öffentlichkeitswirksamer das ist, umso mehr kommt es ins Hellfeld, und umso mehr kann man dann auch machen. Eine andere Untersuchung zeigt, dass Betroffene sich eher ans Gesundheitswesen und an die Polizei wenden als an Beratungsstellen. Das bedeutet, es ist ganz wichtig, dass sie weiterverwiesen werden an diese spezialisierten Beratungsstellen.

- Es fehlt also an der Vernetzung der einzelnen Stellen untereinander? Bei den Recherchen bin ich auf einige gut etablierte regionale Netzwerke gestoßen. Die waren aber überwiegend in Eigeninitiative und über einen längeren Zeitraum hinweg gewachsen.
- Seit 2007 versuche ich zu vernetzen. Ich hatte Trauma-Arbeit gemacht, eine Trauma-Station aufgebaut und gemerkt, dass die Frauen, die zu uns kamen, noch nicht beraten waren. Da war ich ganz irritiert, weil ich wusste, es gibt sehr gute Beratungsstellen. Und ich bin die Patientinnen nicht losgeworden. Denn wenn wir sie entlassen haben, dann gab es niemanden, der sie weiterbehandelt hat. Da habe ich gesagt, jetzt müssen wir schauen, dass wir alle sammeln, die sich mit dem Thema beschäftigen. Zum hiesigen »Traumanetz seelische Gesundheit« gehört das Thema häusliche und psychische Gewalt auf jeden Fall dazu. Aber es gibt wenig Extra-Ressourcen für Vernetzung. Das ist sehr aufwendig und zeitaufwendig, und die Strukturen sind teilweise unübersichtlich. Es gibt beispielsweise eine Landesarbeitsgemeinschaft der Interventionsstellen zur Bekämpfung häuslicher Gewalt. Und es gibt eine Landesarbeitsgemeinschaft der Präventionsstellen. Das sind wieder andere, obwohl sie am selben Thema arbeiten. Ich glaube,

man kommt nicht umhin, sich selbst auf die Socken zu machen und Kontakte zu knüpfen. Aber es braucht auch von übergeordneter Stelle eine Person, die bezahlt wird und sich wirklich um die Vernetzung kümmert. Und die muss natürlich so offen sein, auch auf die Männerberatungsstellen zuzugehen. Wir haben hier in Dresden einen runden Tisch häusliche Gewalt, da sind alle Beteiligten an einem Tisch. Auch die Täterberatungsstelle für häusliche Gewalt, die machen eine enorm wichtige Arbeit. Dann gibt es in Sachsen einen Lenkungsausschuss zur Bekämpfung häuslicher Gewalt, da sind vier Ministerien und die unterschiedlichen Gruppen drin. Und natürlich klagt der eine über den anderen, das ist immer so, aber es kommt in diesen Aktionsplänen dann doch einiges ganz gut zustande. Es gibt in Sachsen außerdem eine Rahmenkonzeption für Hochrisikofälle. Die hat das Landeskriminalamt entwickelt. Wenn irgendjemand Sorge hat, es könnte Gefahr für das Leben bestehen, dann kann man eine Hochrisiko-Konferenz einberufen, das kann jeder machen, alle beteiligten Stellen. Diese Rahmenkonzeption gibt es seit April 2021. Es gab schon zwei Jahre lang einen Plan dafür, aber es hing immer am Datenschutz. Das konnte jetzt zum Glück geklärt werden. Auch da war die Frage: Wie ist das mit der Zusammenarbeit mit den Männergruppen, mit den Täterberatungsstellen? Es wurden Lösungen gefunden und ich glaube, sowas muss man einfach ausprobieren und leben.

— Welches Bewusstsein für das Thema Partnerschaftsgewalt gibt es aus Ihrer Sicht auf bundespolitischer Ebene?
— Unterschiedlich. Es gibt manche Bereiche, die sind sehr aktiv. Ich glaube, im Bundesministerium für Familie, Senioren, Frauen und Jugend, BMFSFJ, ist das Thema durchaus präsent. Es gab vor rund zehn Jahren das Daphne III-Programm der EU.[20] Ziel des Programms war, alle Formen von Gewalt, insbesondere körperliche, sexuelle und psychische zu verhindern und zu bekämpfen.

Es wurden auch Organisationen unterstützt, die in diesem Bereich tätig waren. Die früheren Daphne-Programme wurden dann durch das EU-Programm Rechte, Gleichstellung und Unionsbürgerschaft ersetzt. In diesem Programm geht es explizit auch um den Auf- und Ausbau multidisziplinärer Netze.[21] Deutschland hat sich zudem der Istanbul-Konvention verpflichtet. Sie wurde am 1. Februar 2018 in Kraft gesetzt und ist damit rechtlich verbindlich.[22] Aus der Istanbul-Konvention erwachsen für die staatlichen Behörden Verpflichtungen in den Bereichen Prävention, Schutz- und Unterstützungsmaßnahmen, Gesetzgebung und Strafverfolgung.[23] Die Einhaltung der Verpflichtungen, die sich für die Vertragsstaaten aus der Konvention ergeben, wird von einer Expertinnen- und Expertenkommission, GREVIO, überwacht. Und außerdem gab und gibt es immer wieder Aktivitäten, das Thema im Gesundheitswesen besser voranzubringen. Ich fände es wichtig, dass es eine eigene Stelle gibt, die sich um das Thema richtig intensiv kümmert. Ähnlich wie die des unabhängigen Beauftragten für Fragen des sexuellen Kindesmissbrauchs, den es seit mehr als zehn Jahren gibt. So eine Einrichtung macht gewaltsensibler.

- In Frankreich ist psychische Gewalt unter Lebenspartnern seit 2010 strafbar. Laut Gesetzgeber ist das der Fall, wenn »das wiederholte Verhalten und die Worte darauf abzielen, die Lebensbedingungen des Opfers herabzusetzen, indem dessen Rechte und Würde verletzt oder dessen physische oder geistige Gesundheit beeinträchtigt wird«.[24] In Spanien gibt es schon seit 2004 ein Gesetz. In Österreich wurde 2020 der Straftatbestand »fortgesetzte Gewaltausübung« eingeführt, darunter fallen auch die für psychische Gewalt typische Kontrolle sowie Einschränkungen der autonomen Lebensführung. In England gibt es ein neues Gesetz für mehr Opferschutz, das deutlich klarstellt: Häusliche Gewalt ist nicht nur körperlich, sondern auch psychisch.
- Das ist sehr wichtig!

— In Deutschland sind nur Teilaspekte psychischer Gewalt strafbar, wie Stalking, Bedrohung oder üble Nachrede. Petitionen, psychische Gewalt zum Straftatbestand zu machen, scheiterten.[25] Es gibt Kritik, dass die Gesetzgebung diesbezüglich große Löcher aufweise. Wie sehen Sie das?

— Das sehe ich genauso. Stalking ist noch nicht sehr lange strafbar hier in Deutschland, und ich finde, es wird viel zu wenig verfolgt. Dabei wissen wir ganz genau, dass eine richterliche Ansprache bei Stalking sehr gut wirkt, in 90 Prozent der Fälle nützt das etwas. Keine Maßnahme, kein Medikament wirkt so gut wie das Ansprechen, das juristische Ansprechen von Stalking. Weil viele nicht wissen, dass sie damit eine Straftat begehen. Wenn ich 100 SMS oder Messenger-Nachrichten schreibe, wenn ich jemanden so verfolge und belästige, dann ist das eine Straftat. Das meiste Stalking findet nach Partnerschaften statt. Und das ist natürlich ganz klar psychische Gewalt, die ausgeübt wird im Rahmen der Partnerschaftsgewalt.

— Welche Bereiche psychischer Gewalt fehlen in der Gesetzgebung in Deutschland?

— Die Kontrolle über jemand anderen fehlt, das, was England als Coercive Control definiert hat. Darunter fällt zum Beispiel Geldentzug als Druckmittel oder psychische Misshandlung. In England und Wales wird die sogenannte Zwangskontrolle, Coercive Control, als Form der häuslichen Gewalt anerkannt und wurde 2015 kriminalisiert.[26] 2019 hat Irland den Domestic Violence Act 2018 erlassen, demzufolge psychische Gewalt wie Coercive Control in intimen Beziehungen strafbar wurde. Im April 2019 unterzeichnete Schottland einen härteren Domestic Violence Abuse Act 2018, der Freiheitsstrafen bis zu 14 Jahren vorsieht. Hier in Deutschland gibt es sicherlich noch viel zu tun.

Ich habe im Zusammenhang mit häuslicher Gewalt noch ein Anliegen. Wir hatten hier in Sachsen mehrere sogenannte Filizide, also Fälle, in denen Eltern ihre eigenen Kinder töten. Solche Fälle gab es auch in anderen Bundesländern. Sie liefen nach demselben Muster ab: Erst häusliche Gewalt, dann immer ein Streit ums Umgangsrecht, und dann wurden die Kinder umgebracht. Wir lassen uns gerade die Akten kommen von den Filiziden der letzten 20 Jahre in Sachsen. Es ist nicht leicht, die zu bekommen und wir haben sicher nicht alle, aber doch immerhin 38. Und wir sehen: Wenn Mütter ihre Kinder töten, dann geschieht das meistens kurz nach der Geburt. Je älter die Kinder werden, desto mehr sind es die Väter. Und wenn es die Väter sind, dann ist fast immer das Thema häusliche Gewalt dabei.

- So etwas geschieht nicht von einem Tag auf den anderen, sondern hat eine Vorgeschichte. Es ist sehr oft so, dass schon über einen längeren Zeitraum psychische Gewalt in einer Beziehung ist, die sich steigert. Und irgendwann wird dann vielleicht zum ersten Mal zugeschlagen. Wenn wir von der Prävention her denken: Könnte man möglicherweise körperliche Verletzungen oder sogar Morde verhindern, wenn man früher hinschaut, wenn man die fast immer vorausgehende psychische Gewalt mit ihren Mechanismen erkennt?

- Da bin ich sofort auf Ihrer Seite. Man sollte unbedingt genauer hinschauen, generell und auch an bekannten kritischen Punkten wie etwa einer Schwangerschaft. Sehr oft beginnt häusliche Gewalt, wenn das erste Kind kommt. Dann ist die Frau abhängiger, vielleicht ist sie auch sexuell gerade nicht so verfügbar, und das ist oft der Beginn. Sie kann sich nicht so gut trennen, die Gefahr ist nicht so groß, dass sie geht. Deswegen sollte man bei Schwangerschaften routinemäßig nach dem Thema fragen, generell im Gesundheitswesen routinemäßig fragen. Es müsste außerdem in Schulen, in Universitäten, in Ausbildungen von Pädagogik über Jura bis Medizin geschult werden. Ich bin ganz sicher, wenn man da genauer hinschauen würde, ließe sich etwas ändern. Ich finde

Ihre Idee sehr richtig, zu sagen, wenn man nicht erst auf die körperliche Gewalt, sondern schon auf die psychische Gewalt schaut und dazu schult, dann dient das letztlich auch der Prävention.

Philipp Schmuck und Dirk Geldermann, Berater für gewaltbetroffene Männer

Philipp Schmuck ist Soziologe und Sozialpädagoge. Er leitet die Beratungsstelle Häusliche Gewalt gegen Männer beim Institut für Soziale und Kulturelle Arbeit in Nürnberg und führt Beratungsgespräche.
Dirk Geldermann ist Sozialpädagoge und Systemischer Therapeut in Ausbildung. Er bietet ebenfalls Einzelgespräche an.
In ihren kostenfreien Beratungen erarbeiten Philipp Schmuck (PS) und Dirk Geldermann (DG) gemeinsam mit den betroffenen Männern Wege aus der Gewalt. Auch Präventionsangebote und die Vernetzung mit anderen Hilfeeinrichtungen sind wichtige Aspekte ihrer Arbeit. Die Nürnberger Beratungsstelle besteht seit November 2019 und wird vom Bayerischen Staatsministerium gefördert. In Deutschland existieren bis jetzt nur wenige solcher Einrichtungen für Männer.

— Bitte geben Sie mir eine Definition von psychischer Gewalt in Partnerschaften.

— **PS:** Psychische Gewalt ist ein absichtliches Verletzen der Psyche des anderen. Ein Kränken, ein Herabsetzen, ein Überschreiten der Grenzen des anderen, mit Worten oder auch mit Handlungen. Es gibt ja insgesamt vier Gewaltformen: körperliche Gewalt, psychische Gewalt, sexuelle Gewalt und manchmal noch finanzielle

Gewalt, also etwa dem anderen zu verbieten, ein eigenes Konto zu haben, oder finanzielle Abhängigkeiten auszunutzen. Häufig wird psychische Gewalt nach dem Ausschlussverfahren definiert, indem man sagt, es findet keine körperliche und keine sexuelle Gewalt statt. Auf den ersten Blick wird nicht geschlagen, also gibt es keine körperlichen Schäden. Doch das greift viel zu kurz. Dass kein Schlagen, kein Treten stattfindet, heißt ja nicht, dass es keine körperlichen Auswirkungen gibt. Ganz im Gegenteil. Es geht bei der psychischen Gewalt darum, den Partner ganz gezielt mit Worten oder Handlungen, die kein Schlagen sind, herabzusetzen, seelisch zu verletzen und zu isolieren.

— **DG:** Die Männer, die zu uns kommen und sagen, sie sind nicht von körperlicher, sondern von psychischer Gewalt betroffen, haben oft einen sehr großen Leidensdruck, können diesen aber häufig nicht genau benennen. Sie sind sich aber durchaus bewusst, dass Grenzen überschritten werden. Grenzen, die sie in ihrem Persönlichkeitsraum haben und die sie als wichtig erachten. Es sind immer Menschen, die sich in ihrer Persönlichkeit beeinträchtigt, verletzt und gestört fühlen.

Selbst, wenn sie in ihrer Beziehung auch körperlich angegriffen und geschlagen wurden, stellen die Schläge für sie oft nicht das größte Problem dar. Diese Beobachtung berichten uns übrigens auch Mitarbeiterinnen von Frauenberatungsstellen. Die anhaltende Diskriminierung, das permanente Herabsetzen und Demütigen, die psychische Gewalt wiegt für die Betroffenen oft schwerer als körperliche Gewalt gegen sie.

— Welche Unterschiede gibt es im Erleben psychischer Gewalt und im Umgang damit bei Männern und bei Frauen? Was ist spezifisch bei Männern?

— **DG:** Männern fällt es in der Regel sehr schwer, über dieses Thema zu reden. Man muss männerspezifisch ganz klar sagen: Wenn Männer versuchen, über Gefühle zu sprechen, dann haben sie sehr oft nicht diese feingliedrige Unterscheidung zwischen den einzelnen Bedürfnissen und Gefühlen. Sie sagen eher pauschal, mir geht es schlecht. Und ich merke, es hängt irgendwie mit meiner Partnerin oder meinem Partner zusammen und ich habe Probleme, denn da werden Grenzen überschritten. Oft kommen auch Männer zu uns, die das überhaupt nicht klar benennen können, sondern stattdessen einfach sagen: Ich weiß jetzt auch nicht, ob ich bei Ihnen richtig bin, aber ich muss mal erzählen. Und schon während der ersten drei, vier Sätze merkt man ganz genau: Da steckt sehr viel dahinter. Wir sind unter anderem in gutem Austausch mit dem Frauen-Hilfesystem, und Beraterinnen aus diesem Bereich schildern uns, dass bei ihnen immer wieder Frauen Unterstützung suchen, die sagen, die Schläge waren nicht das Schlimmste. Damit konnten sie umgehen. Aber das Herabsetzen, das langwierige Demütigen, das hat die psychischen Spätfolgen ausgelöst. Ich denke, das ist bei Männern ähnlich. Doch die Symptome zeigen sich bei ihnen anders. Und was ich hochproblematisch finde, ist der Umgang damit. Es wird oft quasi im Nebensatz gesagt: Naja, Frauen reden darüber und Männer gehen eher in den Substanzmissbrauch, konsumieren Alkohol oder Drogen, oder bringen sich um. Das ist tatsächlich auffällig, da gibt es einen Unterschied, und ich finde, da wird viel zu wenig hingeschaut. Sogar bei etablierten Therapieformen wird ja oft eine gewisse Ausdrucksfähigkeit und eine Reflexionsfähigkeit von Gefühlen vorausgesetzt. Aber für Männer ist es eben meistens schwieriger, Gefühle zu verbalisieren. Warum geht es mir schlecht, was stört mich genau, warum leide ich eigentlich so darunter? Männer benennen etwa Wut sehr häufig als das primäre Gefühl, ohne sich weiter damit auseinanderzusetzen.

▬ **PS:** Ich denke, es gibt bei Männern und Frauen auch unterschiedliche Mechanismen psychischer Gewalt, die mit den Rollenbildern zusammenhängen. Bei psychischer Gewalt geht es ja immer auch um Macht, darum, sich über die Partnerin oder den

Partner zu stellen. Und da können die Gewaltausübenden auf bestimmte Rollenbilder zurückgreifen, um Macht auszuüben. Gerade für Männer ist es vielleicht besonders schlimm, als schlechter Liebhaber dargestellt zu werden oder als Versager im Job. Es gibt unterschiedliche Hebel, wie und wo man jemanden besonders treffen kann. An diesem Punkt gibt es Unterschiede zwischen Männern und Frauen.

— **DG:** Es gibt auch Generationsunterschiede. Wir sind mit Ende 30 beide aus einer Generation, die sich in einer neuen Form mit dem Thema Feminismus auseinandersetzt. Da geht es nicht mehr darum, dass die Frauen hinter dem Herd hervorkommen, sondern Frauen sind emanzipiert, sie wollen genauso viel verdienen wie Männer, es gibt die MeToo-Debatte. Die jüngeren Männer müssen sich dazu positionieren, dabei auch in den kritischen Diskurs gehen. Und mit den neuen Frauen- und Rollenbildern verändern sich auch die Problemlagen und die Form der Gewalt.

— Aus welchen Bevölkerungsschichten kommen die Männer, die zu Ihnen kommen?

— **PS:** Sie kommen aus allen Schichten und aus allen Altersgruppen, von Anfang 20 bis 80. Aber ich würde sagen, wir haben eine leichte Mittelschicht-Tendenz. Das liegt wohl mit daran, dass wir noch ziemlich neu sind. Psychische Gewalt gibt es sicher auch in russischstämmigen, türkischstämmigen, arabischstämmigen Familien, und vereinzelt kommen auch Männer aus solchen Familien zu uns. Aber bis jetzt hatten wir noch nicht die nötigen Ressourcen, diese Zielgruppen genauer anzusprechen.

— **DG:** Soziale Arbeit erreicht einige Bevölkerungsschichten nur sehr begrenzt, das ist eine Problematik, die muss uns immer bewusst sein.

— **PS:** Das ist schade, finde ich. Wir merken auch, dass es viele junge Männer gibt, die unter psychischer Gewalt leiden. Nicht in einer klassischen Ehe, sondern eher in jungen Beziehungen, beim

Dating, egal, welche Form der Partnerschaft man da hat. Diese jungen Männer müsste man gezielt ansprechen, denn mit dem Begriff häusliche Gewalt können sie meistens erstmal nicht so viel anfangen. Für solche Männer kenne ich keine Angebote.

— **DG:** Es gab auch schon vereinzelt Anfragen von Männern aus der Richtung der sogenannten Incels beziehungsweise aus der Mannosphäre, die teilweise Frauenfeindlichkeit in Verbindung mit Gewaltphantasien propagieren. Von solchen Gruppierungen grenzen wir uns ganz klar ab.

— Mit wieviel Scham und Schuldgefühlen ist für die Betroffenen das Erleben psychischer Gewalt verbunden? Was erleben Sie in der Beratungsstelle?

— **DG:** Nehmen wir einmal das Beispiel eines groß gewachsenen Mannes, eines Zweimetermannes, der vielleicht Kampfsporterfahrung hat, der sportlich ist, der muskulös und fit ist, und der plötzlich von Gewalt durch seine Lebensgefährtin betroffen ist. Es gibt Fälle, da ist diese Partnerin keine 1,60 Meter groß und körperlich eigentlich klar unterlegen. Da heißt es: Er ist ja der starke Mann. Aber wenn er dann nach Hause kommt, läuft es nur noch über Herabsetzungen. Es wird gedemütigt, kontrolliert, sein Handy wird überwacht. Er wird geohrfeigt, getreten und angespuckt. Solche Männer haben einen extremen Leidensdruck, subjektiv und leider teilweise auch objektiv, weil ihnen nicht geglaubt wird. In der Beratung ist ein Gespräch darüber dann möglich, aber in der Gruppe, muss man sagen, können Männer oft doch noch ziemlich sture, maskuline Testosteron-Kerle sein. Da werden solche Themen eher ausgeklammert. Und es gibt auch eine riesige Scham, zur Polizei zu gehen und zu sagen: Ich weiß nicht mehr weiter. Meine Frau erpresst und kontrolliert mich.

— **PS:** Für einen äußerlich großen, kräftigen Mann oder für einen körperlich gesunden Mann ist es wahnsinnig schwierig, sich zu outen und zu sagen, dass er in einer Gewaltbeziehung ist, dass er verletzt wird. Vielleicht hat er es auch schon einmal probiert und hat daraufhin zu hören bekommen, naja, aber du bist doch stärker, du bist größer. Dann wird der Mann sich aller Voraussicht nach natürlich erstmal wieder sehr zurückziehen, weil er gemerkt hat, damit komme ich nicht weiter. Es wird viel zu wenig anerkannt, dass Gewalt, Macht und Verletzbarkeit in einer Beziehung nicht nur mit körperlicher Stärke und mit körperlichen Verletzungen zu tun haben, sondern auch ganz viel mit psychischer Gewalt. Und wenn der Mann mehrmals versucht, sich zu offenbaren und sein Leid oder seine Situation zu beschreiben, und wenn er auch nach dem dritten Mal hört, aber du bist doch größer, du bist stärker, du kannst doch Kampfsport, dann wird natürlich die Schwelle immer höher, sich Hilfe zu suchen. Und wenn die Frau das mitbekommt, kann sie es in die Machtdynamik einbauen und sagen, dir glaubt ja sowieso keiner. Dann hat sich diese Gewaltspirale wieder ein Stück weiter gedreht. Der Mann ist noch mehr in der Defensive, ist in eine noch schwächere Position gekommen, und muss dann wahrscheinlich in seiner Beziehung noch mehr psychische Gewalt erleben.

— Wie lange schleppen das denn die Männer, die zu Ihnen kommen, mit sich herum?

— **PS:** Ich hatte vor Kurzem ein Gespräch mit einem Mann, da waren es Jahrzehnte. Etwa 1980 fing es an, sagte er, dass seine Frau Unwahrheiten über ihn verbreitete und ihn schlechtmachte. Es ist nicht selten, dass Männer kommen, die schon seit mehreren Jahrzehnten in einer von psychischer Gewalt geprägten Beziehung leben.

— **DG:** Das sind zum Teil gestandene Männer, die nach außen hin alles erreicht haben. Und die dann infolge der Beziehung mit einer diagnostizierten Depression und mit einer posttraumatischen Belastungsstörung zitternd vor einem sitzen und sagen: Ich habe es jetzt geschafft, mich nach fast zwei Jahrzehnten aus dieser

Beziehung zu befreien. Einer Beziehung, in der massive Gewalt stattgefunden hat. In solchen Fällen sind wir oft die ersten Menschen, mit denen darüber gesprochen wird.

— PS: Es ist wirklich nicht leicht, betroffene Männer zu erreichen, aber es gelingt. Man muss sie aber ganz gezielt auf die psychische Gewalt ansprechen, weil viele Männer für sich gar nicht wahrnehmen, dass das auch häusliche Gewalt ist. Weil sie bei diesem Thema halt auch wieder ein Stück weit im Klischee denken und sagen: Häusliche Gewalt ist, wenn der Mann die Frau schlägt. Also ist es häusliche Gewalt gegen Männer, wenn die Frau den Mann schlägt. Aber meine Frau schlägt mich ja nicht. Sie sind dann in so einem Dilemma, weil sie merken, es fühlt sich nicht gut an, sie haben vielleicht schon verschiedene körperliche Symptome aufgrund der Gewalt. Aber ihnen ist nicht bewusst, dass es dafür ein Hilfeangebot gibt, eine Stelle, wo sie zumindest darüber reden können.

— Und solche Betroffenen können auch erst in der Beratung ihre Symptome, die Depressionen oder die posttraumatische Belastungsstörung der möglichen Ursache zuordnen?

— DG: Es ist oft so, dass sich für sie erst im zweiten oder dritten Gespräch das Puzzle zusammenfügt und ihnen klar wird, was los ist. Ich denke an einen Mann, der war im Beruf nicht mehr belastbar, er konnte seine Selbstständigkeit nicht halten, er hatte Schlafstörungen. Das wurde alles sauber diagnostiziert. Aber die auslösenden Momente konnte er nicht ansprechen, er hat sich selbst beim Hausarzt nicht getraut, er hat nicht den richtigen Ansprechpartner gefunden dafür. So ist es oft.

— Welche langfristigen gesundheitlichen Auswirkungen von psychischer häuslicher Gewalt sehen Sie bei Männern?

— DG: Posttraumatische Belastungsstörungen, schwere Depressionen, autoaggressives sowie selbstverletzendes Verhalten mit diversen körperlichen Symptomen, massive Schlafstörungen, Angstzustände. Aber auch anhaltende Hoffnungslosigkeit, vermehrte Selbstmordgedanken oder den Verlust der Selbstwirksamkeit, also der Überzeugung, auftretende Schwierigkeiten oder Herausforderungen aus eigener Kraft heraus gut meistern zu können. Eben alles, was aus heutiger Sicht auch mit anhaltenden psychischen Ausnahmesituationen in Verbindung gebracht wird. Von den sozialen Konsequenzen und Auswirkungen auf zukünftige Beziehungen ganz zu schweigen.

- PS: Ich kann mich an einen Mann erinnern, der seit mehreren Jahren keine Nacht mehr durchgeschlafen hat. Er hatte immer wieder Alpträume, ist hochgeschreckt, bekam Atemnot. Psychische Gewalt kann sehr gravierende körperliche Folgen haben.
- DG: Ich habe vor einiger Zeit einen trainierten Sportler beraten, er war Schwimmer und begeisterter Läufer. Er war irgendwann nicht mehr in der Lage, vor die Tür zu gehen und auch nur ein paar Meter zu laufen. Er hat gesagt, ich habe noch nicht einmal mehr die Kraft, vom Sofa aufzustehen. Ich lebe voller Angst, dass meine Partnerin wieder vor der Tür steht oder mich auf Schritt und Tritt verfolgt, mich demütigt und mir Gewalt antut. Hier haben wir einen Gewaltschutzantrag gestellt, und der ist auch durchgegangen. Die Frau durfte sich ihm nicht mehr nähern. Mit den Folgen der psychischen Gewalt hat er aber heute noch zu kämpfen.
- PS: Bei allen Betroffenen, die zu uns kommen, sind der Stress und die Belastung wahnsinnig hoch.

- Wie schätzen Sie das Bewusstsein über die Auswirkungen psychischer Gewalt gegen Männer ein?
- PS: Ich glaube, dass das generell in der öffentlichen Wahrnehmung unterschätzt wird. Auch Männer selbst bagatellisieren das Thema. Gesundheitsvorsorge ist ja bei Männern sowieso ein spezielles Thema, da tun sie sich oft schwer damit. Ich erlebe es immer wieder, dass Männer auf so etwas mit Verdrängung re-

agieren. Sie fühlen sich unwohl, sie können es nicht genau für sich benennen, deshalb arbeiten sie noch mehr, bauen noch ein Haus, machen noch mehr Sport. Irgendwann kommen meistens körperliche Folgen und oft ist alles dann schon sehr festgefahren, weil es schon seit zehn Jahren so ist. Man trennt sich nicht mehr so leicht, wenn man schon zwei Häuser gebaut hat. Da heißt es eher: Ich habe es trotzdem geschafft, obwohl meine Frau sich so verhält. Das ist zumindest in den klassischen Ehen so. Und für einen Mann, der 60 oder 70 ist und seit 30 Jahren verheiratet, wird es natürlich immer schwieriger, sich zu trennen und ein neues Leben zu beginnen.

▬ Für wie hoch halten Sie die Dunkelziffer im Bereich psychische häusliche Gewalt gegen Männer?

▬ **PS:** Das ist nicht nur bei der psychischen Gewalt, sondern insgesamt bei der häuslichen Gewalt gegen Männer schwierig zu sagen. Es gibt noch sehr wenige Studien, die das so richtig gut beleuchten, nur Einzelstudien, die einen Hinweis geben können, wie viel es sein könnte. Was relativ klar ist, ist die kriminalstatistische Auswertung zur Partnerschaftsgewalt des Bundeskriminalamtes, also die Erfassung der angezeigten Fälle.[27] Demnach waren unter den 148.031 Betroffenen im Jahr 2020 rund 80 Prozent Frauen und rund 20 Prozent Männer. Man geht sowohl bei Frauen als auch bei Männern von einer sehr hohen Dunkelziffer aus. Bei Männern liegt sie vermutlich noch etwas höher. Diese Annahme rührt daher, dass bei Frauen das Hilfesystem schon viel länger besteht und recht gut etabliert ist. Wenn eine Frau aus einem gewalttätigen Haushalt kommt, gibt es in den Frauenhäusern und bei den Frauenberatungsstellen quasi schon so ein Raster, sie wissen, da und dort müssen wir genauer hinschauen. Bei Männern gibt es noch viel mehr Zurückhaltung, da sofort zu intervenieren. Die Studien, die ich gelesen habe, schätzen die Dunkelziffer bei häuslicher Gewalt auf fünfmal so hoch wie die Zahl der angezeigten

Fälle. Bei der psychischen Gewalt bräuchte es bessere und spezifischere Studien, weil die Kriminalstatistik und auch viele andere Untersuchungen sich überwiegend an der körperlichen Gewalt orientieren.

Und gerade bei der psychischen Gewalt gibt es ja auch neuere Formen, von denen eher jüngere Menschen betroffen sind, etwa beim Internet-Dating. Das wird oft noch gar nicht abgefragt.

— **DG:** Man muss in den Gesprächen sehr genau nachfragen und zuhören. Es gibt auch Männer, die kommen zu uns, weil sie körperliche Gewalt ausgeübt haben. Im Gespräch stellt sich dann manchmal heraus, dass es ein klarer Fall von wechselseitiger Gewalt ist. Da wird berichtet, dass die Frau regelmäßig damit gedroht habe, sich selbst und den Kindern das Leben zu nehmen, falls er sie verlasse. Und er werde sein Leben lang die Schuld daran tragen. In manchen Fällen wurden die Männer über Jahre hinweg so gedemütigt und kontrolliert, dass sie ihr gesamtes soziales Umfeld verloren haben. Es gibt laut Aussagen dieser Männer Androhungen wie: Wenn du das und das tust, dann werde ich auf deiner Arbeit und überall sonst erzählen, dass du pädophil seist und die Kinder missbraucht hättest. Ich kenne Fälle, in denen wurde gesagt: Wenn du gehst, wird das hier mein Abschiedsbrief sein. Ich habe die entsprechenden Medikamente im Schrank, und Du wirst schuld daran sein, dass die Kinder und ich tot sind. Irgendwann, in einer hochemotionalen Situation, verliert der Mann dann vielleicht die Selbstbeherrschung und wehrt sich körperlich.

Und dann greift der klassische Täter-Opfer-Mechanismus. Ganz schnell ist der Mann in so einem Fall Täter von häuslicher Gewalt. Und es wird nicht mehr auf die gesamte Situation, sondern nur noch auf diesen einen Vorfall geschaut. Diese Männer zu erreichen ist schwer. Sie leben damit, sie sagen, ich habe geschlagen. Egal wie stark es war, der Mann ist ab diesem Moment Täter und hat mit allen Folgen und Stigmatisierungen zu leben. Da müsste man mehr ansetzen, da braucht es, glaube ich, mehr

Fingerspitzengefühl, sich diese Dynamiken genauer anzuschauen. Es ist eben nur selten alles schwarz oder weiß.

— Da muss man tatsächlich sehr genau hinschauen. Manchmal ist es eine Schutzbehauptung, zu sagen, meine Frau hat mich so lange provoziert, bis ich zugeschlagen habe. Manchmal ist tatsächlich etwas dran, dann sollte es sich nach Möglichkeit auch belegen lassen. Für wie hilfreich halten Sie gesetzliche Regelungen für den Bereich psychische Gewalt?

— **PS:** Das ist ein schwieriges Thema. Bei der psychischen Gewalt kommen die Verletzungen ja nicht sofort zum Vorschein, und es ist schwer, im Sinne der Straftat eine juristische Handhabe zu haben. Ich sage den Männern, die zu uns kommen, ehrlich, was passieren könnte, wenn sie zur Polizei gehen mit einem psychischen Sachverhalt. Oft wird das dann nämlich als Familienstreitigkeit oder als Ehestreitigkeit abgetan, als nicht so gravierend. Gerade bei psychischer Gewalt ist es schwierig, zur Polizei zu gehen und eine Anzeige zu erstatten. Wenn es keinen Zeugen gibt, der es mitgekriegt hat, wenn es die Täterin nicht wenigstens indirekt zugegeben hat oder das Ganze per Mail dokumentiert ist, dann ist es sehr schwierig, juristisch dagegen vorzugehen. Man kann versuchen, die Situation nach dem Gewaltschutzgesetz darzustellen, das ist kein Strafrecht, sondern Familienrecht. Es ist dann also nicht verbunden mit einer Anzeige wegen einer Straftat, sondern letztendlich wegen eines Sachverhaltes. Aber auch da ist es schwierig, so einen Sachverhalt für einen Antrag nach juristischen Kriterien plausibel zu schildern, wenn es rein psychische Gewalt ist und es kaum Beweise dafür gibt.

— **DG:** Auch bei der Strafbarkeit sind wir übrigens schnell wieder beim Thema geschlechtsspezifische Gewalt. Zum Glück kann man ja mittlerweile gegen Stalking vorgehen. Man hat immer diese typische Fernsehkrimi-Szene vor Augen, in der der mysteriöse Mann vor dem Fenster steht und hochschaut. Das ist dann assoziiert mit großer Gefahr und mit großem psychologischem Druck. Wenn die Frau jedoch nachts vor dem Haus des Mannes auftaucht, das haben wir auch oft, oder ihn ständig unterwegs irgendwo abfängt oder ihm über Freunde und soziale Netzwerke nachstellt, dann wird gesagt: Naja, so gefährlich ist das nicht. Die ist halt eifersüchtig. Das wird dann oft auch bagatellisiert. Dabei ist die psychische Auswirkung von so einer permanenten Kontrolle, egal bei welchem Geschlecht, enorm.

— Was hören Sie denn von Ihren Klienten, die bei der Polizei oder anderen Behörden waren, wie ernst genommen fühlen die sich?

— **DG:** Wenn wir mit Fachpersonal sprechen, also mit Sachbearbeitern für häusliche Gewalt in den Dienststellen, wenn wir mit den zuständigen Beamtinnen und Beamten der Kriminalpolizei sprechen, dann sind wir auf einer hohen fachlichen Ebene, da werden wir wahrgenommen und da werden meistens die Männer auch gehört. Es gibt aber Unterschiede von Dienststelle zu Dienststelle. Die Polizei ist ein Spiegelbild unserer Gesellschaft und auch bei der Polizei gibt es Männer, die sagen: Wenn dich die Frau schlägt, dann schlägst du halt zurück. Oder setz sie doch vor die Tür. Wo ist das Problem? Dann verfestigt sich der Kreislauf und die Angst davor, nicht ernst genommen zu werden, nicht gehört zu werden oder ausgelacht zu werden.

— **PS:** Wobei, bei der psychischen Gewalt möchte ich die Polizei ein bisschen in Schutz nehmen. Sie agiert ja nicht im luftleeren Raum, viele Beamte oder Beamtinnen würden vielleicht gerne eine Anzeige aufnehmen, müssen aber zum Betroffenen realistisch sagen, dass das Verfahren häufig eingestellt wird. Es ist sehr wichtig, genauer hinzuschauen, und das kann bei psychischer häuslicher Gewalt die Polizei nicht alleine schaffen. Wenn etwa der andere Part auch zur Polizei geht und etwas anderes erzählt, dann braucht es vielleicht einen psychologischen Sachverständigen. Ich fände es wichtig, dass wir uns als Gesellschaft die Aufgabe stellen, das nicht abzutun, sondern zu sagen: Ja, bei körperlicher Gewalt, da gibt es einen Mediziner, da gibt es eine vertrauliche Spurensicherung, da gibt es viele technische Möglichkeiten. Aber wenn es um psychische Gewalt geht, heißt es oft schnell, da können wir sowieso nichts machen. Leider habe ich den Eindruck, dass das, was bei der häuslichen Gewalt passiert, häufig juristisch nicht so gut herausgearbeitet wird, wie es etwa bei einem Bankraub der Fall ist. Da wird genau geklärt, wie hat der sich vorbereitet, wie hat der das Auto besorgt, wo ist er danach hingefahren, wo hat er das Geld deponiert. Bei der psychischen Gewalt wird schnell gesagt, das kann man nicht beweisen. Statt dass sich die Mühe gemacht wird, mal genauer hinzuschauen, zu fragen, ob es vielleicht in eine systematische Kontrollsituation eingebettet ist. Statt zu prüfen, ob es situative Gewalt ist oder ob es in der Beziehung oder im Handeln der Täterin, des Täters schon angelegt war. Statt zu fragen, ob es wahrscheinlich ist, dass es nochmal passiert, weil es immer noch um Macht geht. Das alles wird juristisch oftmals nicht so gut aufgearbeitet. Es wäre wichtig zu sagen: Das ist so wichtig, dass wir dranbleiben, dass wir vielleicht andere Hebel in Bewegung setzen, um das tatsächlich auch aufzuklären. Wir nehmen uns die Zeit und machen uns die Mühe. Das kann die Polizei natürlich nicht alleine, da braucht es das Zusammenspiel mit Gerichten, Staatsanwaltschaften, Familiengerichten, Jugendamt. So weit kommt es allerdings oft gar nicht. Das finde ich schade, weil es natürlich für die Täterin oder den Täter motivierend ist. Wenn ich schwarzfahre, werde ich bestraft, aber bei psychischer Gewalt kann ich mir relativ sicher sein, dass ich nicht verurteilt werde und straffrei davonkomme. Da stimmt die Relation nicht, und das ist natürlich kein gutes Signal für alle Betroffenen.

- Es gibt momentan jede Menge Parallelstrukturen. Auf der einen Seite die Frauenhäuser und Frauenberatungsstellen mit Jahrzehnten Vorerfahrung. Auf der anderen Seite wenige, noch relativ neue

Männer-Schutzwohnungen und Männerberatungsstellen. Ich habe den Eindruck, man beäugt sich da manchmal mit einem gewissen gegenseitigen Misstrauen.

— **PS:** An uns wird öfter der Vorwurf herangetragen, dass die Männer, die zu uns kommen, eigentlich Männer sind, die Gewalt ausgeübt haben. Und dass die sich jetzt quasi reinwaschen wollen, indem sie sagen: Ich bin auch betroffen. Das ist ein Vorwurf, mit dem Unterstützungseinrichtungen für Männer häufiger konfrontiert sind, meistens nicht direkt, sondern indirekt. Wir möchten da ganz klar sagen, dass es unserer Erfahrung nach in der Praxis nicht so ist. Die meisten Männer, die zu uns kommen, sind Männer, die einfach betroffen sind von häuslicher Gewalt. Ihr größter Wunsch ist, dass es aufhört, dass sie ihre Ruhe haben. Es sind sehr selten Männer, die da taktisch rangehen.

— **DG:** Sicherlich bestehen Vorbehalte, aber ich schaue positiv in die Zukunft. Die meisten bestehenden Einrichtungen und Stellen, die mit betroffenen Frauen arbeiten, sind uns gegenüber sehr aufgeschlossen und offen für einen Austausch und gegenseitige Unterstützung.

— In einer Pilotstudie des Bundesfamilienministeriums 2004[28] hat jeder sechste Mann angegeben, schon einmal von einer Frau geschubst worden zu sein. Jeder zehnte Mann wurde schon einmal leicht geohrfeigt, schmerzhaft getreten oder es wurde etwas nach ihm geworfen. Psychische Gewalt ist noch häufiger, sagt diese Studie. Wie schätzen Sie es ein, wie haben sich die Zahlen seither entwickelt?

— **DG:** Es ist auffällig, dass wir über 2004 reden. Es gibt kaum Studien zu diesem Thema seitdem. Dabei gibt es in Deutschland doch eigentlich fast nichts, was wir nicht statistisch aufarbeiten. Wir wissen, wie oft wir durchschnittlich auf die Toilette gehen oder wie viele Keime auf unserem Handy sind. Aber bei dieser Thematik gibt es einen blinden Fleck. Das ist wirklich so. Es müsste dringend statistisch und wissenschaftlich fundiert erarbeitet werden, denn wenn man Zahlen hat, dann kann man auch besser argumentieren.

▬ PS: Es soll, glaube ich, bald eine Dunkelfeldstudie geben, die gerade gemacht wird. Diese Studie von 2004 war ja als Pilotstudie angelegt worden und war eigentlich so gedacht, dass man das als Anlass nimmt, nochmal hinzuschauen. Und dann hat man den Anlass und macht fast 20 Jahre lang fast nichts mehr. Das ist schon erschreckend. Und das zieht sich leider ein bisschen durch. Es gab 2020 eine Studie der TU München und des RWI-Leibniz-Institutes für Wirtschaftsforschung[29] zum Thema häusliche Gewalt während der Corona-Pandemie. Da wurden leider nur Frauen und Kinder befragt und keine Männer. Männer werden eher gefragt: Haben Sie in den letzten zwölf Monaten zugeschlagen? Und das ist einfach schade. Da wäre es einfach wichtig, dass man einen genauen Blick auf die Gesamtbevölkerung wirft.

▬ Was würden Sie sich für weitere Angebote speziell für Männer wünschen?

▬ PS: Es gibt ein Hilfetelefon für Männer, »Hilfetelefon Gewalt an Männern« heißt es. Das finde ich ganz wichtig, es wird aber momentan nur von drei Bundesländern finanziert. Außerdem fände ich es wichtig, dass man das Thema auch auf der höheren Ebene der Landesjugendämter und der Landesärzteverbände bekannt macht, damit es von dort aus weiterverbreitet werden kann.

▬ DG: Am besten fände ich es, wenn wir irgendwann einmal Beratungsstellen haben für Menschen, die von häuslicher Gewalt betroffen sind, egal ob sie jetzt männlich, weiblich, heterosexuell, divers oder queer sind. Wenn diese Menschen dort hinkommen können und selbst entscheiden können, von wem sie beraten werden möchten.

Und bei der Prävention fände ich es wichtig, dass sie schon im Kindesalter anfängt. Es gibt beispielsweise Selbstbehauptungskurse für junge Mädchen, genau so etwas sollte es auch für Jungen geben, etwa zu der Frage, wo ihre Grenzen sind, wo sie nein sagen dürfen und was ein Mädchen, ein Junge, ein Mann oder wer auch immer mit ihnen machen darf und was nicht.

— **PS:** Was ich einen guten Ansatz finde, ist der proaktive Ansatz. Dabei wird der Polizei-Einsatz mit dem psychosozialen Beratungssystem verbunden. Das bedeutet, wenn es einen Einsatz wegen häuslicher Gewalt gibt, dann erfolgt eine Meldung ans Jugendamt und an die Frauenberatung oder Männerberatung und im Optimalfall auch an die Täterberatung. Auch wenn es keine Anzeige gibt, gibt es diese Info, so dass zumindest einmal eine Kontaktaufnahme stattfindet. Solche Modelle gibt es in verschiedenen Regionen. Das mag nicht zu 100 Prozent Erfolg bringen, aber ich glaube schon, dass es helfen kann.

— Wie geht es mit Ihrer Beratungsstelle weiter? Was sind Ihre Ziele, Wünsche, Hoffnungen, Pläne?

— **PS:** Wir sind projektfinanziert und hoffen natürlich, dass es noch möglichst lange weitergeht. Wir sind im Austausch, aber es ist kein einfacher Status. Es ist ein Modellprojekt, und Modellprojekte sind meistens auch irgendwann zu Ende. Gleichzeitig zeigt sich ganz klar, dass psychische und physische häusliche Gewalt gegen Männer kein Modephänomen ist. Betroffene wird es auch in den nächsten Jahren geben. Und wie es aussieht, steigen die Zahlen sogar. Deshalb braucht es sicherlich eine solide Finanzierung für Frauenberatungsstellen und eben auch für Männerberatungsstellen. Es ist auf jeden Fall Bedarf da. Es ist im sozialen Bereich leider immer schwierig mit der Finanzierung, man ist da immer von öffentlichen Finanzen abhängig. Wenn man auf Deutschland schaut, auf die Karte, dann gibt es da große weiße Flecken, was spezielle Angebote für Männer angeht. Es gibt derzeit einige Angebote in Baden-Württemberg, in Bayern, in Nordrhein-Westfalen, in einzelnen anderen Bundesländern bestehen ebenfalls schon länger finanzierte Angebote. Aber in einigen Bundesländern gibt es überhaupt keine Anlaufstellen. Ich denke, es braucht eine gute, langfristige und flächendeckende Finanzierung. Denn wir sind noch lange nicht am Ende. Hier in Nordbayern ist die Region so groß, dass uns die Arbeit nicht ausgeht. Wir merken, es kommt an, und wir merken, da, wo wir es schaffen, können wir uns in ein gutes, bestehendes Netzwerk eingliedern und werden auch angenommen, weil auch dort der Bedarf erkennbar ist.

— **DG:** Wir haben noch sehr viele Ideen und Projekte, die wir gerne umsetzen würden.

— **PS:** Ein Ziel ist auf jeden Fall, den Bereich Prävention nochmal deutlich zu stärken. Der Ursprungsgedanke war, Workshops anzubieten und dafür die Männer anzusprechen, die zu uns zu kommen. Solche Gruppenangebote waren wegen der ganzen Corona-Einschränkungen leider nicht möglich. Künftig möchten wir stattdessen dorthin gehen, wo sich Männer ohnehin schon aufhalten. Also zum Beispiel in Vätercafés oder in Väter-Kind-Gruppen. Wir möchten dort in lockerer Runde unsere Arbeit vorstellen und hoffen, dass der eine oder andere Mann danach nach unseren Kontaktdaten oder nach einer Karte fragt. Wir hoffen, mit so einem niederschwelligen Ansatz noch mehr Männer zu erreichen.

Birgitta Brunner, Rechtsanwältin und Fachanwältin für Familienrecht

Birgitta Brunner ist Rechtsanwältin und Fachanwältin für Familienrecht und arbeitet in einer von ihr mitgegründeten Rechtsanwalts- und Notarskanzlei in Mölln. Sie war als ehrenamtliche Richterin beim Schleswig-Holsteinischen Anwaltsgerichtshof tätig, dessen Präsidentin sie fünf Jahre lang war. Birgitta Brunner kennt die rechtliche, politische und praktische Seite psychischer Gewalt. Seit Jahrzehnten engagiert sie sich nicht nur als Anwältin für betroffene Frauen, sondern auch ehrenamtlich in Vereinen und Netzwerken gegen häusliche Gewalt. 2013 bekam sie dafür die Bundesverdienstmedaille verliehen.

- Bitte geben Sie mir eine Definition von psychischer Gewalt in Partnerschaften.
- Psychische Gewalt ist für mich eine Sammlung an Verhaltensweisen und Techniken, die dazu dienen, die Definitionsmacht bei der Partnerin, beim Partner zu übernehmen. Die Definitionsmacht darüber, was richtig ist, was falsch ist, was für die Person selbst gut und schlecht ist. Es geht also darum, sich ihrer Urteilsfähigkeit und insbesondere ihrer Wahrnehmung zu bemächtigen. Das ist für mich der Überbegriff für psychische Gewalt.

— Da höre ich das Thema Kontrolle heraus.

— Absolut. Es bedeutet sexuelle Kontrolle, das ist ganz häufig, das habe ich ganz häufig gehabt in meinen Fällen. Und es bedeutet Kontrolle über die sozialen Kontakte, denn diese sind immer gefährlich für die Täter. Über ihre Kontakte könnten sich die betroffene Frau oder auch der betroffene Mann rückversichern, ob das, was mit ihnen geschieht, real ist oder ob an ihnen selbst etwas nicht stimmt. Als Ergebnis psychischer Gewalt kommt ja immer das Gefühl heraus: An mir stimmt irgendetwas nicht, etwas ist falsch mit mir. Die Abwertung, die Demütigungen, die Erniedrigung, das alles ist typisch und kommt mit der Zeit. Aber das Zentralste, was ich immer wieder mitbekomme, ist, dass es irgendwann keine vertrauensvollen Außenkontakte mehr gibt.

— Was unterscheidet psychische Gewalt noch von »normalen« Beziehungskonflikten?

— Jeder streitet sich ab und zu, jeder versucht den anderen auch mal zu manipulieren, das gehört, glaube ich, zum menschlichen Dasein dazu. Man kann in einer Wutsituation, oder wenn eine eigene Kränkung vorliegt, jemand anderen kränken. Das ist dann ein Nadelstich der psychischen Gewalt. Aber bei normalen Partnerschaftskonflikten geht es nicht um den Aufbau eines Herrschaftssystems, um eine Unterordnung und eine Überordnung. Klar will jeder auch gewinnen, aber nicht durch die Regentschaft über den anderen, sondern um die eigenen Interessen zu positionieren, durchzusetzen. Psychische Partnerschaftsgewalt dagegen ist systematisch. Es sind keine einzelnen Vorfälle. Es gibt natürlich Grauzonen dazwischen, gerade in Trennungssituationen. Da gibt es Verletzungen, es läuft ganz selten so, dass man sagt, wir haben uns auseinandergelebt und jetzt trennen wir uns friedlich. Meistens ist es zeitlich versetzt, einer geht und einer wird verlassen. Da wird auch mal gekränkt und unter der Gürtellinie agiert. Eine Trennung ist ja eine psychische Ausnahmesituation, und da werden wir alle zu Arschlöchern, zeitweilig. Aber wirkliche psychische Gewalt passiert immer systematisch über einen längeren Zeitraum hinweg.

— Welche typischen Verlaufsformen psychischer Gewalt gibt es?
— Es gibt in vielen Beziehungen, die von emotionaler Gewalt geprägt sind, am Anfang eine sehr ausgeprägte Hochphase. Ich habe häufig mitbekommen, dass diese Hochphasen zu Beginn der Beziehung fast wie Rauschzustände sind. Viel stärker als eine normale Verliebtheit. Es ist wie eine Sucht, und es entsteht oft eine emotionale Abhängigkeit. Und dann fangen irgendwann schleichend andauernde Abwertungen an, die mit der Zeit immer stärker werden. Eine ökonomische Abhängigkeit vom Partner kann so etwas vermutlich begünstigen, denn man hat dann weniger Handlungsmöglichkeiten und ist den Abwertungen stärker ausgeliefert.

— Die Betroffenen selbst merken meist erst viel später, wie sehr ihnen das schadet. Was für Geschichten haben Sie in Ihrer Tätigkeit gehört?
— Da fallen mir viele Geschichten ein. Bei einer Betroffenen isolierte der Ehemann, er war Alkoholiker, sie von ihrer Familie. Er ekelte ihre Schwester weg, zu der sie eine sehr enge Verbindung hatte. Seine Frau wurde von ihm massiv abgewertet in Hinblick auf die körperliche Anziehung, auf ihr Aussehen, und hatte danach jahrelang Depressionen. Eine andere Frau war mit einem Manager verheiratet, der ein totales Doppelleben führte. Er sagte ihr immer, sie bilde sich das alles nur ein und erklärte sie für verrückt, wenn sie nachfragte. Das ging eine ganze Weile so, und am Ende war auch sie schwer depressiv. Bei einer anderen Mandantin lief es über die Kinder. Sie hatte sich getrennt, er manipulierte daraufhin den 13-jährigen Sohn massiv gegen die Mutter. Sie wurde ebenfalls schwer depressiv. Bei wieder einer anderen Mandantin hat der Vater es tatsächlich geschafft, ihr die Kinder zu entfremden

und zwar so sehr, dass sie die Mutter abgelehnt haben. Er hat ihnen erzählt, sie zahle keinen Unterhalt mehr und andere Dinge, die nicht stimmten. Diese Mandantin litt ebenfalls unter Depressionen. Ich kenne viele solcher Geschichten.

Häufig sind bei den Tätern, in den meisten meiner Fälle sind es Männer, Suchtmittel mit im Spiel. Alkohol natürlich, aber oft auch Kokain. Das ist offenbar eine ziemlich beliebte Droge bei den Gewaltausübenden. Diese Droge macht ja wohl sehr empathielos, der Konsum entsorgt dann auch den Rest der Empathie. Das hat mir eine Bekannte erzählt, die es selbst einmal ausprobiert hat. Kokain steigert auch die Selbstüberhöhung, das Ego wird dadurch sehr stark aufgepeppt. Diese Empathielosigkeit und dieses aufgeblasene Ego, das findet sich bei vielen Partnern, die psychische Gewalt ausüben, vor allem, wenn sie eine gewisse narzisstische Ausprägung haben. Wobei ich mit dem Narzissmus-Begriff ein bisschen vorsichtig bin.

— Der wird in Selbsthilfeforen ziemlich inflationär verwendet.
— Ich habe das ganz oft mitgekriegt. Das ist eine Art Entlastung für die Betroffenen. Man hat endlich einen Namen für das, was passiert ist. Und es ist außerhalb von einem selbst angesiedelt. Man pathologisiert den anderen und sagt: Der ist ja total krank und ich kann nichts dafür. Da bin ich halt an ein Arschloch geraten. Man könnte meinen, dass mindestens die Hälfte aller Männer eine narzisstische Persönlichkeitsstörung hat. Nicht nur in den Foren, sondern auch bei den Betroffenen, die in Trennung sind und zu mir kommen. Der Begriff wird unglaublich inflationär benutzt. Im ersten Schritt ist es ja positiv, dass man Entlastung hat, einen Namen dafür und einen Schuldigen, also eine klare Zuweisung. Aber dann blockiert es den Heilungsprozess. Solange es nur diese Diagnose beim Anderen ist, kann ich nichts ändern, hätte ich auch nichts ändern können, denn ich bin ja ausgeliefert. Ich finde, ab einem gewissen Punkt muss man sich fragen: Wo bin

ich denn dabei? Und ist es wirklich ein krankhafter Narzissmus? Kommt es überhaupt darauf an, ob ich dem Kind einen Namen gebe? Oder muss ich nicht vielmehr schauen, was ich habe mit mir machen lassen und mich fragen, warum ich es so spät gemerkt habe?

Ich habe fünf Jahre lang Rechtsberatung bei »re-empowerment« gemacht, einem Forum, das Informationen zu psychischer Gewalt und Unterstützung für betroffene Frauen anbietet.[30] Dort sind solche Labels strikt verboten, selbst wenn gesicherte Diagnosen vorliegen. Ich hatte gerade einen Fall, da lag eine manifeste Persönlichkeitsstörung beim Ehemann der Gewaltbetroffenen vor, er war tatsächlich Narzisst. Selbst in solchen Fällen ist es bei »re-empowerment« untersagt, das zu benennen. Ich fand diese Regel anfangs nicht gut, habe sie aber später durchaus verstanden. Denn sonst ist alles so plakativ, so von sich wegschiebend, so ein Einheitsbrei.

- Also geht es darum, irgendwann wieder Selbstverantwortung zu übernehmen.
- Ich weiß, dass die Frauen irgendwann wieder rausgehen müssen, dass es irgendwann nicht mehr guttut, sich zu sehr auf diese Internet-Foren zu beziehen. Es kommt ein Punkt, an dem müssen die Betroffenen einen Schlussstrich ziehen, müssen sagen, es ist zu Ende. Ich kann mich nicht immer mit den Geschichten von anderen beschäftigen, die dasselbe erfahren haben wie ich. Denn das reißt immer wieder etwas auf, was zu heilen beginnt. Eine Zeitlang tut es gut, aber irgendwann schafft es eine Art Datenautobahn im Kopf und nimmt dadurch eine zu große Dimension an. Ich halte es für eine Gefahr, dass solche Foren quasi zum Ersatz für das wahre Leben werden können. Irgendwann kann die permanente Beschäftigung mit diesen Geschichten schädlich sein. Es hilft, andere Betroffene zu finden und zu sehen, ich bin nicht alleine damit. Nicht ich bin blöd, sondern das ist etwas

Strukturelles. Es führt zunächst einmal zu Erleichterung und zu Erkenntnis, aber nicht zu einer wirklichen Heilung. Wenn man aus einer gewaltgeprägten Beziehung kommt, ist es absolut notwendig, eine Therapie zu machen.

- Ein Satz, den ich bei Gesprächen mit Betroffenen sehr oft gehört habe, ist: Ich habe auch körperliche Gewalt erlebt. Aber die psychische Gewalt war viel schlimmer.
- Das höre ich auch immer wieder, dass die Langzeitfolgen der psychischen Gewalt schlimmer sind. Oft hängt auch beides miteinander zusammen. Bei psychischer Gewalt führt im Endeffekt ein Kontrollverlust manchmal irgendwann auch zu physischer Gewalt. Es ist anders als bei klassischer körperlicher Gewalt. Da gibt es häufig einen Kreislauf: Einen Ausbruch, der häufig mit Alkohol zusammenhängt, dann eine Versöhnung, dann entwickelt es sich wieder und explodiert wieder. Frauen, die körperlich misshandelt worden sind und in Frauenhäuser gehen, durchlaufen diesen Zyklus in der Regel etwa acht Mal, bis sie sich trennen. Sie sind immer wieder kurzfristig im Frauenhaus, es ist wie eine Drehtür. Rein, raus, dann wieder rein ins Frauenhaus. So ist das bei Beziehungen mit körperlicher Gewalt.

Wenn eine Beziehung dagegen durch viel geschickte psychische Gewalt geprägt ist, dann passiert physische Gewalt eher erst, wenn sich die Trennung abzeichnet. Wenn der Verlust des Opfers droht, wenn es gehen will. Dann wird es auch unheimlich gefährlich. Ich hatte unter meinen Fällen ein Tötungsdelikt und eine sehr schlimme Vergewaltigung, beides passierte in Trennungssituationen. Bei dem Tötungsdelikt war ein Kind dabei, ein Sechsjähriger, der dabei zuschauen musste, wie seine Mutter vom Vater mit zehn Messerstichen umgebracht wurde. Wenn psychische Gewalt stattfindet, ist es generell schon gefährlich. Ob es bei einer Trennung dann lebensgefährlich wird, lässt sich vorher schwer einschätzen. Dieses Tötungsdelikt, an das ich mich erinnere, kam scheinbar aus heiterem Himmel. Er war Mathematiker, Ingenieur, sie Ärztin, es gab keinen Migrationshintergrund, wie es in solchen Fällen gerne assoziiert wird.

Es gibt immer wieder auch diese erweiterten Morde, bei denen die Kinder mit umgebracht werden. Bei Frauen ist es häufiger der erweiterte Suizid, das bedeutet, die Frau bringt sich selbst und die Kinder um. Bei Männern ist es eher der erweiterte Mord, er bringt die Partnerin und die Kinder um und danach möglicherweise sich selbst.

- Sie engagieren sich schon seit 1987 für gewaltbetroffene Frauen, als Anwältin und auch ehrenamtlich, unter anderem beim Verein Hilfe für Frauen in Not. Wann und wie sind Sie denn auf das Thema psychische Gewalt gestoßen?
- Ganz lange ging es bei meiner Arbeit um körperliche Gewalt gegen Frauen. In den 1980er-Jahren und auch Anfang der 1990er-Jahre war die Vergewaltigung in der Ehe noch nicht strafbar, und viele Fälle körperlicher Gewalt wurden eingestellt. Als junge Anwältin hatte ich eine Geschichte, da hatte ein Polizeibeamter seine Ehefrau massiv verprügelt. Das wurde eingestellt wegen fehlenden öffentlichen Interesses. Das waren die ersten Jahre.

Vor etwa 20 Jahren bin ich dann auf das Thema psychische Gewalt gestoßen, habe festgestellt, dass es das auch gibt. Da hatte ich schon 15 Jahre lang als Anwältin gearbeitet. Ich bin durch die Geschichte einer Freundin darauf aufmerksam geworden. Sie war in einer Beziehung, die von psychischer Gewalt geprägt war. Es war eine Kollegin von mir, eine gestandene Feministin, wir haben zusammengewohnt. Sie wurde in dieser Beziehung immer kleiner. Ihr wurde immer wieder gesagt: Was du fühlst, ist falsch, was du empfindest, stimmt nicht, du bist überlastet, du bist hysterisch. Sie war danach völlig zerstört und hat sehr lange gebraucht, um sich wieder zu erholen. Sie war auch selbstmordgefährdet. Ihre Wahrnehmung wurde immer wieder in Frage gestellt. Sie hat nachgefragt: Stimmt irgendwas nicht, irgendetwas ist nicht in Ordnung? Und ihr wurde immer wieder gesagt: Du bist schuld. Du spinnst. Du machst dir irgendwelche komischen Gedanken. Später hat sich herausgestellt, dass der Partner schon sehr lange eine außereheliche Beziehung hatte. Es gab keine körperliche Gewalt. Aber ihre Wahrnehmung wurde so lange angezweifelt, bis sie ihr verloren ging. Da habe ich angefangen, mich damit zu beschäftigen, zu überlegen, was ist da passiert, was könnte das sein, gibt es noch etwas anderes als körperliche Gewalt. Irgendwann habe ich das Buch »Die Masken der Niedertracht« der französischen Psychoanalytikerin Marie-France Hirigoyen gelesen[31] und 2007 bin ich zum Verein »re-empowerment« gestoßen. Dann war es mir klar. Ab diesem Zeitpunkt bin ich sensibler mit dem Thema umgegangen. Es gibt mehr als die körperliche Gewalt. Es gibt Partnerschaften, die zu massiven, lang anhaltenden Schäden führen, und diese Schäden haben andere Ursachen als Schläge. Mir wurde klar, dass das ein sehr großes Thema ist. Und ich wurde auch in den Familiensachen, die ich als Anwältin bearbeitet habe, viel, viel bewusster in Hinblick auf psychische Gewalt.

— Seit 2002 gibt es ja auch das Gewaltschutzgesetz.[32]
— Ja, das Gewaltschutzgesetz und die ganzen Debatten darüber vorher, das war im Grunde der eigentliche Durchbruch. Erst wurde 1997 Vergewaltigung in der Ehe strafbar, dann kam 2002 das Gewaltschutzgesetz. Damit hat man signalisiert: Das Private ist politisch. Und insbesondere, wenn im Privaten Gewalt passiert, ist es politisch. Dafür hat es den Gesetzgeber gebraucht, ein Gesetz gebraucht. Denn die Justiz ist ansonsten unfassbar träge in der Umsetzung von so etwas. Was für mich im Grunde parallel läuft und absolut wichtig ist, ist, dass Gewalt in der Erziehung geächtet wird. Seit dem Jahr 2000 dürfen Eltern ihre Kinder nicht mehr schlagen. Im Bürgerlichen Gesetzbuch heißt es, körperliche Bestrafungen, seelische Verletzungen und andere entwürdigen-

de Maßnahmen sind unzulässig.[33] Das ist meines Erachtens ein Meilenstein dafür gewesen, dass auch Gewalt in einem privaten Bereich wirklich einer strikten gesellschaftlichen Ächtung unterliegt. Und kurz danach kam dann eben das Gewaltschutzgesetz.

- Was hat es in der Praxis bewirkt?
- Das Gesetz an sich war ein großer Fortschritt, aber seine praktische Handhabung ist problematisch. Zum einen ist es für Anwälte etwas abschreckend, solche Verfahren zu machen, weil wir dabei finanziell draufzahlen. Verfahren nach dem Gewaltschutzgesetz haben einen sehr niedrigen Streitwert, und wir verdienen dementsprechend sehr wenig daran. So etwas muss man schon aus Überzeugung machen, es wird nicht honoriert. Auf der anderen Seite ist die Hürde für die betroffene Person durch den geringen Streitwert natürlich niedriger, das muss man auch sehen. Die meisten gehen ja zur Rechtsantragsstelle und beantragen ein Kontaktverbot, sie machen das auch oft erst einmal selbst, weil es schneller geht. Das Kontaktverbot wird häufig auch erlassen, und dann beantragt die Gegenseite eine mündliche Verhandlung. Die mündlichen Verhandlungen enden in etwa 50 Prozent mit Vergleichen. Das ist für die Richter am einfachsten. Zu vergleichen bedeutet, dass beide sich verpflichten, keinen Kontakt mehr miteinander aufzunehmen. Und das verschiebt natürlich die Verantwortlichkeiten. Im Familienrecht ist es generell so, dass man alles einvernehmlich geregelt haben möchte. Das verwässert das Ganze etwas. Auf der anderen Seite sind wir halt immer in der totalen Beweisproblematik. Und das wird auch von den Richtern ganz unterschiedlich gehandhabt. Wenn es einen Gewaltschutzantrag nach der Zivilprozessordnung gibt, dann muss die oder der Betroffene beweisen, dass das, was sie behauptet, tatsächlich passiert ist. Das ist nicht leicht, weil sie ja Partei ist, nicht Zeugin. Oft gibt es keine Zeugen. Also ist es, wie beim Strafrecht auch,

häufig schwer, psychische Gewalt zu beweisen. Oft bin ich froh, wenn überhaupt ein Vergleich zustande kommt, denn ein Verstoß gegen den Vergleich ist in so einem Fall strafbar. Das ist die Waffe des Gewaltschutzgesetzes, das gibt es sonst nirgendwo im Recht. Es ist eigentlich eine scharfe Waffe, aber es kommt immer darauf an, wie die Staatsanwaltschaft einen Verstoß gegen eine Gewaltschutzanordnung verfolgt.

— Was gilt denn bei so einem Verstoß alles als Beweismittel?

— Wenn ich einen Gewaltschutzantrag habe, mache ich darin meistens zur Bedingung, dass jegliche Kontaktaufnahme zu unterbleiben hat. Ich führe darin alle Medien auf, die für eine Kontaktaufnahme genutzt werden können. Also telefonisch, schriftlich, digital, alle möglichen Wege. Sehr oft gibt es ja WhatsApp-Nachrichten. Solche Nachrichten sind natürlich ein Beweismittel. Betroffene sollten sie unbedingt sammeln, ausdrucken und sichern. Wenn solche Nachrichten kommen, dann ist das ein Verstoß gegen die Gewaltschutzanordnung. Normalerweise wäre es im Zivilrecht so, dass dann ein Ordnungsgeld oder Ordnungshaft angedroht wird. Aber im Fall einer Gewaltschutzanordnung ist es ein Straftatbestand. Und es ist wirklich etwas ganz Ungewöhnliches, dass sich hier Zivilrecht und Strafrecht so miteinander verknüpfen. Es wird leider viel zu wenig Gebrauch davon gemacht. Ich kenne gerade mal zwei Fälle aus meiner Praxis, und ich hatte viele solcher Geschichten.

— Wie wurde in diesen beiden Fällen der Verstoß gegen die Gewaltschutzanordnung geahndet?

— In einem Fall war es eine Haftstrafe, aber nur, weil er nicht zahlen konnte. Er ist ihr im Auto gefolgt und ganz dicht aufgefahren, sein Verhalten war durchaus ein Eingriff in den Straßenverkehr. In diesem Fall wurde dann auch die Staatsanwaltschaft tätig. Normalerweise sind es in solchen Fällen zwischen 30 und 90

Tagessätze. Oft wird das Ganze dann allerdings trotzdem wieder eingestellt, oder es gibt einen Täter-Opfer-Ausgleich, es wird also außergerichtlich geklärt.

- Welche rechtlichen Instrumente und Grundlagen gibt es außer dem Gewaltschutzgesetz?
- Es gibt die Istanbul-Konvention, das Übereinkommen des Europarats zur Verhütung und Bekämpfung von Gewalt gegen Frauen und häuslicher Gewalt.[34] Das ist ein 2011 ausgearbeiteter völkerrechtlicher Vertrag, eine Art Auftrag an die Gesetzgebung. Die Unterzeichnerstaaten verpflichten sich, offensiv gegen alle Formen geschlechtsspezifischer Gewalt vorzugehen, auch gegen psychische Gewalt. Anfang Februar 2018 trat das Übereinkommen hier in Deutschland in Kraft, und es gibt Impulse für die Bekämpfung von Gewalt gegen Frauen und Mädchen. Es wird allerdings von verschiedenen Seiten kritisiert, dass dieses Übereinkommen hier bei uns nur sehr zögerlich umgesetzt wird und dass großer Handlungsbedarf besteht. Dazu gibt es einen guten Artikel vom Deutschen Juristinnenbund.[35]

- Welche Kritikpunkte gibt es außer der zögerlichen Umsetzung?
- Es steht beispielsweise in der Istanbul-Konvention, dass Daten zu erheben sind. Und die Datenlage zu häuslicher Gewalt finde ich in Deutschland unglaublich schlecht. Ich verstehe gar nicht, wie in einer doch so modernen Gesellschaft die Datenlage so unheimlich schlecht sein kann. Auch bei der ganzen polizeilichen Kriminalstatistik, die als Maßstab herangezogen wird. Die Kriminalstatistik beruht auf den Anzeigen, die erfasst werden. Weiß ich, wie viele Verurteilungen es dabei gibt? Wo kriege ich das heraus? Das ist ganz schwer herauszukriegen. Bei Vergewaltigungen etwa gibt es nur bei rund sieben Prozent der Anzeigen eine Verurteilung oder noch weniger. Es existiert nicht einmal eine ordentliche Statistik, die aufführt: angezeigte Taten, angeklagte

Taten, eingestellte Verfahren. Wonach wird eingestellt, wird mangels Tatverdacht eingestellt oder wegen geringer Schuld, mit Auflage oder ohne Auflage, wie viele Verurteilungen gibt es prozentual bei den angeklagten Taten? Wie wird verurteilt im Verhältnis zu Raubdelikten oder Ähnlichem? Es gibt nichts. Das Material muss ja vorliegen, das muss man ja nicht neu erheben. Aber man muss bereit sein, es überhaupt erst einmal nach diesen Klassifizierungen zu erheben, und zwar jährlich. Und im Anschluss daran muss man das Geld dafür in die Hand nehmen, dass dieses Material aufbereitet wird und dass auf dieser Datengrundlage über das Thema geforscht wird. Es ist mir völlig unverständlich, warum das nicht passiert. Die Datenlage ist katastrophal, dabei ist das ein expliziter Auftrag und der sollte jetzt endlich umgesetzt werden. Aber seit fünf Jahren ist in dieser Hinsicht erst einmal gar nichts passiert. Jetzt soll es eine Koordinierungs-Arbeitsgruppe geben, sie soll 2022 endlich ins Leben gerufen werden. Aber es ist ja nicht gerade vorgestern gewesen, die Istanbul-Konvention. Das ist alles unheimlich zäh.

- Was hat sich seit der Istanbul-Konvention denn rechtlich geändert?
- Der Stalking-Paragraph wurde 2021 etwas abgeändert. Stalking ist jetzt quasi ein Gefährdungsdelikt und kein Erfolgsdelikt. Sprich, es muss bei den Betroffenen keine Schädigung eingetreten sein, sondern die Methoden müssen geeignet sein, dem Opfer gesundheitliche Beeinträchtigungen zuzufügen.[36] Beim Stalking gibt es auch unendlich wenige Verurteilungen, dabei ist dieser Tatbestand ja nicht so schwer zu fassen. Also, es ist unterm Strich nicht viel passiert.

- Stalking ist strafbar, sollte man Ihrer Ansicht nach auch einen Straftatbestand der psychischen Gewalt einführen?
- Es ist ja so, dass das unter Strafe steht, was am stärksten gesellschaftlich geächtet wird. Das ist Strafrecht. Also müssen wir

uns fragen: Soll psychische Gewalt in Beziehungen so scharf geächtet werden, dass sie unter Strafe gestellt wird? Dazu sage ich eindeutig ja. Selbstverständlich. Auf jeden Fall. Auch, als der Vergewaltigungsparagraph geändert wurde, war immer mein Argument, dass so etwas dieser gesellschaftlichen Ächtung unterliegen muss. Das ist erstmal das Wichtigste. Ob es dann tatsächlich zu mehr Verurteilungen kommt, ist eine andere Frage. Es geht erst einmal darum, ein Zeichen zu setzen. Das Zeichen, dass so etwas gesellschaftlich nicht toleriert wird.

In Österreich hat man eine ganz gute Regelung gefunden, wie psychische Gewalt unter Strafe gestellt werden kann. Im österreichischen Strafgesetzbuch steht sinngemäß: Wer gegen eine andere Person eine längere Zeit hindurch fortgesetzt Gewalt ausübt, ist mit einer Freiheitsstrafe von bis zu drei Jahren zu bestrafen. Und wer durch die Tat eine umfassende Kontrolle des Verhaltens der verletzten Person herstellt oder eine erhebliche Einschränkung der autonomen Lebensführung bewirkt, bekommt eine Freiheitsstrafe von sechs Monaten bis zu fünf Jahren.[37] Das ist Gesetzeslage in Österreich seit Anfang 2020.

- In der österreichischen und in der britischen Gesetzgebung findet sich das Stichwort Kontrolle. Ist das ein Ansatz, der das Thema psychische Gewalt juristisch besser handhabbar machen kann?
- Ich halte diesen Ansatz für gut, ich halte ihn auch für handhabbar. Wir haben im Strafrecht immer den Bestimmtheitsgrundsatz, das bedeutet, wir müssen schauen, wie können wir dem Täter etwas nachweisen. Ich muss zu konkreten Tatvorwürfen kommen, das ist das Entscheidende. Den Begriff der Kontrolle, die Übernahme der Kontrolle über eine andere Person, das halte ich für strafrechtlich umsetzbar. Man kann beispielsweise aufzeigen, dass der E-Mail-Account der betroffenen Person abgeschafft wurde, dass der Kontakt zu bestimmten Familienmitgliedern auf Betreiben des Gewaltausübenden abgebrochen wurde. Das sind

alles Dinge, die objektivierbar sind, bei denen es nicht nur ums Empfinden geht. Ich muss schauen, was wirklich dem Täter zuzuschreiben ist, und das lässt sich über dieses Prinzip der Kontrollübernahme auch nachweisen. Ich finde das eine richtig gute, eine sehr innovative Idee.

— Wann schöpfen Sie in Ihrer anwaltlichen Tätigkeit Verdacht, dass psychische Gewalt im Spiel sein könnte?

— Ich schöpfe dann Verdacht, wenn die Betroffenen Angst um ihre Kinder haben, wenn sie Angst haben, dass die Kinder ihnen weggenommen werden oder manipuliert werden. Es wird in solchen Beziehungen oft damit gedroht: Ich nehme dir die Kinder weg. Ansonsten kommt das Thema psychische Gewalt in der juristischen Beratungspraxis eher indirekt zum Tragen. Ich treffe die Menschen als Anwältin ja erst dann, wenn die Beziehung schon zerbrochen ist. Wenn ich an meine Fälle denke, würde ich schätzen, dass psychische Gewalt bei etwa bei fünf bis zehn Prozent der Trennungen eine Rolle spielt.

— Was bedeutet das für die gemeinsamen Kinder?

— Kinder werden in Beziehungen, die von psychischer Gewalt geprägt sind, häufig im Anschluss als das weitere Kampffeld genutzt: Das Kind gehört mir. Es wird in solchen Beziehungen in aller Regel um das Wechselmodell gekämpft, also darum, dass das Kind eine gewisse Zeitlang bei dem einen Elternteil und eine gewisse Zeitlang beim anderen Elternteil lebt. Dieses Modell funktioniert allerdings nur dann, wenn es einen Konsens zwischen den Eltern gibt. In gewaltgeprägten Beziehungen ist es dagegen das neue Kampfterrain. Auch in dem Fall von mir, in dem die Mutter vor den Augen ihres Kindes erstochen wurde, ging es um das Wechselmodell. Die Mutter wollte dieses Modell nicht, aber der Vater. Den Gewaltausübenden geht es auch darum, über die Kinder die Besitzverhältnisse an der Frau fortzusetzen. Entweder werden die Kinder dazu benutzt, den Kontakt zu der Frau aufrechtzuerhalten, ich bleibe jetzt mal bei der Geschlechterzuordnung, es kann natürlich auch andersherum sein. Der Frau ist es in so einem Fall nicht möglich, den Kontakt zum Täter ganz abzubrechen. Das ist oft ein Motiv. Das andere Motiv ist: Die Kinder gehören mir. Und wenn ich sie nicht kriege, sollst du sie auch nicht haben. In solchen Fällen kann es dann auch zur physischen Vernichtung kommen, das bewegt sich alles in einem Spektrum. Gewalttätige Partner oder wirkliche Narzissten verlässt man nicht. Das ist eine Kränkung, und das wird bestraft. Und man trifft Mütter am meisten, wenn sie über die Kinder bestraft werden. Dieser Bereich ist ein echtes Kampffeld, und das erlebe ich in sehr vielen Fällen. Wenn die Kinder älter sind, werden sie manipuliert, es werden ihnen Schriftsätze vorgelesen, es wird ihnen gesagt: Deine Mutter ist Scheiße und jetzt geht sie schon wieder fremd, mit wem treibt die Schlampe sich jetzt wieder im Bett herum. All so etwas wird den Kindern, vor allem pubertierenden Kindern, erzählt.

- Welche rechtlichen Lösungsmöglichkeiten gibt es für solche Fälle?
- Die Kinder sind das Kampffeld, und diesbezüglich haben wir eine riesige Lücke in unserem Rechtssystem, und zwar im Familienrecht. Es gibt sehr, sehr wenige Gutachter und Gutachterinnen, die sagen, bei körperlicher Gewalt findet ein Umgang nur dann statt, wenn der Täter die Verantwortung übernimmt. Wenn er sagt, ich habe zugeschlagen und es war falsch. Nur wenn er das tut, findet ein Umgang statt. Schon bei körperlicher Gewalt ist es problematisch, bei psychischer noch viel mehr. Ich kenne eine Gutachterin, die so etwas sicher auch bei psychischer Gewalt sagen würde, sie ist sehr in der Forschung engagiert. Aber generell wird das nicht so gesehen. Es ist noch nicht einmal erwünscht bei Gericht, dass man als Anwältin so etwas vorträgt. Es wird gesagt, dann eskaliert das Ganze nur, man soll kein Öl ins Feuer gießen, sondern zur Befriedung beitragen. Dem liegt das Cochemer

Modell zugrunde, das 1992 von einem Familienrichter entwickelt wurde. Die Eltern sollen demnach eine Vereinbarung finden, sie sollen sich wieder an einen Tisch setzen und gemeinsam zur Erziehungsberatung gehen. Und dann sollen sie dem Gericht quasi präsentieren, was sie gemeinsam erarbeitet haben. Das ist ein Muster, das noch heute meistens über alle Situationen, über alle Familienverhältnisse übergestülpt wird. Wenn die Mutter dabei nicht mitmachen will, gilt sie als kooperationsunwillig. Und als bindungsintolerant. Den Begriff der Bindungsintoleranz finde ich das Allerschlimmste. Wenn ich keine Bindungstoleranz habe, also wenn ich nicht bereit bin, dass der andere Elternteil Bindung zu dem Kind aufbaut, dann wird das als ganz, ganz schlecht angesehen. Das kann dazu führen, dass die Kinder zum anderen Elternteil kommen. Und es wird den Eltern immer gesagt: Sie müssen die Elternebene von der Paarebene trennen. Da kann man sich vielleicht bei normalen Trennungen etwas daran entlanghangeln. Aber wie soll das funktionieren bei Beziehungen, die von psychischer Gewalt geprägt sind? Das geht nicht, es ist nicht möglich. Weil es immer auch die Kinder betrifft. Wenn sie mitbekommen haben, wie die Partnerin oder der Partner durchgehend abwertend behandelt wird, dann prägt das. Damit wird ja die Mutter oder der Vater auch in den Augen des Kindes unheimlich abgewertet, ihre Erziehungskompetenz wird untergraben.

Über diese Mechanismen gibt es ganz, ganz wenig Bewusstsein. Es ist sehr heikel, das vorzutragen, zu sagen, dass der Umgang eingeschränkt werden muss, weil etwa die manipulativen Einwirkungen zu groß sind. Oder zu sagen, das Sorgerecht sollte auf einen Elternteil übertragen werden, weil man der Mutter nicht zumuten kann, ihrem Ex-Partner wegen allem hinterherzulaufen. Mit so etwas hat man überhaupt keine Chance. Im Gesetz steht zwar, es dürfen keine Abwertungen des anderen Elternteils stattfinden, das ist eine Loyalitätsverpflichtung. Aber das wird einfach übergangen. Es wird von Richtern nicht beachtet und von vielen

Gutachtern nicht wahrgenommen. Da besteht ein wahnsinniger Änderungsbedarf.

— Wie ließe sich das ändern?

— Es müsste dringend verpflichtende Fortbildungen für Richterinnen und Richter geben, damit sie lernen, differenzierter vorzugehen. Das ist ein ganz, ganz großes Feld. Im neuen Koalitionsvertrag der Ampel-Regierung wurde 2021 zwar vereinbart, dass Familienrichterinnen und Familienrichter einen Fortbildungsanspruch erhalten. Leider gibt es aber keine entsprechende Verpflichtung.

Den Gewaltausübenden müsste auferlegt werden, in Beratungen zu gehen, alleine in Beratung zu gehen, bevor ein Umgang stattfinden kann. Stattdessen wird versucht, das alles unter den Teppich zu kehren. Man wird als Anwältin sogar angegriffen von den Richtern, wenn man die Gewalt, die psychische Gewalt in einer Partnerschaft thematisiert. In solchen Fällen wird gesagt: Das wollen wir hier jetzt nicht hören. Machen Sie mal nicht die Situation kaputt, es zeichnen sich doch gerade erste Pflänzchen ab. Dem Umgangsrecht des Gewaltausübenden wird so Vorrang gegeben vor dem Schutzbedürfnis der Betroffenen. Zu benennen, dass es Gewalt in Beziehungen gegeben hat, ist Nestbeschmutzung. Damit macht man sich keine Freunde unter Richtern und Richterinnen. Fast alle sehen das als Regelbruch, es ist ein Tabu. Und auch die Gutachter benennen das Thema sehr selten. Das ist erschreckend.

Oft heißt es ja, es gehe um das Kindeswohl. Das Gegenteil ist der Fall. Ich gefährde das Kindeswohl, wenn ich bei einer Gewaltbeziehung die Eltern gemeinsam in eine Beratung schicke und dadurch die Mutter oder den Vater massiv destabilisiere. Das geht nicht, damit beschädigt man die betroffenen Menschen noch mehr, und es dient den Kindern ganz bestimmt nicht. In solchen Fällen wäre ganz klar eine getrennte Beratung angezeigt.

In England gibt es Mediationen, die in zwei verschiedenen Räumen stattfinden, ich glaube, das ist dort sogar üblich. Die Mediatorin oder der Mediator sprechen mit beiden und wechseln dafür die Räume. Aber hier in Deutschland müssen unbedingt alle an einem Tisch sitzen und andere Möglichkeiten sind ein Tabu. Da kämpfe ich oft gegen Windmühlen.

— Wie sieht Ihr Fazit aus nach 35 Jahren Tätigkeit als Anwältin und nach über 20 Jahren Engagement im Bereich psychische Gewalt? Was sind die größten Errungenschaften aus dieser Zeit?

— Eine ganz große Errungenschaft ist für mich, dass das Private als öffentlich gesehen wird, dass vom Gesetz her Beziehungsgewalt nicht mehr in den Privatbereich abgeschoben wird. Und wichtig ist auch, dass wir das Gewaltschutzgesetz haben und dass Gewalt in der Erziehung geächtet wird.

— Und die größten Niederlagen, der größte Frust?

— Sehr frustrierend ist, dass es so wahnsinnig lange dauert, bis sich etwas bewegt. So unendlich lange. Dass die Datenlage so miserabel ist und dass es deshalb kein gutes Fundament für weitere wichtige Schritte gibt. Im Grunde hat man ja schon den Eindruck, es ist Desinteresse. Oder vielleicht vermeidet man sogar die Erhebung von Daten, damit man keinen Handlungsbedarf hat, damit dieser nicht so sichtbar wird.

— Oft heißt es, es sei nicht möglich, Daten zu erheben oder herauszugeben, wegen des Datenschutzes. Das kann natürlich auch ein Deckmäntelchen sein.

— Beim Weißen Ring, der übrigens auch die dünne Datenlage und die fehlende systematische Forschung bemängelt, habe ich gerade gelesen, dass Daten erhoben werden sollten, dass es eine Studie geben sollte zum Thema Kindeswohl und Umgangsrecht bei Gewalt in Zusammenhang mit der Istanbul-Konvention.

Die Veröffentlichung dieser Studie verzögerte sich lange. Sie wurde immer wieder vom Bundesfamilienministerium zurückgehalten und wurde schließlich Gegenstand eines Streits vor dem Verwaltungsgericht Köln mit dem Datenschutzbeauftragten der Bundesregierung. Dabei ging es um die Frage, ob es zulässig ist, für die Befragung von Minderjährigen zum Thema Gewalt nur von einem Elternteil eine Einverständniserklärung einzuholen. Obwohl später ja ohnehin alles anonymisiert wird.

— Sie haben die Bundesverdienstmedaille für Ihr Engagement bekommen. Sie waren ja wahrscheinlich immer wieder in Kontakt mit Politikern und Politikerinnen. Was ist denn Ihr Eindruck, wenn Sie Politiker getroffen haben, wie offen sind deren Ohren für das Thema psychische Gewalt in Partnerschaften?

— Ich bin selbst mit einem Politiker verheiratet, mit dem innenpolitischen Sprecher der grünen Landtagsfraktion in Schleswig-Holstein. Zumindest bei Grünen-Politikern beißt man mit der Forderung, das Strafrecht zu verschärfen, meistens auf Granit, und das ist auch nicht ganz unberechtigt. Bei Partnerschaftsgewalt müsste man dann auch eine Spezialzuständigkeit bei der Staatsanwaltschaft schaffen und man müsste sicherstellen, dass zumindest eine Polizeibeamtin oder ein Polizeibeamter pro Polizeistation geschult im Umgang mit diesem Thema ist. Dass er oder sie die entsprechende Fragetechnik beherrscht und die notwendige Empathie besitzt sowie die Fähigkeit, genau zuzuhören. Strafrecht ist die schärfste Form der gesellschaftlichen Ächtung. Aber wenn diese nicht gekoppelt ist mit einer wirklichen Umsetzung auf mehreren Ebenen, dann nutzt dieses Instrument nicht viel. Ich denke, wir haben noch einen langen Weg vor uns.

Reinhard Haller, Psychiater und Gerichtsgutachter

Reinhard Haller ist Psychiater, Psychotherapeut und Gerichtsgutachter. Er war mehr als 30 Jahre lang Chefarzt einer psychiatrisch-psychotherapeutischen Klinik, heute praktiziert er in eigener Praxis in Feldkirch, Österreich. Als renommierter Gerichtsgutachter wird er bei wichtigen Fällen in ganz Europa hinzugezogen. Reinhard Haller hat zahlreiche Bücher verfasst, in denen er sich unter anderem mit den Themen Narzissmus und Kränkung befasst. Er vertritt die These: Wir leben im Zeitalter des Narzissmus. Die narzisstische Persönlichkeit ist salonfähig geworden und beeinflusst die gesellschaftliche Grundstimmung und unsere Beziehungen.

— Bitte geben Sie mir eine Definition von psychischer Gewalt in Partnerschaften.

— Wenn jemand dem anderen die Zuwendung, die positive Resonanz, die Emotionalität, letztlich die Liebe vorenthält oder damit droht, sie abzuziehen, dann ist das für mich psychische Gewalt. Sie spielt sich im emotionalen Bereich und im kognitiven Bereich ab. Die psychische Gewalt ist eine höher organisierte, eine weniger primitive Gewaltform als die körperliche Gewalt. Sie setzt viel mehr kognitive Funktionen und natürlich emotionale Intelligenz voraus.

Es können Worte sein, es kann aber auch Schweigen sein. Schweigen ist, glaube ich, eine der häufigsten Formen psychischer Gewalt überhaupt. Es kommt dabei immer auch auf den Stellenwert des Gewaltausübenden für mich an. Wenn mich jemand anschweigt, der für mich keine Rolle spielt, dann ist das keine Gewalt. Wenn die Person mir sehr nahesteht dagegen schon.

— Können Sie mir ein Beispiel aus Ihrer Praxis erzählen?
— Ein Fall, der mir ganz besonders in Erinnerung geblieben ist, ist ein älteres Ehepaar. Sie lebten in geordneten Verhältnissen, waren kinderlos, hatten keinen großen sozialen Austausch, also, sie waren vielleicht ein bisschen isoliert. Eines Abends sitzen sie zusammen vor dem Fernseher, und plötzlich steht die Frau auf und geht in die Küche. Sie holt ein Messer, stürzt sich auf ihren Mann und sticht ihn in den seitlichen Hals. Dabei verletzt sie ihn tödlich, weil sie die Halsschlagader trifft und er verblutet. Die Frau hat hinterher als einziges Motiv angeführt: Er hat nicht mit mir geredet. Das hat sie verrückt gemacht. Sie hat ihn immer wieder gefragt, sie hat an ihn appelliert, sie hat um eine Antwort gerungen, gebeten, gebettelt, und sie hat einfach nichts bekommen. Das zeigt, dass Schweigen eine Form psychischer Gewalt sein und eine unglaublich zerstörerische Dynamik entfalten kann.

— Welche Unterschiede gibt es zwischen Frauen und Männern bei der Partnerschaftsgewalt?
— Männer üben rascher und oft auch heftiger körperliche Gewalt aus, sie greifen schneller zu diesem Mittel. Wobei es durchaus Untersuchungen gibt, dass auch Frauen zuschlagen. Da haben wir es mit einer hohen Dunkelziffer zu tun, weil die Männer nicht gerne zugeben, dass sie geschlagen worden sind. Letztlich ist es so, dass Männer auf der einen Seite viel kränkbarer und empfindlicher sind als Frauen, obwohl es auf den ersten Blick meist nicht den Anschein hat. Und auf der anderen Seite können sie viel

schlechter damit umgehen, also reagieren sie schneller mit körperlicher Gewalt. Frauen dagegen denken über Kränkungen eher erst einmal nach, fühlen nach, sind eher bereit, das mit jemandem zu besprechen und Hilfe in Anspruch zu nehmen. Wegen dieser unterschiedlich aggressiven Ausgestaltung ist die körperliche Gewalt bei Frauen weniger häufig. Ob sie dafür möglicherweise häufiger psychische Gewalt ausüben, möchte ich jetzt einmal dahingestellt sein lassen.

— Wie sieht es denn mit der Schuldeinsicht bei Frauen und Männern aus?

— Ein auffälliges Phänomen ist: Wenn man gewalttätige Männer untersucht, dann habe ich immer festgestellt, dass die Täter berichten, was sie alles mitgemacht haben. Man hat oft den Eindruck, ich untersuche jetzt das Opfer. Männer empfinden offensichtlich das, was sie als emotionale Gewalt erleben, nämlich die Angst vor Liebesentzug oder tatsächlichem Liebesmangel, als etwas unglaublich Gewalttätiges. Ich meine, es ist eine falsche Haltung, aber es ist tatsächlich so, dass die Täter häufig das Gefühl haben, sie seien eigentlich das wahre Opfer. Ich höre von gewaltausübenden Männern oft die Aussage: Ich bin durch die Hölle gegangen. Und daraus erklärt sich, dass bei vielen Gewalttaten die Täter erstaunlich wenig Reue zeigen. Die haben sozusagen das Gefühl: Das steht mir zu, und der Frau ist es recht geschehen, denn sie hat mich ja so furchtbar gequält. Das ist eine typische Dynamik. Und es sagt, glaube ich, etwas aus über die Unterschiede zwischen einerseits körperlicher und emotionaler Gewalt und andererseits zwischen männlicher Gewaltausübung und weiblicher Gewaltausübung.

— Wie ließe sich da gegensteuern?

— Bei der Frage, wie man gegen Gewalt in Partnerschaften vorgehen kann, wird der Blick derzeit ganz stark auf die Opferseite gerichtet. Was richtig ist, natürlich brauchen wir Gewaltschutzeinrichtungen, natürlich brauchen wir Wohnmöglichkeiten, natürlich brauchen wir all die Unterstützungsangebote, das ist überhaupt keine Frage, das sollte selbstverständlich sein. Aber lösen wird man das Problem nur können, wenn man die andere Seite, nämlich die der Täter oder der potentiellen Täter oder auch Täterinnen mit einbezieht. Das geschieht meines Erachtens viel zu wenig. Als Gerichtspsychiater bin ich ja hauptsächlich mit der Täterseite konfrontiert und nur manchmal mit Opfern, wenn es etwa um Schmerzensgeld geht. Mir ist es wichtig, Zusammenhänge und Ursachen für die Taten zu erklären. Ich will sie nicht entschuldigen, ich will sie nur erklären. Aber wenn man das vor Gericht versucht, wird man sozusagen gleich stigmatisiert und weggedrängt. Ich glaube, Partnerschaftsgewalt ist etwas sehr Komplexes, und man müsste einfach hier mehr Verbindungen hineinbringen, eine stärker gesamtheitlich ausgerichtete Betrachtung und vor allem mehr Transparenz.

■ Wo sehen Sie Möglichkeiten, wo Grenzen der Täterarbeit?

■ Als ich noch jung war, als ich junger Psychiater und Sachverständiger vor Gericht war, war es völlig anders als heute. Da hat nur die Täterseite interessiert. Wenn es zu Gewalt in der Partnerschaft gekommen war, hat man nach den Ursachen gesucht, hat gefragt, ob der Täter eine böse Mutter oder einen abwesenden Vater gehabt hat und was er in der Kindheit erlebt hat. Wenn man einmal gewagt hat zu sagen, das Opfer hat aber auch einiges mitgemacht, dann hat das damals niemanden interessiert. Das hat sich völlig geändert. Es ist natürlich schwierig, mit den Tätern zu arbeiten, weil das Männerbild in unserer Gesellschaft so wenig Emotionen, so wenig Emotionalität zulässt.

Für uns Psychiater sind ja die alten griechischen Mythen eine Fundgrube, weil dort verschiedene psychische Phänomene und Abläufe in verschlüsselter, symbolischer Form dargestellt sind.

Achilleus beispielsweise, der große Held des Altertums, hat geweint, als sein Freund Patroklos gefallen ist. Er hat so viel geweint, dass in Kleinasien genug Flüsse fließen. Der Ursprung der Flüsse geht also auf die Affektäußerung eines großen Helden zurück. Ein Held zu sein und starke Emotionen zu zeigen, das passte damals zusammen. Das ist heute vollkommen verloren gegangen, und das, denke ich mir, ist der Nährboden, auf dem diese manifeste Gewalttätigkeit wächst. Die emotionalen Voraussetzungen der Gewalt werden letztlich genau so gelegt.

- Das heißt, Sie sehen einen gesellschaftlichen Nährboden für Gewalt in Partnerschaften?
- Das derzeit aktuelle gesellschaftliche Bild ist die Maske der Coolness. Affekte werden entweder völlig übertrieben, also sozusagen hysterisch dargestellt, etwa in den ganzen Castingshows im Fernsehen. Oder sie werden verborgen. Ich gehe davon aus, dass jeder Mensch das Bedürfnis nach Zuwendung hat, nach positiver Resonanz. Die Angst, nicht genug davon zu bekommen, ist eine menschliche Urangst, und die ist bei beiden Geschlechtern vorhanden. Das zu zeigen, deckt sich aber nicht mit dem vorherrschenden Ideal der Coolness. Junge Leute setzen das Pokerface auf, jedes zweite Wort ist cool, megacool, alles ist cool. Im Erwachsenenbereich ist man cool, wenn man sehr zynisch oder sarkastisch reagiert. Es bleibt verborgen, dass die Menschen, vor allem die Männer, hinter dieser Maske auch sehr empfindliche, liebesbedürftige und lobesbedürftige Wesen sind. Und wenn sie diese Zuwendung nicht bekommen, dann staut sich etwas an. Sie können mit solchen Spannungen nicht umgehen, und es kommt zu Gewalt.

- Nach außen eine starke Selbstbezogenheit und Selbstüberhöhung, dahinter eine ausgeprägte Kränkbarkeit, das ist typisch für Narzissmus. »Die Narzissmusfalle« heißt eines Ihrer Bücher.[38] Wird unsere Gesellschaft tatsächlich narzisstischer?

▬ Sigmund Freud hat im Jahr 1914 mit seiner Schrift »Zur Einführung des Narzissmus« die narzisstische Neurose zu einer Krankheit erklärt. Später ist daraus die narzisstische Persönlichkeitsstörung geworden. Und heute ist es im Prinzip ein gesellschaftliches Ideal. Die Menschen wollen ja narzisstisch sein, wenn man die ganzen Castingshows und die ganzen Selbstdarstellungen in den Sozialen Medien sieht. Man will heute, was ja nicht von vornherein schlecht ist, sich selbst in den Mittelpunkt rücken, seine Interessen wahrnehmen, sich gegen andere durchsetzen. Ich glaube, das hängt schon damit zusammen, dass der Mensch durch den technischen Fortschritt, durch die digitale Revolution tatsächlich auch Grund hat, ein Stück weit narzisstisch zu sein.

Das ist ja großartig, wenn wir durch die Lüfte fliegen können, wenn wir die Welt zu uns hereinholen können und den Eindruck haben, wir sind die Herren und Frauen des großen Netzes und nicht dessen Gefangene. Insofern ist es, glaube ich, nicht von vornherein etwas Schlechtes, wenn sich dieser Narzissmus demokratisiert hat. Das Problem ist, dass es zu viel des Guten geworden ist.

Der amerikanische Historiker und Sozialkritiker Christopher Lasch hat schon 1979 vom Zeitalter des Narzissmus gesprochen,[39] aber er hat es anders beschrieben. Er meinte, die Menschen vereinsamen, was natürlich auch heute ein großes Problem ist, gerade im Zusammenhang mit Gewalt, und sie werden depressiv, sind letztlich also ganz auf sich bezogen. Das war ein kalter, ein einsamer, ein öder Narzissmus. Mit der digitalen Wende hingegen ist es ein ganz anderer Narzissmus geworden, und ich muss noch einmal sagen: Super, wenn alle Menschen das Gefühl haben, sie sind wichtig und sie können sich durchsetzen und sie sind anerkannt. Aber wenn es zu viel wird, heißt das, es wird emotional kalt. Die Empathie geht verloren. Und es führt letztlich zur Vereinsamung. Ich sage jetzt absichtlich nicht Einsamkeit, sondern Vereinsamung. Sowohl für die Opfer von Narzissten, die man gerade in Partnerschaften sehr häufig findet, als auch letztlich für den Narzissten oder die Narzisstin selbst. Denn sie arbeiten ja mit Entwertungen anderer Menschen und dadurch verlieren sie natürlich im Lauf der Zeit ihre Partner, ihre Freunde.

Das ist das Problem, auf das wir bis zur Corona-Pandemie zumindest zugesteuert sind. Ob Corona, ich will dieses Virus nicht hochjubeln, aber ob es nicht möglicherweise auch ein anti-narzisstisches Virus ist, darauf bin ich gespannt. Immerhin hat es den Menschen schon gezeigt, dass sie verletzlich sind, dass sie sterblich sind, dass die Bäume nicht in den Himmel wachsen und dass die Globalisierung ihre Grenzen hat.

— Wie oft begegnet Ihnen das Thema Narzissmus in Beziehungen in Ihrer psychotherapeutischen Praxis?

— Bei mir auf der Couch sitzen oft Paare oder Partner. Und wenn man fragt, was schiefgelaufen ist, dann kommen zunächst oft die oberflächlichen Antworten wie: Wir haben uns auseinandergelebt. Aber die häufigste Klage, mit Abstand die häufigste Klage bei mir ist: Mein Partner ist so ein wahnsinniger Narzisst. Das kommt in 80 bis 90 Prozent der Fälle. Und auch viele Kolleginnen, Kollegen und Familientherapeutinnen sagen, dass das bei ihnen die häufigste Klage geworden ist. Wenn so ein Fachausdruck jetzt plötzlich in den allgemeinen Sprachgebrauch aufgenommen wird, dann heißt das, dass dieses Thema eine große Bedeutung erlangt hat, was ich schon glaube. Aber es kann auf der anderen Seite natürlich auch heißen, dass man damit tatsächlich ein Bedürfnis, ein Gefühl anspricht, das zwar vorher auch schon da war, aber das man nicht in Worte kleiden konnte. Das ist ähnlich wie mit dem Burnout-Begriff. Auch ein inflationär verwendeter Begriff, der offensichtlich das Lebensgefühl der heutigen Zeit trifft, man muss eher sagen: das Krankheitsgefühl. Narzisst oder Narzisstin sind Modebegriffe geworden. Das heißt aber auch, es ist für das Empfinden der Menschen etwas sehr Wichtiges geworden.

- Im Alltag begegnen wir dem Narzissmus-Begriff immer häufiger. Gibt es denn eine Zunahme bei der wirklichen narzisstischen Persönlichkeitsstörung nach gängigen Diagnose-Leitfäden wie dem DSM-5, dem Diagnostischen und Statistischen Manual Psychischer Störungen?[40]

- Dazu fällt mir eine hübsche Geschichte ein: Bevor die aktuelle Ausgabe des DSM erschien, hat man darüber gestritten, ob man die narzisstische Persönlichkeitsstörung überhaupt noch mit aufnehmen soll. Das war bis zuletzt umstritten, obwohl das DSM ein ziemlich inflationäres Handbuch ist, in dem wirklich auch die kleinste psychische Störung aufgeführt ist. Die Begründung dafür war, dass Narzissmus heutzutage so normal und so weit verbreitet sei, dass er keine Störung mehr sei. Jetzt könnte man sich als psychoanalytisch denkender Mensch auch noch eine andere Version vorstellen, nämlich: Es sind rund 120 Auserwählte, die bestimmen, was ins DSM kommt, was krank und gestört ist und was gesund ist. Möglicherweise wollten die in dem dicken Werk nichts über sich selbst lesen. Die Süddeutsche Zeitung hat damals eine wunderbare Überschrift gehabt: »Ultimative Kränkung für Narzissten: Es gibt sie gar nicht.«

Wir müssen unterscheiden zwischen narzisstischen Persönlichkeitsstörungen, das sind Menschen, die narzisstisch durch und durch sind, vom jungen Erwachsenenalter bis zum Greisenalter, wo sich also nichts ändert. Sie sind immer gleich egozentrisch, immer gleich eigensüchtig, immer gleich empfindlich, immer gleich entwertend, immer gleich wenig empathisch, durchgehend, so dass es keinen Fortschritt gibt. Das sind ungefähr zwei bis drei Prozent der Bevölkerung. Ich weiß nicht, ob es mehr wird, es kann schon sein, wenn die ganze Gesellschaft narzisstischer wird. Aber das eigentliche Problem, wo wir, glaube ich, schon einen großen Zuwachs haben, sind die narzisstischen Reaktionen. Der reaktive Narzissmus hat stark zugenommen. Das heißt also, dass Menschen in einer bestimmten Situation vorübergehend narzisstisch werden. Die werden natürlich auch therapeutisch besser zugänglich sein als Menschen mit einer tatsächlichen Persönlichkeitsstörung. Die kann man wahrscheinlich nicht wirklich heilen, man kann diesen Menschen nur beibringen, wie sie damit so umgehen, dass niemand zu Schaden kommt. Aber bei den narzisstischen Reaktionen, die jeder Mensch in einem bestimmten Ausmaß hat, kann ich gut therapeutisch ansetzen, wenn sie zu stark werden. Zum Problem wird es dann, wenn jemand darunter leidet, sei es das Opfer selbst oder letztlich auch der Narzisst. Wenn ich entwertet werde, wenn ich zynisch behandelt werde, wenn ich aggressiv angeschrien werde, wenn ich andauernd niedergemacht werde, dann ist das schon ein Problem. Und natürlich, wenn die Opfer des Narzissmus, in Partnerschaften oft zu finden, psychosomatisch krank werden. Oder wenn sie Suchtmittel nehmen müssen, damit sie es überhaupt ertragen. Wenn sie in depressive Reaktionen verfallen oder Panikattacken bekommen, weil sie das Gefühl haben, sie bekommen keine Luft mehr, können nicht mehr atmen. Dann ist die Leidensgrenze überschritten.

- Sie sagen, der »gesellschaftliche Narzissmus« nimmt zu. Welche Symptome sehen Sie?
- Es gibt amerikanische Untersuchungen, in denen man die Narzissmus-Parameter über einen längeren Zeitraum gemessen hat. Sie haben in den letzten 20 Jahren sehr stark zugenommen. Ich sehe auch globale Entwicklungen, die ganz eindeutig narzisstischer Natur sind. Etwa die Finanzkrise 2008, die eine narzisstische Krise war, aufbauend auf Scheinwerten, auf schönen Fassaden, bewunderten und viel gekauften, und dahinter war nichts. Das ist ja genau das Wesen des Narzissmus. Oder der Umgang mit der Natur. Die ganze Umweltdiskussion beschäftigt sich ja auch im Prinzip mit einem narzisstischen Thema, nämlich damit, dass wir für uns alles wollen und dafür die Natur ausbeuten. Im Prinzip sind das auch Zeichen dafür, dass der Narzissmus zunimmt.

Man kann es auch an Konsumgewohnheiten erkennen. Ich war früher Suchttherapeut, und es ist offensichtlich so, dass jede Droge auch einen gesellschaftlichen Hintergrund braucht. In meiner Jugend, zur Flower-Power-Zeit, hat man eine liebliche Droge gebraucht, das damals noch sehr niedrig dosierte Cannabis. In den 1980er-Jahren hat man eher zudeckende Drogen gebraucht, Heroin, Rohypnol, all diese tief betäubenden Substanzen. Dann kam der große Aufbruch, der Fall des Eisernen Vorhangs, der wirtschaftliche Aufschwung, da hat man eine stimulierende Droge gebraucht, das ist Kokain. Und heute verwenden die Leute immer noch Kokain und sehr stark Ecstasy und seine Abkömmlinge. Das sind ja ganz eindeutig narzisstische Drogen. Sie vermitteln das Gefühl: Ich stehe im Mittelpunkt der Welt, alle lieben mich. Also, das ist ganz eindeutig. Und auch bei der Kriminalität kann man beobachten, dass es eine Zunahme der narzisstischen Delikte gibt. Die Amokläufe an Schulen oder Universitäten beispielsweise, für unsere Zeit kennzeichnende Verbrechen, sind typisch narzisstische Delikte. Ein Amoklauf ist die Tat eines gekränkten Genies sozusagen, das jetzt den totalen Triumph erleben will. Auch die vielen Frauenmorde, die wir haben, sind für mich Delikte narzisstischer Gekränktheit.

- Würde es helfen, da vorher hinzuschauen? Könnte man Warnzeichen sehen, bevor der Mord passiert?
- Über diese Frage habe ich natürlich oft nachgedacht. Ich bin zunächst einmal auf eine scherzhafte Überlegung gekommen. Als ich geheiratet habe, musste man noch einen Ehe-Vorbereitungskurs machen. Ich habe mir gedacht, man müsste heute die Leute gleichzeitig dazu verpflichten, einen Scheidungs-Vorbereitungskurs zu machen. Denn die Chance für eine Scheidung liegt ja bei gut 40 Prozent, und dann sollte es wenigstens so vor sich gehen, dass es keine Toten und keine Schwerverletzten dabei gibt. Generell denke ich: Es gibt Warnzeichen. Sehr viele dieser Partner-

schaften, in denen es erst zu psychischer Gewalt und dann zu massiver körperlicher Gewalt kommt, sind dadurch gekennzeichnet, dass die Leute viel zu eng aneinandergekettet sind. Teilweise, weil sie es selbst wollen und aus Unsicherheit heraus. Teilweise, weil sie schlichtweg dazu gezwungen werden. Wenn man dem Partner einfach keinen Raum zum Leben lässt, keine Autonomie, dann führt das dazu, dass das Aggressionspotential wächst.

— Wie könnte man noch vorbeugen?

— Ich frage mich schon, ob es nicht ein Bedürfnis der heutigen Zeit wäre, an den Schulen so etwas wie Emotionsunterricht oder Empathieunterricht einzuführen. Denn daran fehlt es den Menschen, und dort liegen die grundlegenden Ursachen für psychische Gewalt. Wir müssen so frühzeitig wie möglich einen Grundstein für mehr Empathie in unserer Gesellschaft legen. Und auch die Autonomie der Menschen fördern. Und schließlich glaube ich, müsste man die Gesetze auch dahingehend ändern, dass Opfer, die Hilfe suchen, nicht so leicht abgespeist werden können. Das ist momentan leider der Fall. Wenn Menschen, die psychische Gewalt erfahren haben, eine Anzeige erstatten, heißt es meistens, wir können nichts machen, wir können erst dann aktiv werden, wenn etwas gesetzlich Relevantes geschehen ist. Die Betroffenen werden abgespeist und bekommen gesagt, wir können erst etwas tun, wenn Sie sichtbare Frakturen und Hämatome haben. Das führt dazu, dass die Betroffenen sehr oft am nächsten oder übernächsten Tag ihre Anzeige wieder zurückziehen. Und dann fallen sie schnell in das alte Gewalt-Setting zurück.

— Wir haben über Narzissmus in Zusammenhang mit psychischer Partnerschaftsgewalt gesprochen. Welche Rolle spielt die Borderline-Störung? Sie ist häufiger als die narzisstische Persönlichkeitsstörung und gekennzeichnet durch eine große emotionale Instabilität und eine Fragmentierung des Ich. Manche Psychiater sagen,

> Borderline spiegele wie keine andere seelische Krankheit die Zerrissenheit, Orientierungslosigkeit und Grenzenlosigkeit unserer Zeit wider.

— Eine Partnerschaft mit Borderline ist ein Thema, das ziemlich tabuisiert ist und zu dem es wenig wissenschaftliche Erkenntnisse gibt. Dort ist eine andere Dynamik im Spiel. Borderliner oder Borderlinerinnen besitzen zunächst einmal eine sehr hohe Anziehungskraft. Die Beziehungen sind anfangs äußerst intensiv, später dann ein Wechselbad der Gefühle, eine heftige emotionale Achterbahnfahrt. Borderliner wenden sich dem Partner auf der einen Seite übermäßig zu, überschütten ihn mit Liebesbekundungen, und schotten sich dann ohne jeglichen erkennbaren Grund sehr stark ab, wirken völlig gefühlskalt. Sie sind in Beziehungen, die von psychischer Gewalt geprägt sind, häufig »Täterinnen« oder »Täter«. Sie können ihre Impulse nicht kontrollieren und richten sie oft völlig unvermittelt, quasi aus heiterem Himmel, gegen den Partner oder auch gegen sich selbst. Eine Beziehung mit einem Borderline-Partner kann äußerst belastend und sehr zerstörerisch sein. Eine gesamtgesellschaftliche Entwicklung wie beim Narzissmus sehe ich dabei allerdings nicht.

> — Es gibt die These, dass sich psychische Gewalt fortsetzen kann. Dass also jemand, der Opfer von psychischer Gewalt war, später selbst zum Täter werden kann.

— Ich bin überzeugt, dass es das gibt. Dieser Mechanismus, dass die Opfer von einst die Täter von heute sind, der wird bei Gericht gar nicht mehr gerne gesehen. Ein Stück weit ist das ja auch richtig, dass man sagt, man darf nicht alles entschuldigen und sagen, die Täter könnten nichts dafür. Das will ich auch überhaupt nicht. Aber den Mechanismus gibt es, zweifelsohne. Manche Menschen, die selbst erlebt haben, wie es ist, wenn man hilflos ist, wenn man Angst hat, wenn man gequält wird, heilen diese Traumatisierungen im Lauf ihrer eigenen Entwicklung dadurch, dass sie die Rollen tauschen. Sie begeben sich selbst in die narzisstische, mächtige Position und lassen jemand anderen quasi stellvertretend die Angstgefühle erleben, die sie in sich haben. Das ist bei psychischer Gewalt so, das ist auch bei Sexualdelikten oder Kindesmissbrauch so. Mindestens 20 oder 30 Prozent der Täter haben selbst Opfererfahrung.

- Das würde bedeuten, dass sich Gewalt, auch psychische Gewalt, inflationär fortsetzt, wenn man nichts dagegen tut.
- Natürlich. Das ist ja auch so. Sehr deutlich sichtbar wird das beim Thema Blutrache. Da gibt es eine Art Kaskade, die kann man in sizilianischen Clans teilweise bis ins 15. Jahrhundert zurückverfolgen. Bis in die Zeit vor der Entdeckung Amerikas. Und ein Ende ist nicht absehbar. Natürlich pflanzt sich Gewalt sowohl in der Gruppe fort als auch individuell. In der individuellen Entwicklung glaube ich, dass psychische oder physische Gewalterfahrung eben dazu führt, dass das Opfer später in signifikanter Weise häufiger selbst zum Gewalttäter wird.

- Was ließe sich tun, damit es nicht soweit kommt?
- Man müsste letztlich diese Wunden, die es ja bei den Gewaltausübenden zweifelsohne gibt, aufarbeiten. Das ist auch ein Anliegen meines Buches über Kränkungen,[41] dass man nicht nur die großen Traumen ernst nimmt, sondern auch die vielen kleinen Stiche, in Anführungszeichen »nur« Kränkungen. Das alles muss man einmal aufarbeiten. Und dann muss man halt immer in solchen Situationen darauf hinarbeiten, dass man mit Aggression auch ganz anders umgehen kann, nämlich konstruktiv.

- Dazu müsste man die Gewaltausübenden aber erstmal besser erreichen.
- Die sogenannte Tertiärprävention funktioniert ja relativ gut. Wir haben einen erheblichen Rückgang bei Gewalttätigkeiten von

psychisch wirklich Gestörten, weil man die zu Therapien verdonnern kann und sie, ich sage es jetzt ein bisschen zynisch, an die lange therapeutische Leine legen kann. Also dort ist man durchaus erfolgreich.

Man müsste meines Erachtens eher bei der Sekundärprävention ansetzen. Also bei denen, die nicht ganz schwer gewalttätig geworden sind, sondern nur »Vorboten« geliefert haben oder zu Anzeigen Anlass gegeben haben oder Drohungen ausgesprochen haben. Und es wäre wichtig, dass die Betroffenen Gewalt wirklich bedingungslos anzeigen und dann dazu stehen, daran mangelt es sehr häufig. Die Sekundärprävention hat schon auch ein bisschen mit therapeutischer Kontrolle zu tun.

In Österreich hat man beispielsweise aufgrund der vielen Frauenmorde eine Beratungspflicht eingeführt. Gewaltausübende, gegen die ein Betretungs- und Annäherungsverbot ausgesprochen wurde, müssen seit September 2021 verpflichtend sechs Stunden in Beratung gehen. Der Täter oder die Täterin muss sich innerhalb von fünf Tagen melden, geschieht das nicht, kann es eine Geldstrafe von bis zu mehreren Tausend Euro geben.[42]

Die ersten Erfahrungen mit der Beratungspflicht sind gut, rund 80 Prozent der Gewaltausübenden halten sich daran. Die Kosten für die Beratungen übernimmt der Staat. Ich glaube, das ist der richtige Weg. Denn so kommt man frühzeitiger als bisher an das Ganze heran. In der Primärprävention, die sich an die gesamte Gesellschaft richtet, gibt es natürlich die größten Probleme.

- Welchen Einfluss hat die Corona-Pandemie auf die weitere Entwicklung bei der psychischen Gewalt?
- Ich glaube, dass die Gewalttätigkeit im emotionalen Bereich während der Pandemie eindeutig zugenommen hat. Das sehe ich auch an den Klientinnen und Klienten, die in meine Praxis kommen und von ihren Erfahrungen berichten. Diejenigen, die vorher schon psychische Probleme hatten, die vielleicht ängstlich oder

depressiv waren, deren Symptome sind durch die Situation verstärkt worden. Und das wirkt sich natürlich auch auf die Partnerschaften aus, ebenso wie die Tatsache, dass die Menschen während der Pandemie gezwungenermaßen enger aufeinanderhocken und dadurch mehr Aggressionen entstehen.

Ich glaube nicht, dass die manifeste körperliche Gewalt durch die Pandemie so stark zugenommen hat, aber ganz eindeutig die Gewalttätigkeit im psychischen Bereich. Das wird man wahrscheinlich in kaum einer Statistik finden, weil diese Form der Gewalt eben häufig nicht zur Anzeige führt. Es werden ja immer die Anzeige-Statistiken und die Verurteilten-Statistiken zitiert, und dort spiegelt sich das Problem der psychischen Gewalt nicht in seiner tatsächlichen Dimension wider.

Nach außen hin scheint es ruhig, aber es ist eine trügerische Ruhe. Es brodelt unter der Oberfläche, unter der Anzeige-Grenze. Ich glaube, das werden wir mittelfristig sehen, etwa an einer Zunahme von psychosomatischen Erkrankungen. Unabhängig von der Pandemie wäre es an der Zeit, dass wir alle von dieser Maske der Coolness ein Stück wegkommen und in unserer Gesellschaft wieder mehr Wert auf das emotionale Wesen des Menschseins legen.

Nachwort

Es ist eine Beziehungstat, etwas Privates, also berichten wir nicht darüber. So habe ich es in der journalistischen Ausbildung gelernt, und so wurde es während meiner langjährigen Arbeit in einer Nachrichtenredaktion beim öffentlich-rechtlichen Rundfunk fast schon reflexhaft gehandhabt. Ehestreitigkeiten, gewaltsame Übergriffe oder Morde innerhalb von Partnerschaften kamen im Programm grundsätzlich nicht vor. Beziehungstaten fielen in die Rubrik »Blaulicht« und waren höchstens ein Thema für die Privatsender. Mittlerweile wird über derartige Vorfälle gelegentlich auch im öffentlich-rechtlichen Fernsehen berichtet, etwa in Boulevard-Magazinen oder auch in Nachrichten-Formaten. Genauer hingeschaut und nachrecherchiert, ob es sich um eine Einzeltat aus dem Affekt heraus handelt oder ob möglicherweise eine für psychische Gewalt typische Systematik dahintersteckt, wird dabei allerdings selten. Oft fehlt im journalistischen Alltag die Zeit dafür oder das Hintergrundwissen.

Ähnlich sieht es in vielen anderen Berufszweigen und Bereichen aus, etwa bei Richterinnen und Richtern, bei der Polizei, im Gesundheitswesen, in Jugendämtern und Erziehungsberatungsstellen oder in Ministerien.

Psychische Gewalt ist die häufigste Form häuslicher Gewalt. Doch ihre Muster werden oft nicht erkannt oder fehlgedeutet, und ihre Folgen werden meistens massiv unterschätzt. Die Datenlage ist über die jährliche, quantitative BKA-Statistik zur Partnerschaftsgewalt hinaus äußerst schlecht, und im Gegensatz zu anderen Ländern wird die qualitative Forschung zu diesem Thema in Deutschland weiterhin nicht vorangetrieben.

Dieses Buch beschreibt die Systematik psychischer Gewalt und ihre oft sehr schwerwiegenden Folgen für die Betroffenen. Es zeigt auf, dass sich Politik, Behörden und Gesetzgebung dieses Themas trotz seiner erheblichen Auswirkungen und trotz kontinuierlich steigender Zahlen nur sehr zögerlich annehmen, wohingegen es in anderen Ländern bereits vielversprechende Ansätze dafür gibt.

Umso wichtiger ist die Arbeit der Interventionsstellen gegen häusliche Gewalt, der Frauenhäuser, der Männerberatungsstellen und der regionalen Netzwerke, die an der Basis einen wertvollen Beitrag zu dieser Aufgabe leisten.

Die Arbeit mit Tätern und Täterinnen spielt ebenfalls eine wichtige Rolle bei der Bekämpfung psychischer und häuslicher Gewalt. Interessant in Hinblick auf Prävention ist auch die Frage, inwieweit eigene Kindheitserfahrungen und erlebte Familiensysteme dazu beitragen können, später entweder selbst psychische Gewalt auszuüben oder zu erleiden. Diese beiden Aspekte werden aus Platzgründen zwar thematisiert, aber nicht vertieft. Sicherlich wären auch hier mehr Forschung und eine stärkere Förderung sehr sinnvoll.

Wenn dieses Buch dazu beitragen kann, ein größeres öffentliches Bewusstsein für die Mechanismen und für die Auswirkungen dieser Gewaltform zu schaffen, dann hat es seinen Zweck erfüllt. Es soll dazu ermutigen, genauer hinzuschauen und es als gesamtgesellschaftliche Aufgabe zu betrachten, möglichst frühzeitig in die Gewaltentwicklung einzugreifen. Dies könnte nicht nur die häufig traumatischen Folgen für die Betroffenen abmildern, sondern auch der Prävention schwerer körperlicher Übergriffe in

Partnerschaften dienen, denen fast immer jahrelange psychische Gewalt vorausgeht.

Ohne die Bereitschaft von Eva, Anis und Maria, mir sehr offen und ausführlich ihre Geschichten zu erzählen, wäre dieses Buch nicht zustande gekommen. Ich danke euch von ganzem Herzen für euer Vertrauen, für euren Mut und für eure Zeit!

Endnoten

1 Artikel zum Thema Coaching / Selbstliebe aus »Der Freitag«, Ausgabe 45/2019, 25.11.2019: Lea Sauer: Sei kein leerer Eimer, https://www.freitag.de/autoren/der-freitag/sei-kein-leerer-eimer
2 Studie zur Prävalenz von Persönlichkeitsstörungen: Hauke Felix Wiegand: Häufiger als sogenannte Volkskrankheiten. In: InFo Neurologie 21, 16 (2019), https://link.springer.com/article/10.1007/s15005-019-0062-x
3 Monika Schröttle, Ursula Müller: Lebenssituation, Sicherheit und Gesundheit von Frauen in Deutschland. Eine repräsentative Untersuchung zu Gewalt gegen Frauen in Deutschland. Bericht im Auftrag des Bundesministeriums für Familie, Senioren, Frauen und Jugend, 2004, https://www.bmfsfj.de/bmfsfj/studie-lebenssituation-sicherheit-und-gesundheit-von-frauen-in-deutschland-80694; Forschungsverbund Gewalt gegen Männer: Gewalt gegen Männer in Deutschland. Personale Gewaltwiderfahrnisse von Männern in Deutschland. Pilotstudie im Auftrag des Bundesministeriums für Familie, Senioren, Frauen und Jugend, 2004, https://www.bmfsfj.de/bmfsfj/studie-gewalt-gegen-maenner-84660
4 Kriminalstatistische Auswertung des BKA, Berichtsjahr 2020: https://www.bka.de/SharedDocs/Downloads/DE/Publikationen/JahresberichteUndLagebilder/Partnerschaftsgewalt/Partnerschaftsgewalt_2020.html
5 Hierzu Peter Wetzels: Die Bedeutung kriminalstatistischer Daten (Hell- und Dunkelfeld) für Wissenschaft und kriminologische Forschung, https://www.bka.de/SharedDocs/Downloads/DE/Publikationen/ForumKI/ForumKI2015/kiforum-2015WetzelsKurzfassung.html
6 Istanbul-Konvention, 2011: https://rm.coe.int/1680462535
7 GREVIO, Erster Staatenbericht der Bundesrepublik Deutschland: https://www.bmfsfj.de/resource/blob/160138/6ba3694cae22e5c9af6645f7d743d585/grevio-staatenbericht-2020-data.pdf
8 Charlotte Jahn, Chitra Raghavan: Partnergewalt neu denken. Eine Einführung in Coercive Control. In: Trauma & Gewalt Jahrgang 15, Heft 1, Februar 2021, S. 78-89, https://elibrary.klett-cotta.de/article/10.21706/tg-15-1-78
9 Stalking-Paragraph: https://www.gesetze-im-internet.de/stgb/__238.html
10 Zum Konzept der Kriminologin Jane Monckton Smith: https://www.theguardian.com/society/2021/feb/21/jane-monckton-smith-in-control-domestic-abuse-murder-public-protection
11 Marie-France Hirigoyen: Warum tust du mir das an? Gewalt in Partnerschaften. München 2006.
12 Silvia Sacco: Häusliche Gewalt. Kostenstudie für Deutschland. Gewalt gegen Frauen in ehemaligen Partnerschaften. Hamburg 2017, vgl. dazu https://www.b-tu.de/news/artikel/13210-kosten-haeuslicher-gewalt-in-deutschland

13 Monika Schröttle, Ursula Müller: Lebenssituation, Sicherheit und Gesundheit von Frauen in Deutschland. Eine repräsentative Untersuchung zu Gewalt gegen Frauen in Deutschland. Bericht im Auftrag des Bundesministeriums für Familie, Senioren, Frauen und Jugend, 2004, https://www.bmfsfj.de/bmfsfj/studie-lebenssituation-sicherheit-und-gesundheit-von-frauen-in-deutschland-80694
14 Agentur der Europäischen Union für Grundrechte (FRA): Gewalt gegen Frauen: eine EU-weite Erhebung, 2014, https://fra.europa.eu/de/publication/2014/gewalt-gegen-frauen-eine-eu-weite-erhebung-ergebnisse-auf-einen-blick
15 Zum Fragebogen CCB: Peter Lehmann, Catherina A. Simmons, Vijayan K. Pillai: The validation of the Checklist of Controlling Behaviors (CCB): assessing coercive control in abusive relationships. In: Violence Against Women, August 2012;18 (8): S. 913-933, https://pubmed.ncbi.nlm.nih.gov/23008428
16 Zum Sozialen Entschädigungsrecht: https://www.bmas.de/DE/Service/Presse/Meldungen/2020/neue-gesetze-soziales-entschaedigungsrecht.htm
17 Kriminalstatistische Auswertung des BKA, Berichtsjahr 2020: https://www.bka.de/SharedDocs/Downloads/DE/Publikationen/JahresberichteUndLagebilder/Partnerschaftsgewalt/Partnerschaftsgewalt_2020.html
18 Studie zur Prävalenz von Persönlichkeitsstörungen: Hauke Felix Wiegand: Häufiger als sogenannte Volkskrankheiten. In: InFo Neurologie 21, 16 (2019), https://link.springer.com/article/10.1007/s15005-019-0062-x
19 https://www.bag-taeterarbeit.de
20 Zum Programm Daphne III (2007-2013): Bericht der Kommission an den Rat und das Europäische Parlament: Bericht über die Ex-post-Bewertung des Daphne-Programms (2007-2013), https://eur-lex.europa.eu/legal-content/DE/TXT/?qid=1651132315435&uri=CELEX:52017DC0055
21 EU-Programm Rechte, Gleichstellung und Unionsbürgerschaft: https://www.bmfsfj.de/bmfsfj/themen/gleichstellung/internationale-gleichstellungspolitk/gleichstellungspolitik-in-europa/gleichstellungspolitik-in-europa-80802
22 Istanbul-Konvention, 2011: https://rm.coe.int/1680462535
23 Gesetz zu dem Übereinkommen des Europarats vom 11. Mai 2011: https://www.bmfsfj.de/resource/blob/122280/78530d3a0f6e36ed3ee8a3d3f0f5bda4/gesetz-zu-dem-uebereinkommen-zur-bekaempfung-von-gewalt-gegen-frauen-istanbul-konvention-data.pdf
24 Zitat aus: Rudolf Balmer: Psychische Gewalt wird strafbar. In: die tageszeitung, 26.02.2010: https://taz.de/Frankreich-verabschiedet-Gesetz/!5146894/
25 Petition vom 11. Februar 2020: https://epetitionen.bundestag.de/petitionen/_2020/_02/_11/Petition_107033/forum/Beitrag_642063.nc.html
26 Zum Gesetz in England: https://www.gov.uk/government/publications/domestic-abuse-bill-2020-factsheets/amendment-to-the-controlling-or-coercive-behaviour-offence
27 Kriminalstatistische Auswertung des BKA, Berichtsjahr 2020: https://www.bka.de/SharedDocs/Downloads/DE/Publikationen/JahresberichteUndLagebilder/Partnerschaftsgewalt/Partnerschaftsgewalt_2020.html

28 Forschungsverbund Gewalt gegen Männer: Gewalt gegen Männer in Deutschland. Personale Gewaltwiderfahrnisse von Männern in Deutschland. Pilotstudie im Auftrag des Bundesministeriums für Familie, Senioren, Frauen und Jugend, 2004, https://www.bmfsfj.de/bmfsfj/studie-gewalt-gegen-maenner-84660
29 Pressemitteilung der TU München zur Studie: https://www.tum.de/die-tum/aktuelles/pressemitteilungen/details/36053
30 Forum re-empowerment: https://www.re-empowerment.de/
31 Marie-France Hirigoyen: Die Masken der Niedertracht. Seelische Gewalt im Alltag und wie man sich dagegen wehren kann. München 2002.
32 Gewaltschutzgesetz: https://www.gesetze-im-internet.de/gewschg/BJNR351310001.html
33 BGB zu Inhalt und Grenzen der Personensorge: https://www.gesetze-im-internet.de/bgb/__1631.html
34 Istanbul-Konvention, 2011: https://rm.coe.int/1680462535
35 Der Deutsche Juristinnenbund zur Istanbul-Konvention: https://www.djb.de/themen/gewaltschutz/istanbul-konvention
36 Stalking-Paragraph: https://www.gesetze-im-internet.de/stgb/__238.html
37 Gesetzgebung in Österreich: https://www.jusline.at/gesetz/stgb/paragraf/107b
38 Reinhard Haller: Die Narzissmusfalle. Anleitung zur Menschen- und Selbstkenntnis. Salzburg 2021.
39 Christopher Lasch: Das Zeitalter des Narzissmus. Hamburg 1995.
40 American Psychiatric Association: Diagnostic and Statistical Manual of Mental Disorders DSM-5, 2013.
41 Reinhard Haller: Die Macht der Kränkung. Salzburg 2020.
42 Zur Beratungspflicht in Österreich: https://bmi.gv.at/news.aspx?id=65696C5A-4D585564426E673D

Literatur

Agentur der Europäischen Union für Grundrechte (FRA): Gewalt gegen Frauen: eine EU-weite Erhebung, 2014.

Bates, Elizabeth: »No one would ever believe me.« An exploration of the impact of intimate partner violence victimization on men. In: Psychology of Men and Masculinities. American Psychological Association, 21 (4), 2019, S. 497–507.

Eidgenössisches Büro für die Gleichstellung von Frau und Mann: Bevölkerungsstudien zu häuslicher Gewalt, 2020.

Forschungsverbund Gewalt gegen Männer: Gewalt gegen Männer in Deutschland. Personale Gewaltwiderfahrnisse von Männern in Deutschland. Pilotstudie im Auftrag des Bundesministeriums für Familie, Senioren, Frauen und Jugend, 2004.

Frank, Claudia; Weiß, Heinz (Hrsg.): Projektive Identifizierung. Stuttgart 2013.

Graham-Kevan, Nicola; Powney, Deborah and Mankind Initiative: Male Victims of Coercive Control. Experiences and Impact. University of Central Lancashire, 2019.

Greuel, Luise: Tötungsdelikte im Kontext von Paarbeziehungen. Vortrag. Deutsche Richterakademie Trier, 2014; https://www.gesine-intervention.de/wp-content/uploads/2014Greuel_Tötungsdelikte_Paarbeziehungen_2014.pdf.

Haller, Reinhard: Die Macht der Kränkung. Salzburg 2020.

Ders.: Die Narzissmusfalle. Anleitung zur Menschen- und Selbstkenntnis. Salzburg 2021.

Helfferich, Cornelia; Kavemann, Barbara; Kindler, Heinz (Hrsg.): Forschungsmanual Gewalt. Grundlagen der empirischen Erhebung von Gewalt in Paarbeziehungen und sexualisierter Gewalt. Wiesbaden 2016.

Hirigoyen, Marie-France: Die Masken der Niedertracht. Seelische Gewalt im Alltag und wie man sich dagegen wehren kann. München 2002.

Dies.: Warum tust du mir das an? Gewalt in Partnerschaften. München 2006.

Jahn, Charlotte; Raghavan, Chitra: Partnergewalt neu denken. Eine Einführung in Coercive Control. In: Trauma & Gewalt Jahrgang 15, Heft 1, Februar 2021, S. 78–89.

Kernberg, Otto F.: Narzissmus. Stuttgart 2006.

Kreisman, Jerold J.; Straus, Hal: Ich hasse dich – verlass mich nicht. Die schwarzweiße Welt der Borderline-Persönlichkeit. München 2012.

Lasch, Christopher: Das Zeitalter des Narzissmus. Hamburg 1995.

Malkin, Craig: Der Narzissten-Test. Wie man übergroße Egos erkennt ... und überraschend gute Dinge von ihnen lernt. Köln 2016.

Monckton Smith, Jane: In Control. Dangerous Relationships and How They End in Murder. London 2021.

Rollé, Luca et al: When Intimate Partner Violence Meets Same Sex Couples. In: Frontiers in Psychology, 9, Article 1506, 2018.

Schröttle, Monika; Müller, Ursula: Lebenssituation, Sicherheit und Gesundheit von Frauen in Deutschland. Eine repräsentative Untersuchung zu Gewalt gegen Frauen in Deutschland. Bericht im Auftrag des Bundesministeriums für Familie, Senioren, Frauen und Jugend, 2004.

Stiller, Anja; Neubert, Carolin: Partnerschaftliche Gewalt in Familien mit Kindern. Was passiert nach einer polizeilichen Wegweisungsverfügung? Kriminologisches Forschungsinstitut Niedersachsen, Forschungsbericht Nr. 159, 2020.

Verein Wiener Frauenhäuser: Psychische Gewalt gegen Frauen. Eine empirische Untersuchung. Wien 2014.

Anlaufstellen für Betroffene

Hilfetelefon Gewalt gegen Frauen (anonym und kostenfrei):
08000 116016
Online-Beratung:
www.hilfetelefon.de/das-hilfetelefon/beratung/online-beratung.html

Bundesverband Frauen gegen Gewalt / Frauennotrufe und Frauenberatungsstellen:
www.frauen-gegen-gewalt.de/de/ueber-uns/der-bundesverband.html

Hilfetelefon Gewalt an Männern (anonym und kostenfrei):
0800 1239900
Digitales Beratungsangebot: www.maennerhilfetelefon.de

Beratung und Schutzwohnungen für Männer:
www.maennergewaltschutz.de/maennerschutz-und-beratung/maennerschutzeinrichtungen

Opfer-Telefon Weisser Ring (anonym und kostenfrei):
116006
Online-Beratung: https://weisser-ring.de/hilfe-fuer-opfer/onlineberatung

Beratung bei digitaler Gewalt:
https://hateaid.org

Beratungs-App Lou&You:
www.louandyou.org

Übersicht der Traumaambulanzen in Deutschland:
https://hilfe-in-deutschland.de/verlinkung/traumaambulanzen-info-des-bundesministeriums-fuer-justiz-und-verbraucherschutz/

Qualifizierte TraumatherapeutInnen:
www.degpt.de/therapeutinnen-suche
www.emdria.de/therapeutinnen
www.gptg.eu

Traumanetz Seelische Gesundheit in Sachsen:
https://traumanetz-sachsen.de

Traumanetz Berlin:
https://traumanetz.signal-intervention.de

Trauma-Netzwerk Marburg:
www.traumanetzwerk-marburg.de

Traumahilfezentrum München:
www.thzm.de

Behandlungsinitiative Opferschutz Karlsruhe:
www.bios-bw.com

Die Autorin

Copyright: privat

Caroline Wenzel ist Fernsehjournalistin. Seit 1997 arbeitet sie als Redakteurin und Filmautorin für den Südwestrundfunk, ARD und Arte im In- und Ausland. Sie ist Diplompsychologin mit den Schwerpunkten Klinische Psychologie und Kriminologie und lebt in Stuttgart und auf der griechischen Insel Chios. Von ihr erschienen zahlreiche Fernsehdokumentationen und -reportagen sowie mehrere Buchpublikationen.